厦门大学广告学丛书

CREATION OF ADVERTISING COPY

广告文案创作

陈培爱 著

厦门大学出版社
XIAMEN UNIVERSITY PRESS

《厦门大学广告学丛书》序

《厦门大学广告学丛书》是在《21世纪广告丛书》的基础上进行大幅度修订并增加选题而来的。

自1993年出版以来,《21世纪广告丛书》得到了国内广告教育界和实务界的欢迎与厚爱,众多院校的广告教育以此作为本科、大专及各类培训教材。1999年以后,在厦门大学出版社的大力支持下,本套教材陆续进行了修订和改版,作为迈向21世纪的献礼。

2006年,中国和世界的广告业都发生了巨大的变化。进入WTO加速了中国与世界的接轨,中国的广告业和广告教育在"量"和"质"上也发生了重要的变化。在此情况下,我们认为,经过十多年的使用,《21世纪广告丛书》已完成了它的使命。在高校广告教材一片荒原的情况下,《21世纪广告丛书》作为破土的幼苗催生了广告教育的燎原大火,建立了一套较完整的广告人才培养模式,向广告界输送了大批栋梁之才。由其改版而来的《厦门大学广告学丛书》,在保留原有体系与特色的基础上,注意接受新的养分,意图为中国广告培养国际化人才。

1983年6月,厦门大学建立国内第一个广告学专业,至2005年8月,我国开办广告学专业的院校已发展到232所,其发展速度之快是新闻传播类其他专业无法比拟的。广告教育发展的成绩令人振奋,这不仅表现为办学数量的增长和规模的扩展,还表现为办学模式的科学化以及办学质量的显著提高。广告教育发展正从"高速"走向"高质",这是广告学科发展的内在需要和必然趋势,是广告业界大发展推动的结果,是媒介市场发展的需要,也是高校适应市场化办学的改革要求。

与广告业的发展步伐相比,广告教育还很落后。中国广告协会对北京、上海、广州广告公司的调查表明,在各方面困难中,广告专业人才匮乏居首位,达77.9%。至2005年底,国内有94万广告从业人员,但受过正规广告专业教育的不足2%。美国广告行业协会对美国广告公司人员的抽样调查显示,美国广告从业人员中,75%以上是本科或硕士毕业。广告人才的培养速度远远滞后于企业对广告人才的需求速度,高校教育问题已成为制约广告业进军国际、与世界接轨的瓶颈。广告人才的培养涉及诸多因素,好的教材和合理的培养模式起着关键作用。《厦门大学广告学丛书》的改版,将在全新的理念指导下,紧跟世界广告业发展的动向,力争体系科学、逻辑严密、特色突出、资料新颖,成为众多高校广告教材中可供选择的一套。

近几年,我国广告行业发展迅速,继2003年突破1 000亿元大关后,2004年攀升到1 238.61亿元,2005年达到1 416.3亿元。据预测,到2010年,中国的广告投资额将达到2 000亿。行业的迅猛发展需要大量专业的、高水平的人才来进行决策与运作。2005年是中国广告教育承上启下的一年,这一年,中国广告界加快与国际广告界接轨,外资广告公司的大举登陆更加剧了广告人才的竞争,广告人才培养迫在眉睫,高校广告教育改革势在必行。除了选择适合的广告教材作为解决之道外,笔者认为广告教育模式中有几个问题需要解决:

1.明确广告教育的战略定位

作为广告信息产业中的先行官,广告教育必须在高起点上培养高素质的广告专业人才,必须紧跟科技发展的步伐。网络广告、投影广告、飞船广告、激光广告、卫星广告等新的广告媒介在生活中发挥越来越大的作用,广告媒介向多元化、国际化方向发展。科技手段不仅扩大了广告信息传播的范围和规模,变更了运作方式,还刺激人们转变思维方式、广告观念。从发展前景来看,广告教育应是"热门"学科,但学科的"热门"与"冷门"是相对的,带有阶段性。国内有200余所院校开设广告专业,广告教育的发展要考虑适度及可持续性,把急功近利的发展观转变为可持续发展的发展观。广告院系应在"热门"中"冷思考",在现有的基础上提高广告教育的水平。应把建设有中国特色的广告教育作为目标,而不是盲目模仿海外广告教育模式,空喊与国际广告接轨。应根据广告人才的需求,开展多种形式的广告教育和培训。

2.加强对广告学理论基础的研究

广告学理论基础研究是提高广告教育水平的重要一环。多年来,广告学的研究对象及其理论基础方面的探讨还相当薄弱,广告学与传播学、市场学、文学、美学、心理学及艺术的关系到底如何,相互关系中的主线是什么,广告专业课程中各学科的比重如何掌握,这些重要的基础问题都还未彻底厘清。市场经济的发展要求广告学理论研究的超前性及预见性,应加强对广告发展环境的研究,探讨广告与经济、科技、政治、舆论、社会、文化、法律法规等的关系,以形成科学的广告理论。对这些问题的考虑,应该体现在教材中。

3. 培养具有创新能力的广告人才

广告行业是一项充满竞争的行业，要代表不同角色去竞争。应把培养学生的能力放在主导地位，使学生由知识型变为能力型。广告教育应突出开拓创新精神，教给学生获取知识的能力与方法。近年来不同类型的全国性广告大奖赛，令人强烈地感受到青年学生的广告创新意识。应把学生培养成为具有广博知识的"通才"，使之基础厚实、知识面宽广、智能优异。

4. 研究广告教育中的新问题、新特点

广告教育必须紧跟时代前进的步伐，不断发现问题、解决问题，感受经济、科技、传播的飞速发展带来的挑战。网络空前强大的传播能力改变了广告的运作方式，广告教育处于广告事业与教育事业的交叉点，更深刻地感受到网络的冲击，应关注网络向传统大众传播的挑战，研究整合营销传播向传统广告策划的挑战，研究加入 WTO 后全球性广告经营向封闭式经营的挑战。对这些挑战的研究，体现了广告教育的新水平。

5. 高校应和广告公司联手打造中国广告教育

广告公司更注重内部人才的培养，它们人才培养的思想库就是自身所积累的经验与模式。广告公司的广告作业视野比较开阔，它们从广告运动的成功与失败中总结出较为有效的广告作业系统与模式，更了解广告作业的细节。广告公司可以成为高校广告本科生的实习基地，广告教育的应用型人才培养可以借助广告公司的实务长才；高等院校可以侧重于培养硕士研究生、博士研究生等理论型人才，专注于广告理论的研究，为广告公司提供在职培训课程。高校与广告公司应该成为广告业发展的双引擎。

6. 重视国际化广告人才的培养

广告教育推动了市场经济的发展，应继续推动经济的全球化。改革开放二十多年来，中国的广告教育从无到有，又由"量"的扩大走向"质"的提高，现在面临由质的提高走向国际化发展的关键时候。有人认为，中国广告教育离国际化很遥远，中国广告教育还未具备走向国际化的条件，这两种观点都有害无益。中国广告教育必然要走向国际化，WTO 已迫使广告产业界与国际接轨，广告教育的理念与目标也应该相应转换。必须研究国际经济、国际广告管理法规、国际广告运行机制对中国广告的长远影响及其自身必备的应对措施。

中国的广告教育只能沿着"量的发展—质的提升—国际接轨"的路子发展。我们必须在广告的学科建设与广告行业的"指挥棒"之间找到平衡点，努力保持广告学科的独立性。国际化是社会发展使然，国际化应有效促进广告学科的提高，培养更多具有创新意识的人才。经过改革开放二十多年的快速发展，我国广告教育已经进入新一轮的整合期。广告教育要立足当前，放眼未来，为促使我国广告业保持活力与健康做出应有的贡献。

愿《厦门大学广告学丛书》在新的起点上，为中国广告业的繁荣发展做出新的贡献。

中国广告教育研究会会长
厦门大学教授、博士生导师 陈培爱
2007 年 9 月 1 日于厦门大学

目　录

第一节 广告文案概述

日本的汽车广告十分出色，广告语脍炙人口，“车到山前必有路，有路必有丰田车”，“古有千里马，今有日产车”等巧妙利用中国俗语，给人留下深刻印象。

广告文案指广告作品中用以表达广告主题和创意的语言文字，广告文案一般由标题、标语和广告正文等要素组成。广告用语言文字来表现主题和创意，没有广告文案的组织和表现，广告计划的拟定、媒介的选择、产品与市场的调查分析就无从发挥作用，广告也无法发挥信息桥梁作用。

广告从诞生起就伴随语言和文字，但现代广告学形成以后，学者们才开始对广告中的语言文字进行定性与定义。1866 年，Larwood 和 Hatton 合作出版《路牌广告的历史》一书；1874 年，H · Sampson 出版《广告的历史》一书；1903 年，瓦尔特 · 狄尔 · 斯科特出版了《广告理论》；随后，席克斯出版了《广告学大纲》。至迟在 1880 年，美国已经有人使用“Advertising copy(广告文案)”一词，也出现了专门的广告文案撰稿人。

“广告文案”概念有广义和狭义之分，广义的文案指广告稿、广告拷贝，内容涵盖广告作品的全部；狭义的广告文案指广告作品中的语言文字部分(不包括绘画，由标题、广告语、正文、附文或口号四部分组成)及电视和广播广告中的听觉语言。概略而言，是已经完成的广告作品的全部的语言文字。

(1)广告文案只存在广告作品中。广告公司提供给广告主的策划文本、企业内部的相关提案等广告运作过程中的其他应用性文稿都不能称为广告文案。

(2)广告作品必须已经完成，能直接面对受众。草案或讨论稿都不是广告文案。

(3)广告文案包括“语言”和“文字”。语言诉诸听觉,应用于电视广告文案和广播广告文案。文字诉诸视觉,应用于报纸广告文案及其他印刷媒体的广告文案。

(4)广告文案包括广告作品全部的语言文字,不只是“广告语”,也不只是“广告正文”,而是一则有效广告所需的全部语言文字。广告中,除作品本身包含的文字外,所有语言文字都是广告文案。通常包括:标题、广告语、正文、附文、口号。

古代广告以文字为主要表现手段,随着技术的发展,广告表现手段逐渐复杂化、多样化。除文字外,还使用色彩、绘画、图片、装饰等要素来表现。美术设计的任务是用文字创意配合图画,使其互相启发,用色彩、特种字体、广告绘画及摄影营造气氛,使广告优美悦目、引人兴趣。报纸、杂志、广播、电视四大广告媒介中,文字、声音和图案是主要表现因素。报刊广告文图相配,广播广告声情并茂,电视广告集三者于一身。广告可以没有图案,也可以没有声音,但不能没有文字。

奥格威认为,在奥美公司,通常是写作能力越强,提升也越快,因为写作能力强的人思路也敏捷。思路混乱的人起草的文章、信件和发表的言论,往往缺乏逻辑条理性。优秀文章不是自然的恩赐,而要通过努力学习才能获得。H·史戴平斯也指出,文案是广告的核心。广告内容应该体现得明确、清晰、醒目、动人,文案扮演重要角色。

文案十分重要,撰写文案时就应多动脑筋。广告主题表现准确、富有创意的广告文案才能吸引受众,增添广告画面的色彩,带动广告创意。下面看两个出色的文案:

> “爱迪”强力胶公司曾在一幅户外海报上将一部小汽车粘在上面,引起了很大的轰动。之后,他们再接再厉,推出广告语为“继续悬挂”的第二幅海报;接着,他们将两部小汽车粘在一起,标题为“拉力增加”;到最后,他们将两部小汽车取下来,而且留下一个大孔,标题上书:“我们怎样将车子弄出来?”

文案巧妙地将几幅广告联成一体,拓展了广告主题。末一句最精彩,展示了撰写者巧妙的创意。

> 您的头发也一样会“口渴”的,并且会企求一点“饮料”来帮助它恢复柔软、光泽与弹性;而护发霜,正是您的头发每周都需要的“止渴饮料”,它能使您的头发重新变得亮丽夺目。

把一根吸管插在护发素中来做广告,将“饮料”与“保养品”巧妙地结合在一起,构想十分新奇,文案新颖别致。没有文案,单纯的画面表达不了“为头发止渴”的完整意念，也很难脱颖而出、受人青睐。

澳雪国际有限公司的产品“澳雪中药养发洗发露”的电视广告“去屑篇”，广告片在富有中国传统色彩的氛围中演绎品牌形象。广告语“去屑·魅力”贯穿的剧情给人以灵动的美感，配合以模特儿的优雅气质和煽情的演绎，给人留下深刻的印象，造就了洗发水广告中的上乘之作。

文案是广告主题最主要、最直接的表现方式，文案创意对主题创意的影响很大。许多广告都用别开生面的广告词来明确主题、升华主题，给人留下深刻印象。

有人错误地认为，自如驾驭语言就可以写出好的广告文案，这种看法忽视了广告文案的特点和它对主题的影响。人们出于爱好自愿欣赏文学作品，但人们不会主动花精力看广告，广告文案必须有吸引力，能在瞬间引起受众的注意，吸引受众从头读到尾。这要求撰稿人拥有较高的文学素养、丰富的知识、机敏的头脑和出色的想像力。

广告文案也是一种应用文，但不是一般的应用文。一般应用文写作时无须考虑激发读者的兴趣，便于记忆，促使读者采取行动。广告文稿写作要利用对消费者心理的洞察创作出雅俗共赏、生动有趣的文字，必须考虑受众的心理，要具有特殊的感化力，能在瞬间引起受众的注意，刺激其心理需求，使消费者保持记忆，促成购买行为。广告文案不是文学，而是一种专门技术，广告文案是具有特殊感化力的文学。广告文案要推销商品，应具有明显的应用性和效益性，这决定了广告文案以说明表达方式为主，描写、议论和抒情等其他表达方式只能作为辅助手段。

描述用于生动形象展示产品的外观、特征、功能等，给消费者直观美好的感觉，加深消费者的印象，如康柏笔记本电脑：“无论地处何方，如果身边总有部八面玲珑、挥洒自如的笔记本电脑相辅佐，必然让你无往不胜。”议论用于帮助消费者从理性上认识购买产品的必要性，促使他们在理性的支配下采取购买行动，如“如果您住在大厦公寓没有合适的晒衣场所；如果您家新添了一个小宝宝，天天需换洗几十块尿布；如果你们夫妇俩天天早出晚归，根本没有晒衣的时间……现在，有了申花牌家用干衣机，这一切问题都迎刃而解了”；抒情用于对产品进行渲染，以情感感染消费者，引起消费者的共鸣，如“蝴蝶牌缝纫机，缝就您服饰上的千姿百态，绣出您生活中的万紫千红”。使用这些表达方式都是为了推销产品，不同于一般文章中的描写、抒情和议论。

广告文案必须个性化，有性格的作品才是美的。艺术作品反映艺术家的意境、个性与风格，艺术创作受艺术家个人审美定式的制约。与其他艺术语言不同，广告语言须根据广告的特定要求选用并组织文字。套话连篇、千人一面、千篇一律的广告无法取得良好的效果。创作时不收集企业、产品、劳务、商标的感性资料，以因袭模仿代替创作，使用“质地优良、经久耐用”等概念化语言的广告，吸引不了受众。

第二节　广告文案的结构、分类与体裁

一、广告文案的结构

典型的广告文案由广告语、标题、正文、随文(或口号)四个部分组成，各部分传达不同信息、承载不同职能、发挥不同作用。这四部分无须都具备，有的广告没有标题，有的广告只有标题没有正文，许多广告没有口号，或者口号与正文和标题合二而一。

1. 标题

标题是广告的生命，标题好比人的眼睛，“描龙画凤，全在点睛”。广告标题往往出现在广告之首，概括和揭示广告内容，帮助消费者掌握广告的中心思想，提示广告主题，引起消费者的兴趣，活泼和美化版面。

标题的创作要求是文辞简洁，具有独创性，要能刺激目标对象，使其接受。拟定广告标题时应反复揣摩、推敲提炼，“语不惊人死不休”。

2. 正文

正文是文案的主体部分，具体介绍商品和劳务信息。广告标题的作用在于吸引消费者，广告正文的作用在于说服消费者。正文要摆出强有力的证据来说明商品的优越性，不能泛谈优点，遇有竞争性品牌时，更要阐述商品的独特利益点，增进消费者的信任。

在不同媒介中，广告正文的表现形式应该不同：印刷广告的正文用文字语言叙述，称为广告文稿；广播广告的正文以口头言语报道，称为脚本；电视广告的正文用语言(口头的和文字的)结合动画来叙述，称为故事板。

广告正文的结构包括：开端(引子)、中心段、结尾。

(1)引子。引子紧随广告标题，解释及说明广告内容，扼要说明标题提出的承诺，引出中心段。

(2)中心段。中心段用关键性的、有说服力的证据或立论，证实广告提出的事实，支持广告的观点，论证产品的优点并非同类商品共有的优点，而是产品的

特殊优点。说明的内容应包括材料、制造方法、功能等，应给受众完整的印象。

(3)结尾。结尾要诱使消费者采取购买行为，用鼓励性的语句促使消费者采取购买行动，同时说明产品价格、优惠办法、订购方法、维修及服务的承诺及担保，等等。

3. 口号

广告口号(或标语)是文案的重要组成部分，是企业反复使用的特定宣传语句，表现其相对定型的广告宣传的基本概念或主题。口号能与商标和企业名称一样长久存在，增强消费者对产品和企业的理解与记忆，形成强烈印象。在一些国家，广告标语同商标、厂牌一起登记注册，受法律保护。可口可乐的口号"喝可口可乐吧"，丰田汽车的口号"车到山前必有路，有路必有丰田车"，这些广告口号比较固定，强调广告主题，一出现就能让人联想起产品和企业，自然成为产品的标志。

4. 随文

随文又称附文，是文案中传达附加性信息的语言或文字，随文包括品牌、企业名称、企业标志、企业地址、购买商品或获得服务的方法以及特别需要说明的内容等。随文一般出现在广告文案的结尾部分。

一般说来，广告文案应该包括广告语、标题、正文、随文四个部分，以保证广告信息传达的完整性和层次性。由于传播媒介不同，广告文案结构可以不同，比如，广播广告的文案就不太清晰或完整。文案组成部分的顺序，出现的位置，也可随着广告信息、传播媒介以及广告编排要求的不同而变化。

(1)平面广告广告文案的结构。使用印刷媒介传播的广告，广告文案的结构最完整、最典型，通常具备广告语、标题、正文、随文四个部分，这四个部分可以用不同字体，占有版面不同位置，文案结构十分清晰。

(2)广播广告广告文案的结构。广播广告广告文案的结构比较模糊、随机，甚至不完整、没有结构。广播媒介的特点是瞬时传播，广告文案各部分按时间先后出现，受众无法同时接收，感觉是一个整体，没有明显的区分；广播广告口头传播，形式灵活，经常通过故事情节引出产品，为了在第一时间抓住听众，文案通常省去标题，直接切入。广告语通常出现在随文之后——广告的最后，给人深刻印象。广播广告应该重视文案结构，用清晰明确的结构准确传达广告信息、吸引受众注意。

(3)电视广告广告文案的结构。电视广告的传播借助听觉与视觉，其文案使用语言与文字两种载体。大多数电视广告的文案用画外音、人物语言(语言)和字幕(文字)传达信息。标题、广告语、正文和随文用人物对白、画外音、字幕等形式区别，广告语通常与随文一起出现在广告结尾。电视广告文案的结构比广播广告文案更清晰。

广播广告和电视广告的文案经常省略标题，这种现象不是所谓“标题和广告语合一”。标题和广告语不同，承担不同的职责。标题是文案的主旨、梗概、精华，可以扩大文案的到达面，使没时间或没兴趣的消费者有机会接受信息，以吸引受众、明确信息主旨。广告语是企业长期策略的体现，象征企业的形象，两者完全不同，不能简单地合二为一。

二、广告文案的分类

广告文案的类型很多，按所含内容大致可分为两种主要类型——理性式广告文案和情感式广告文案。

1. 理性式广告文案

事实拥有最强的说服力，理性式广告文案以事实说服人。广告文案可以引经据典，提供数据，进行对比，利用严密的逻辑关系揭示不容否认的内在联系。这类广告文案，论点要鲜明，论据要确凿，论证方法应多样化，多用于新产品、竞争性产品以及生产资料性产品的广告。理性式广告文案有三种常见形式。

(1)直铺式文案。行文实事求是、平铺直叙，不讲究文字技巧和修饰，展示购买的充分理由，说服潜在消费者。文案主要介绍商品的特质与用途，用科学论据予以证实。

> 高速脱水槽以每分钟 1 800 回转高速甩干水分，随洗随穿。可按衣服质料、厚薄，选用不同水流(强弱漩涡及强弱自动反转)，绝不损伤衣料和钮扣。内衣类可耐穿 5 倍，衬衣类可耐穿 3.5 倍，毛线衣类不起毛不缩皱。同时可洗濯及脱水两公斤衣服；洗濯时间及脱水时间，可视衣服质料与污染程度调整之。
>
> 最新出品——××牌洗衣机

> 本品经广东省中医院、第一人民医院、第二人民医院、肺结核病医院等单位临床用于治疗支气管炎、气管炎、肺炎、肺气肿 236 例，有效率为 97%。用于治疗肺结核患者 30 例，有效率为 86.7%。
>
> ——蛇胆川贝枇杷膏

(2)引证式文案。引证权威鉴定评论或奖励来证实广告内容，或引证名人的赞扬、推荐来说明商品的优异，这些材料具有定论性的说服力。

太阳神系列口服液是您安全的信心健康的保证

> 太阳神系列口服液面市 3 年多来，几度荣获我国营养补剂的最高奖项。

1988 年、1990 年两度获得国家体委全国运动会营养金奖，荣居榜首，被指定为第二十四届奥运会、十一届亚运会中国代表团的专用补剂。

3 年来，千百万消费者的体验，数十万封顾客来信的赞誉，上百个医疗、科研检测单位的报告，充分证明太阳神口服液具有综合调节人体机能、促进人体新陈代谢、增进细胞活力的功能，对提高肌体免疫力有显著的作用，能帮助人体吸收膳食营养、保证各种组织器官所需营养物质，维持人体平衡。

各种研究报告指出，太阳神口服液不含各种性激素，不含防腐剂等任何化学合成物，是高效、安全的保健口服液，是维护健康的选择。

这是一篇典型的引证式广告。文案以事实和数据说明"太阳神"口服液的功能、作用，材料具体、真实、有力。

(3)说明式文案。文案是图案的辅助说明文字，帮助消费者进一步了解商品的特点和性能，加强图案的冲击力，扩大促销效果。金鱼牌铅笔广告，画面是数本精装书籍构成陡峭的山崖形状，用金鱼牌铅笔铺成一条蜿蜒上升的小路。画面上方横贯 7 个大字：书山有路勤为径。广告文案形象地揭示了勤奋学习与金鱼铅笔的密切联系，令人过目难忘、回味无穷。

2. 情感式广告文案

情感式广告文案的重点是诱发消费者的感情，告诉消费者，购买使用商品后生活更舒适更愉快。这类广告文案多用在化妆品、服装等软性商品上。

逍遥香水皂，每天清新的开始……

清晨，我喜欢骑单车上班，一边享受甜丝丝的晨光，一边陶醉在刚才淋浴后的清爽感觉中……逍遥香水皂，每天带给我清新的开始。

逍遥香水皂最新由英国进口，香气浓郁持久，泡沫丰富嫩滑，给你前所未有的清新感，令人整天神采飞扬，充满自信。

这里对广告进行描述，让人有更多的想像空间，穿着入时的年轻人暗示消费对象。女青年骑着自行车，在晨光中笑意盈盈，柔长的头发飘飘扬扬。男青年擦肩而过，回眸一盼，看到神采飞扬的姑娘而惊奇。文字的语调似出自女青年之口，画面柔和的情调吻合文字的风格，让人产生遐想。感情丰富的年轻人看到这广告不免跃跃欲试。

下面一则运动鞋广告，从标题到文字都十分生动活泼：

生来就能跑

28 年前本公司首创生产运动鞋。从那以后，人们就穿着我们的鞋去跑步、去比赛，我们已经帮助这些运动员创造了 400 多项世界记录……你生来就能跑，而我们生来就是帮助你跑得快。你可以到处发现出色的运动员都买我们的鞋。

广告配上一男一女跑步的照片，突出两人所穿运动鞋的特写镜头。广告文案关注消费者的需要，消费者见到广告后产生实现宿愿的心情，会迅速将购买欲望变为购买行动。

理性式广告文案与情感式广告文案风格不同。工业用品、医疗用品、科学研究用品等的消费者需要全面、准确、客观了解商品，需要判断、推理的逻辑思维过程，理性式广告文案有助于诱导上述产品的消费者。化妆品、香水、首饰、时装、手表等商品的消费者喜欢感受商品的情调、风格，情感式广告文案能让消费者产生丰富联想，获得物质和心理的双重满足。

这两种文案都可以用来介绍商品，总有一种风格更宜广告宣传。理性式广告文案从事实出发，本身就能说服受众。情感式广告文案很难单独奏效，总是基于一定的事实，再有感而发。有些商品，消费者既想了解商品的风格、时髦程度，又想了解商品的具体技术和质量标准，需要两种文案配合使用。

三、广告文案的体裁

广告文案的体裁也十分多样，体裁由内容决定。广告商品不同，广告目的不同，媒介不同，广告体裁的形式也应有所区别。适当的体裁能使广告内容得到较完满的表现，发挥更大的作用。常见的广告文案体裁大致有 15 种。

(1)简介体。这类广告文字简洁，简明扼要地介绍商品特征、用途、效果、包装等即可。

巧克力

巧克力是一种高级糖果。这个名称来源于外来语的译音。最初，古巴人和墨西哥人把采集野生可可加工制成的一种饮料叫做“巧克脱里”，西班牙人则把这种饮料称为“巧克力”。巧克力糖的名称即由此而来。

巧克力的主要原料是可可树种仁磨成的可可粉，另外还有砂糖、高纯度的香兰素和植物卵磷脂等，如果再加入果仁，就可以分别制成各种不同风味的巧克力糖果。由于可可种仁里含有 50%的脂肪、20%的蛋白质和 10%的淀粉，还有少量的糖分和可可碱等，所以制成的巧克力糖果营养丰富，颇受欢迎。

巧克力具有特殊的爽口风味。在常温下为固体，入口即可溶化，是一种滋补的营养品。对于增强人的体质，加强记忆力和促进儿童的身体发育都有好处。

这则广告文字分三个部分，第一部分说明巧克力名称的来历；第二部分说明巧克力的制作原料；第三部分说明巧克力的营养价值。全文结构严谨，先后顺序符合人们的思维逻辑，重点突出了巧克力的营养价值。

天使海滩度假村

天使海滩，天使国度

集休闲、娱乐于一身的天使海滩度假村，沿海堤建有欧、美、日各式别墅共30幢，"水上人家"特色客房40套，宾馆标准客房30套，全村可同时接待500位客人住宿。

让你尽情体验没有界限的异国风情

欧陆风格的古典别墅。外观典雅，共分三层，配有5间卧房，3间客厅。既可整幢使用，也可单租底层或二、三层搭配租用。让你充分体验欧洲贵族浪漫的生活情调。

纯朴风格的美式乡村别墅。配有三间卧房，独有的近50平方米的大卧室，内设冲浪浴缸，让你充分体验美式休闲自在的生活情调。

东洋风格的日式别墅。外观雅致精巧，点缀在绿荫、流水之中，配有二卧房，其最令人欣赏的是巧妙的临水阳台设计，使你在阳台上就可凭栏垂钓，轻轻松松坐拥一室风景，充分体验趣味生活。

现代风格的国际式别墅。外观简洁明朗，配有二卧房，与日式别墅同样设有临水阳台，既可观日出日落，又可凭栏垂钓。让你充分体验舒适宁静的度假生活。

让你每一个细胞都欢呼的休闲娱乐设施

涨潮时，海水一直涌到平台下。坐在平台上，水天壮阔，犹如置身海的怀中。品茶观景，听渔舟唱晚，一派逍遥，叹为东海一乐。

按国际比赛标准建设的卡丁车赛场，具有130米以上的直线车道，精彩刺激。同时还拥有网球场、沙滩排球场，多种选择，满足不同需要。

天使夜总会拥有丰富多彩的娱乐设施，KTV、桑拿、桌球室，棋牌室，应有尽有。

特设的露天游泳池，是精心为你营造的。自在悠闲、随时随意享受畅游乐趣！

(2)布告体。布告体广告具有告知性的特点，开业启事、业务声明、海报、公告、招聘、寻人启事等都属布告体广告。布告体广告严肃庄重，语言要求简练、朴实、恰当，条理要清晰，应根据主客双方的需要清楚交代有关事宜。

鹭江广告公司招商

厦门——万商云集地

9·8——天涯共此时

此时此地就看您的抉择!

精明的企业家应该把握契机,抢占滩头。选择最佳广告媒体,追求最佳广告效益,当然是您的期待!《厦门日报》鹭江广告公司在9·8期间将为您提供最便捷的短、平、快广告服务。

9·8大升格:今年福建投资贸易洽谈会,由区域性贸洽会升格为口岸贸洽会,于9月8日至12日在厦门举行。

广告大升格:本次贸洽会预计将有二十多个省市、四十多个国家级专业公司,四十个国家经济技术开发区、保税区组团参加,广告影响将大幅度扩大。

广告大会餐:会议期间本报开辟联名祝贺广告。专版形式为:(1)企业全称;(2)法人代表姓名;(2)主要经营范围;(4)联系电话。约为80字左右。广告优惠价每家单位1000元。

版面大增加:会议期间将增加大面积广告版面,满足与会客商的需要。1/4版以上广告价格不变:全版套红84000元,黑白72000元;半版套红42000元,黑白36000元;1/3版套红28000元,黑白24000元;1/4版套红21000元,黑白18000元。

彩报大赠送:会议期间除正常发行外,另在会场、宾客下榻的宾馆等场所,每天赠送万份彩报。

联系电话:2024956 2071751

联系人:陈逸心

联系地址:厦门市深田路46号(厦门日报社)

电话号码等具体信息可以反应在广告中,作为广告随文的组成部分。也可考虑删除。

(3)新闻体。广告中含有人们感到新奇或有兴趣的新情况,或者商品与新闻事件、新闻人物有联系时,就可借题发挥,发掘广告的新闻性,用新闻体裁来传达广告信息,这是一种具有新闻价值的广告内容。

太湖·威尼斯花园

本年度还有一件大事你不可不知。

当年,威尼斯人马可·波罗沿着中世纪的丝绸之路旅行,向世界传播东方的文明。如今,金马人决意在文明的东方,将威尼斯的“水城”风采,引载于江南水乡的景观之中。

马可波罗虽然不是新闻人物,但与他有关的威尼斯水城的开发具有新闻效应。

伊莱克斯真空吸尘器

一辆制作成世界第一台真空吸尘器形状的汽车近日驶上本市,成为街头一景,吸引市民驻足观看。这台由伊莱克斯制造的最古老的吸尘器,是来参加将在本市举办的伊莱克斯环球家电精品展的。一百年前,真空吸尘器是以汽油为燃料的,并且运输时需要使用马车;而现在的真空吸尘器仅重一公斤,用电池就可使之运转,可以自行打扫房间的世界首台全自动吸尘器也已在伊莱克斯问世……家电技术的革命,不仅使人类告别繁重的家务劳动重获自由、生活质量与水平得到空间提高,同时,它所代表的梦想成真的快乐,更引领着人类不断向未知领域推进。

(4)格式体。格式体广告文案按照相对固定的格式和项目来撰写文案。产品不同,格式也不同。商品展销订货会广告一般分主办单位、展销时间、展销地点、展销品种、联系地址等项来写;招生广告一般分招生内容、报名时间、报名地点、联系人、联系电话等项来写。

隆重举办'94(福建)全国名优
包装印刷机械、器材展销订货会

日期:9月8日—10日时间:8:30—16:00
地点:福建工业展览大厦(福州市五四路260号)
参展产品:
一、平版印刷设备;二、凸版印刷设备;
三、凹版印刷设备;四、印刷辅助设备;
五、印刷制版设备;六、进口二手胶印机、制版设备;
七、纸箱、纸盒设备、纸箱生产线;
八、丝网、移印设备及纸张、器材等。
(详情见9月1日《福建日报》广告)
主办单位:福建省包装印刷工业公司
总经理:潘家德 副总经理:詹明
公司地址:福州市省府路一号
邮编:350001 电挂:8407

传真:(0591)7510846 联系电话:7510906 7521370

联系人:吕东海 于建华 陈建金 姜榕军

具体信息可出现也可不出现,在具体运用中,消费者希望出现。

厦门大学经济法专业函授班招生启事

我校将于今年9月举办经济法专业函授班,招收具有高中毕业文化程度或同等学力的待业青年,学制两年,每学年学费2000元(简章备索)。

报名时间:即日起至9月15日

报名地点:厦大政法学院C座五楼法律系办公室

联系人:罗高屏 侯利标

联系电话:2086181 2085102—2402

广审字940212

厦门大学成人教育学院厦门大学法律系

第一则是商品展销订货会广告,第二则是招生启事,两者都按一定的格式写。这类文体简短求实、层次清楚,在写作时重点突出。当然,项目可根据需要增减。

(5)证书体。为了说明广告宣传事实或许诺的正确可靠,需要披露权威的鉴定,领导机关颁发的获奖证书,用户对产品的评语或"老字号"产品的优势等。名牌产品或知名度较高的产品的广告广告文案经常使用证书体。由于使用检测或验证过的材料,说服力强,宣传效果好。

古井贡酒

古井贡牌古井贡酒,是中国最早的八大白酒之一。它以"色清如水晶,香醇似幽兰,入口甘美醇和,回味经久不息"的独特风格,蝉联二、三、四、五届"中国名酒"称号,荣获金质奖。一九八八年荣获巴黎第十三届国际食品博览会金夏尔奖,被誉为"酒中牡丹"。

同仁堂药店

在三百多年前,浙江宁波府有个走街串巷的卖药郎中,名叫乐尊育,正是他在公元一千六百六十九年创建了同仁堂。数十年后,同仁堂的药剂以配方独特、选料上乘、工艺精湛、疗效显著获得了向清皇室供应药品的特权。同仁堂的近百种传统中成药,以"不省人工,不减物力",货真价实,制作精细的传统特点在众多的百姓中极负盛誉。如今百年老号同仁堂更以讲药德、守信誉的美称而名扬四海,享誉八方。

第一则广告用获奖情况作为证明材料。第二则广告则通过展示历史沿革，描绘同仁堂药店300多年的辉煌历史，说明该店长久不衰与讲究药德、不省人工、不减物力、恪守信誉的经营作风和货真价实有关，读起来让人信服。

(6)问答体。用对话形式传达广告信息，这种广告针对性较强，逐点答疑，活泼有趣、平易近人。价值较高、技术性较强的商品多采用这类广告。

“福苑”装的是哪家的热水器？

问：“看报了吗？福苑高层公寓开始发售，它专供海外华侨、外籍华人和港、澳、台同胞永久置业，每平方米654美元。”

答：“岂止是看呢，我还细细研究过了。它配套设备齐全而高级，电话、电源、空调、卫生洁具、柚木地板、铝合金窗、燃气热水器——。”

问：“热水器？哪家的产品？”

答：“我专门打电话问过市房地产实业公司，‘福苑’公寓全部132户都安装上海三灵电器总厂生产的申花牌对流平衡式热水器。”

问（自言自语）：“噢！虹城侨汇公寓，西康外汇公寓都装有申花热水器呢！”

这是申花电器的广告。标题用提问的方式巧妙引发受众关注的问题——福苑高层公寓这一人们注目的豪华工程用哪一家的热水器？人们对“福苑”饶有兴趣，对它配置的设备（当然包括电器）自然也充满好奇。标题设置悬疑，正文用对话形式披露相关信息，语言简洁了当，贴近生活实际。申花电器借此广而告之，福苑高层公寓也借此扬名，一举两得。

(7)幽默体。用知识性和趣味性的幽默文字介绍商品，情调轻松风趣，能有效激发消费者的兴趣和购买欲望。例如下面这则行车安全的公益广告：

阁下驾驶汽车，时速不超过30公里，可以欣赏到本市的美丽景色；超过60公里，请到法庭做客；超过80公里，请光顾本市设备最新的医院；上了100公里，祝您安息吧！

广告含蓄、逗趣，寓理于幽默之中，令人回味。

(8)论说体。运用大量的论据或符合逻辑的评论和推断，宣传产品优点，说服消费者购买。这类广告语言准确、针对性强，逻辑严密，结构紧凑。

爱护您宝贵的眼睛

——“爱滴氏”洗眼水温馨备至

您宝贵的眼睛如果缺乏悉心爱护，后果可能会非常严重……

脆弱的眼睛易受环境侵害，如天气干燥、眼睛疲劳、风沙尘埃、佩戴隐形眼镜、泳后敏感，都会导致眼部不适，这个时候，您就需要给它最温和的爱护。

“爱滴氏”洗眼水，性质特别温和，酸碱度与泪水极为近似，用以冲洗眼睛，可洗净眼内微细异物，舒缓眼部发炎及消除红筋，更能缓和因佩戴隐形眼镜而引起之眼睛疲劳，为您双眼带来温柔舒适的保护。

“爱滴氏”洗眼水乃普施大药厂出品，全港销售第一，是值得您信赖的护眼专家。

广告晓之以理，先谈爱护眼睛的重要，然后讲明“爱滴氏”洗眼水能给“双眼带来温柔舒适的保护”。

(9)描写体。广告不仅交代商品或企业的基本情况，还形象描绘和渲染，给消费者留下具体生动的印象。

奥琪香皂

朋友，洗脸、洗手您喜欢用哪种香皂？奥琪系列产品之一，奥琪香皂您可知道？

奥琪香皂，北京日用化学一厂采用上等原料制造。它有两大优点：抗硬水，护肤效果好，比用一般香皂可节省四分之一。使用以后，皮肤感觉滑爽滋润，就像洗了牛奶澡。更令人高兴的是，兰花香型的奥琪香皂清香宜人，它的抗皱作用别的香皂比不了。

它的造型也别具一格，好中见巧。正面看，恰似一座拱型桥；翻过来看，又像一叶扁舟水上漂。奥琪香皂，高档产品，中档价格，货好！畅销！

这则广告介绍生产厂家、性能特点及形状造型，文辞优美流畅，语言亲切感人。

(10)抒情体。这种广告文案，语言饱含情感，如数家珍，如叙家常，烘托令人向往的特殊情调。厦门东南亚大酒店的马尼拉咖啡厅曾在“母亲节”期间做过广告。

阿妈今晚不用煮饭

多情的美国人把五月的第二个星期日定为“母亲节”，以表示对母亲养育之恩的感谢。如今母亲节的魅力光华四射，传遍全世界。

明天，就是母亲节。

给母亲一个惊喜，给母亲一份至爱。不妨请您的母亲，放下手中的活计，一起到我们的马尼拉咖啡厅来，品尝为你们精心准备的“母亲节自助餐”，享受体贴入微的服务，在融融烛光、悠悠琴声中往事共叙……期待你们的光临，明晚六点钟。

这个广告，如涓涓细流又娓娓动情，打动了许多儿女。下面再看两则关于法兰西服装的抒情性广告。

TASSIGNY 的传说

憧憬中的欧陆风情是斑斓多姿，向往法国之美，更是如诗画般的"花都"与瑰丽、浪漫迷人的法兰西文化。每当您步入这神圣艺术的殿堂，忘情于爱神维纳斯、蒙娜丽莎和胜利女神时，如歌的行板，传诵着高卢人的无数浪漫传说。

尽情汲取欧陆之灵气，洋溢着法兰西万般风情的 TASSIGNY——世界上难得一见的服饰珍品就诞生在这最令人激动的世界艺术之巅峰——巴黎。源于法兰西服装设计大师独具的艺术魅力 TASSIGNY，天天赋予您精彩人生的喜悦。款款 TASSIGNY 特别的艺术精髓，令您怦然心动的激情与梦幻的心灵升华至无上崇高的理想境界。

风情——TASSIGNY，精彩就是您！

浪漫——TASSIGNY，灿烂就是您！

激情——TASSIGNY，未来属于您！

TASSIGNY 告诉你

向往中的欧陆风情是梦幻、优美，而法兰西之美，更是如诗画般的"花都"与瑰丽、浪漫迷人的法兰西文化结晶，美不胜收，让人永生难忘。当您步入这神圣艺术的殿堂，忘情于爱神维纳斯、蒙娜丽莎和胜利女神时，如歌的行板，传诵着无数时代的浪漫传说。如梦幻的香榭丽舍大道是灿烂历史的巡礼，巴黎圣母院旁塞纳河的潮汐，是千古文明的演绎。汲取欧陆之灵气的 TASSIGNY 就诞生在这最令人激动、浪漫的艺术之巅峰——巴黎。洋溢着万般风情的法兰西时装 TASSIGNY 是世界上难得一见的服饰珍品，TASSIGNY 优美的艺术气质赋予您入梦的喜悦，每一款名家设计的 TASSIGNY 都使您怦然心动，TASSIGNY 特别的艺术品位令 Monsieur 激情与梦幻的心灵升华至无上崇高的境界。

风情，浪漫——TASSIGNY，精彩人生属于您！

(11)庆贺式。庆贺广告借节日联络消费者，或者借获得荣誉之际向消费者报喜。

一代风流美菱斯顿

热烈庆祝合肥电冰箱总厂美菱斯顿单双门电冰箱在轻工部首批家用电冰箱质量抽检中——

双双荣登A级金榜

达到国际先进水平

广告披露获得的荣誉和质量达到的标准，说明该产品技术先进，产品质量高，这些都容易赢得消费者的好感和信任。

(12)诗词体。诗歌也能用来进行广告宣传，不仅能突出商品优点，也能使消费者得到美的熏陶、美的享受。《厦门日报》于1994年8月29日开辟“礼仪广告”专版时，以一首广告诗作宣传：

告读者

朋友，生活充满着爱！
在亲朋好友喜事临门之时，
您总得有所表示——
或是一束鲜花，
或是一份礼物……
但您也许会觉得缺憾：
没能留下一份最珍贵最有保存价值的永久纪念品。
请别烦恼！
报纸《礼仪》广告
将为您填补这种“失落”。
她是爱的见证，
她是一帧珍藏，
让您和亲友常常回味友情的温馨……
欢迎您加入本报《礼仪》广告行列！

贵州茅台酒，有“国酒”之称，名扬五洲，香飘世界。清代诗人卢郁藏为之作《竹枝词》：

茅台首酿醑如油，
三五呼朋买小舟。
醉倒绿波人不觉，
老渔唤醒月斜钩。

月夜呼朋，三五共酌，酩酊醒后，新月如钩。此诗富有诗情，饶有画意，使不善饮者也对茅台酒产生浓厚的兴趣。

1945年5月，吴祖光的名作话剧《风雪夜归人》上演，景州曾填词《卖花声》为《风雪夜归人》做广告。

往事费思量，
风雪寒窗。
一番炎热一番凉。
二十年来春梦觉，
赢得凄惶。
世态炎凉，
利锁名缰。
尽多哀怨拆空王。
如此情怀如此夜，
如此下场。

词中连用三个“如此”来强调，设置悬念，引发读者一睹为快。这样的词体广告不但吸引观众，而且词律严，词精美，具有强大的艺术魅力，令人为之魂荡神移。

(13)戏剧体。用戏剧形式传达广告信息，这样的文案要有故事情节和矛盾冲突，要有人物的对话和动作。此种广告要求情节充满趣味、矛盾突出、结构紧凑、人物精当，情节接触到商品时，应把握时机宣传主题。

幸福健康“使者”　节日最佳“礼品”

——延生护宝液献给您的是一片真情

新春佳节快到了，面带喜悦的人们不免为选购节日礼品费思。一对甜蜜夫妻的对话将给您带来启示：

夫：你这两天好像有什么心事？

妻：快过节了，给爸妈选购什么礼品呢？

夫：宝宝常年在爸、妈家，老人受了不少累。平时忙，节日看看老人，表示表示我们的心意。

妻：送钱，爸、妈不要。去年春节送进口香烟、名酒，妈妈不高兴，说对爸爸身体不好，闹得春节没过好。现在生活水平提高了，鸡、鸭、鱼、肉都有……

夫：南方近年风行送健康礼品。我看中国老龄科学研究中心特别推荐的沈阳飞龙保健品有限公司生产的延生护宝液就很好！

妻：你这个主意很好，报纸上介绍延生护宝液对各种老年病都有神奇疗效。爸用过 几瓶，多年腰膝酸痛，前列腺肥大治好了。爸爸说，服用了延生护宝液后浑身有劲，睡觉安稳，冠心病、胸闷症状解除了。妈妈有时也跟着服用，风湿性腰腿痛好了，周身无力症状改善，春节还要亲自上厨为我们炒菜呢！

夫：爸爸、妈妈健康长寿就是我们的幸福，就买延生护宝液吧！

妻：这次礼品选得好，给爸爸、妈妈送去健康、幸福、长寿及我们的一片爱心。这礼品不轻呵！

"礼轻情意重"，道出了节日礼品的内涵。选购礼品的人总想把自己的情意溶汇进礼品中，以表示感激、尊重和答谢。人至中年，最重要的就是健康长寿，健康礼品是无与伦比的真情厚礼。

这则广告的主要人物是夫妻两人，矛盾冲突是新春佳节究竟向爸爸、妈妈送什么礼品好。送钱老人不要，去年送进口香烟、名酒，妈妈不高兴。经过商量决定送延生护宝液，矛盾得到解决。在此过程中宣传了延生护宝液。

杀铃王2号农药(小品)

时间：冬末春初

地点：农家院

人物：王大爷——50来岁(上过报的棉状元，豫东口音)

男——30来岁，广告公司导演。(南方口音)

女——20来岁，广告公司工作人员。(普通话)

(一个整洁的农家院里，显示出初夏气息。王大爷正在当院里修理喷雾器。男女二人同时进院。)

男：王大爷，您老上报了，恭喜你呀。

王：嘿……坐吧。

女：王大爷，咱地区十大棉状元，你排头名，可真算是名人了。

王：嘿……上了报还是庄稼人，咱只是棉花产量高一点。你们是……

女：我们是广告公司的，他是我们的导演。今天来，想请你作个广告。

王：请我做广告？

男：对，现在都追求名人效应嘛。

王：嗨，说实话，我没啥能耐，我的棉花产量高，是农药打得对路哇。

男(对女)：听到了吗，王大爷讲出了农药的重要性喽。

王：如今种棉花呀，摘花不摘花，全靠药当家。

男：王大爷讲得好呀，我们今天来，就是请你做农药广告的。

王：那好啊，这两年我用的周口农药厂生产的东洲牌杀铃王2号，效果特别好，我正想向大家广告广告哩。

女：王大爷，我们……

王（说话间从窗台上拿过一个农药瓶）：给，这东洲牌杀铃王2号，听药名就知道它厉害，杀铃王就是杀灭棉铃虫的王牌农药呀。

女：王大爷，我们的意思是……

王：你听我说呀，前年个，我第一次买杀铃王2号，从地这头打药到地那头，一根烟没抽完，再回来看那棉花棵上，大大小小的棉铃虫全都伸了腿儿，连那钻到桃子里面的虫也都被熏出来，直扑甩头……

男：王大爷，我们的意思是请你为别的农药做广告。

王：啥农药？

女（提包内掏出一袋粉剂农药）：看，粉剂的。

王：这叫我咋做广告？

男：很简单，让她以记者身份采访你，你就说这农药好，同时把药袋举起来，推出个特写镜头就完了。

王（看看药袋可笑）：嘿……

女：请你做广告，要给报酬的呀。

王（不解地）：报酬，啥报酬？

女（提兜内掏出一沓百元人民币）：这个，一万元。

王（茫然地）：这……

男（得意地）：准备录像喽。

（男扛起录像机，女持话筒对着王大爷）。

男：开始！

女：王大爷，防治棉铃虫，用什么农药最好呀？

王：叫我说，还是东洲牌杀铃王2号。

男（失望地）：哎，你咋老忘不了杀铃王2号哩！

女：刚才怎么说的？（拿起药包）这个、这个……

男：重来。预备，开始。

女：王大爷，防治棉铃虫，用什么农药最好呀？

王（笑着拿起药袋）：嘿……

男：好，举起药袋，讲话，讲话了……

王：这药效到底咋样？

男（情绪急转）：哎呀……

女：咳！（白眼斜视王大爷）

王：同志，这药先让我做个试验，看看效果，再做广告好吗？

女(一字一板):今天不是请你做质量检查,是利用你的身份做广告宣传,别忘了,给你报酬一万元。

王(气愤地):啥? 给我一万元?! 别说一万,就是给我一百万,我也不能昧着良心说假话。(深情地)同志,如今农民手里紧巴,吃不起亏,上不起当啊,咱不能苦害庄稼人!

女(收起话筒和钱,对男):那就算了吧。

男(感悟地):不,今天的广告一定要做。王大爷,就依照您老的心愿,把最好的农药介绍给农民吧。

王(感动地作揖):那……我先替广大棉农谢谢领导。

男:开始!

王(托起杀铃王 2 号药瓶):摘花不摘花,全靠它当家。

一个硕大的瓶占满屏幕。

(剧终)

(14)歌唱体。歌唱体有歌曲、演唱、快板、顺口溜等,一般辅以音乐,节奏和谐、旋律优美,容易唤起消费者的记忆。

大雁牌自行车

大雁牌自行车来了!
南湖之滨,
秀水之畔,
飞起一群美丽的大雁。
清脆的铃声,飞快的轮盘,
飞向祖国地北天南!
大雁牌自行车,飞到千家万户去!
飞呀! 飞呀!
大雁牌自行车。
飞呀! 飞呀!
美丽的大雁。

这首广告歌,形象而又具体,富有生活气息。

(15)综合体。综合使用两种或两种以上表现手法传递广告信息。如广告小品中穿插广告诗,广告解说词配以广告歌。

TOSHIBA

女声独唱:TOSHIBA,TOSHIBA,新时代的东芝。

男播音员：新时代的东芝，来源于生活，又充实生活，不断创造出紧跟时代的新产品。

平面方形的FS荧光屏彩色电视机，四角清晰，画面鲜明，还配备红外线遥控装置，全家团聚，共赏节目，其乐无穷。最新式旋转槽洗衣机，取代搅拌方式，洗涤柔和均匀，衣料清洁无损。由微电脑控制，按动电钮，洗衣脱水一次完成。

快速冷冻的直冷式电冰箱，以集成电路控制，耗电少，工效高，能随时为您提供新鲜可口的美味佳品。

竭诚的服务精神，超群的技术能力，宏伟的奋斗目标。东芝，永远贡献于新时代。

女声独唱：TOSHIBA，TOSHIBA，新时代的东芝。

这则广告长度一分多钟，但容量很大。中间大段解说词全面介绍TOSHIBA产品的种类、性能、作用、使用方法及企业宗旨。由于节奏整齐匀称，听起来并不感觉枯燥乏味。前后反复咏唱的歌曲通俗易懂，强化了商标意识。

第三节　广告文案的创作过程与原则

一、广告文案的构成要素

广告创作主要指广告文案的创作与形象的创作，广告文案是广告的基础。广告文案的构成要素有四个——主题、创意、语言、技巧。

(1)主题。主题是广告的灵魂和统帅。广告主题必须鲜明、突出、重点明确、层次分明，用独特的诉求传播明确的观念。香烟、饮料等商品多用甜美欢快的生活片断作题材，表达美好的生活离不开美好的商品这一主题，广告背景多为旅游、休闲、爱情、社交等场景，抒发怡然自得享受人生的气氛和情调。药品和日常家庭用品则喜欢展示使用效果，强调产品的优点和性能，引导消费者购买。广告主题是贯通广告的支配性要素，能将其他构成要素组合成完整的有机体。

(2)创意。创意是表现广告主题的构思，根据广告主题的要求，使用合适的艺术手段，创造新颖独特的意境。创意具有强烈的表现力和说服力，以个性化的形象给消费者留下深刻印象。撰稿人负责把广告创意写成文案，美术设计和制作人员负责把创意视觉化或听觉化。广告文案的创意是视觉化或听觉化的基础。

(3)语言。语言为主题和创意服务,运用特定的表达技巧。广告语言包括有声语言和书面语言,作用于不同的媒介。无论运用于何种媒介,广告语言最初总以文字形式出现。

从形式上看,汉语广告语可分为口语、诗语、陈述语等。口语化的广告语最富感情色彩,最有感召力,最平易近人。诗化的广告语来源于悠久的诗歌,吸取民间风情,节奏丰富,易读易记。陈述语容易平淡,但如果构思新巧、角度别致,也会貌似平静而内起波澜。广告语通过组织字、词、句、篇来传达信息,应争取做到精炼、准确、通俗易懂,使广告富于感染力和表现力。

(4)技巧。广告技巧直接为主题服务,它是广告创意视觉化不可缺少的手段。广告技巧有多种,如文字表达技巧,插图造型技巧,标题设计技巧,色彩光线的运用技巧,音乐画面的配置技巧等,其中,文字表达技巧是基础。广告技巧性愈高,艺术感染力愈强。广告文字是广告信息的依托,借助广告技巧来综合体现。

广告文案的四个组成要素必须和谐统一、相辅相成。四个要素受主题统帅,相互制约又相互促进,共同完成文案创作任务。

二、广告文案的创作过程

从准备到完成,广告文案的制作要经过五个主要环节,这五个环节环环相扣。

1. 汇集资料,提取精华

创作前要广泛搜集企业和商品的背景资料——民间传统、历史典故、文献资料、新闻报道、自身总结和权威部门评价等,了解企业经营情况,了解目标消费者;了解消费者的地域分布、商品的市场信誉、消费者的消费需求、购买方式及购买决策;还要了解竞品的情况。应参阅有关商品的广告资料,掌握竞品的反应,及时调整广告策略。

2. 突出个性,确定主题

收集大量资料,归纳分析、去粗取精,从众多的资料中把握商品的个性,寻找商品符合消费者心理需求的鲜明特点,确定广告文案的主题和格调。例如,香皂的共性是去污洁体,但宣传这一共性没有新鲜感。香皂将自己定位为女士香皂,其个性就鲜明突出。联系女性美容护肤的心理需求,“它消瘦,你娇艳”、“今年二十,明年十八”等富有个性的广告词就随之诞生。

确立商品个性的过程也是确立广告主题的过程,只不过,广告主题集中反映商品个性，包括观念和情感，有机结合商品的特殊个性与消费者的心理需求。

达尔美要进入竞争激烈的洗发水市场，广告策略不得不出奇制胜，达尔美先通过广告征集活动主题，共收到 6 000 多封来信，征集到上万条广告主题，但这些主题陈旧，缺乏冲击力和感染力。最后，达尔美选用了一句极为平淡的主题句——“用来用去，还是达尔美”。这样的广告从消费者心理入手，站在消费者立场说话，引起广泛联想，强化了品牌形象，收到良好的效果。

3. 语言新颖，简练深刻

不同于论述性文章或散文小说，广告文案要用有限的文字、巧妙新颖的构思、令人叫绝的妙语，给消费者留下深刻印象。广告文案必须遵照语言记忆的规律，运用易识、易记、简练深刻而又琅琅上口的词句，使用消费者喜闻乐见的表现手法传递广告信息。康巴丝石英钟的广告歌词说“生命如流水，不是水；生活如彩云，不是云。是什么，是什么连着你的心？康巴丝，分分秒秒连着你的心。”歌词富有哲理、文字优美清新、格调高雅朴实，问句给人亲切温馨的感受，引起消费者的关注，意味深长地提醒消费者要珍惜时间。

好的广告是艺术。银燕牌滑水鞋的广告说“生命在于运动”；太阳牌电子表的广告说“成功在于运用时间的精确”；西湖电视机的广告引用苏东坡赞咏西湖的诗句：“水光潋艳晴方好，山色空蒙雨亦奇；若把西湖比西子，淡妆浓抹总相宜”，一下子就把听众带进西湖旖旎的湖光山色之中。优秀广告通过精心的艺术构思，丰富的语言艺术手段，寓商品介绍于审美鉴赏之中。

4. 修改润色，反复推敲

广告文案草成之后，还要修改润色，运用各种修辞手段，突出文案的主题，锤炼形式、理顺文辞。词藻一华丽，主题容易被淹没，分寸把握不好会喧宾夺主，淹没商品信息，削弱广告的宣传功能。奥格威曾说，我从未欣赏过文学派的广告……40 年前，广告界好像很受这几则名噪一时却华而不实的散文所影响，而我却一直觉得这类广告很无聊，连一点事实也没有提供给读者。我很同意克劳德·霍普金斯的观点，高雅的文字对广告是明显的不利因素。精雕细刻的笔法也如此。他们喧宾夺主把广告主题的注意力攫掉了。这段话直截了当，虽失之偏激。

修改文案的方法有多种，或字斟句酌，反复推敲，发现不妥之处即时修改；或召开小型座谈会，广泛征求意见；或比较竞品的文案，寻找自己与众不同的地方。

5. 文面布局，美观大方

文案修改润色后，还要考虑文面布局等传播效果，精心设计题头与正文的排列、文字的行距、字体的选择，等等。平面广告的版面太密，看上去充分利用空间，实际降低注意值。文字精练动人，文面又美观大方，就能让人赏心悦目，引导受众注意广告信息。

三、广告文案的创作原则

广告文案创作是艰苦的艺术创作劳动，广告不同于普通的文化艺术：普通的文化艺术目的在于反映生活、展示生活，欣赏者主要是文化艺术的爱好者与追求者；广告的主要对象是消费者，目的是引起消费者对商品的兴趣，产生相应经济效益，而不是让消费者鉴赏。广告不引人注目，消费者可以不看、不听。文化艺术作品以发挥审美功能为最终目的，广告则以审美特征为手段，以美的形式吸引消费者，增强消费者的印象，促使其对广告商品发生兴趣。

广告创作必须遵守下列四个宏观原则的指导。

1. 效益性原则

广告是经济活动，以营利为目的，广告要追求效益。效益性是广告与其他艺术的最显著区别，也是衡量广告成败的标准。

广告的效益性反映在说服性和真实性上。广告说服力强，就能吸引人，给人以逼真的感受与情绪的感染，给人以信任感与好印象。广告还应令人信服，让受众相信广告信息，以诱发其购买意识和行为。有说服力的广告，离不开真实，真实要通过画面与语言体现。两家手表厂的电视广告都说"南极考察队员人人佩戴××表"，但南极考察队员不可能人人手上都戴两只手表。这样的广告不会让消费者信服，当然没有效果。酒类广告常自诩是"省优、部优、国优"，获得"铜奖、银奖、金奖"，细看获奖时间，大都是三五年之前，这样的荣誉并不能持续。虚假广告只会引起消费者的逆反心理。

广告的说服力与说服手段紧密相关。"有眼光的人都选择某某产品"或"某某产品是你的最佳选择"，这样用广告者身份下结论，忽略了接受者的心理反应，容易引发接受者的反感。希望消费者改变意见，最好诱导其自己下结论，让消费者认为自己是在无人怂恿、无人控制之下，全凭自己的意志而做出决断，这样的说服，效果最好。泰国航空公司的广告说"在 3 万英尺的高空，享受丝绸般的舒适"，广告画面展示旅客在坐椅上的三个动作——正坐用餐、半躺看书、躺下睡觉。旅客动作典型而连贯，神态自然而舒适，虽然画面上没有出现空中小姐的笑脸，也没有旅客夸赞的言词，但机上的舒适已活现于消费者眼前。

2. 感召性原则

广告的感召性指着眼于消费者的需要，引发消费者的注意，帮助消费者建立对商品的信任感，将消费者的需要转化为消费行为的动机。广告要有感召能力，应该瞄准消费者的需求，渲染情感，在温情中诱导消费者购买。

消费者的需求包括物质需求与精神需求，广告文案要切中消费者的需求，有的放矢、主题鲜明、情感真挚，引起消费者的思索与共鸣。奔驰广告说“如果谁发现奔驰汽车突然被迫抛锚，本公司愿意奉献一万元的酬金”，字里行间洋溢自信，增强了消费者的安全感。“泻立停”的药品广告说“泻立停，泻立停，一吃泻就停”，用简洁的语言讲清消费者关心的问题，满足了消费者的生理需要。有些广告含糊其辞，主题不鲜明。绣花女衫的广告说，“花色鲜艳，工艺先进，造型美观，缝制精细，品质优良，价格合理，畅销全国，欢迎选购，欢迎订货”，这种说法不仅适合绣花女衫，也适合其他服装，没有特点，很难引起消费者的注意。

广告文案应该运用抒情手法，把消费者引入“情文并茂，情景交融，物我交融，情理相随”的境界中，让受众感受浓厚的人情味。儿童玩具广告说“像妈妈在呼唤”，广告把亲情融入广告，成功打动母亲采取购买行动。四通中外文打字机广告说“来自四面八方，汇集万语千言。四通中外文打字机为您谱写厚意深情；虽未见面，相见恨晚，四通中外文打字机把友谊扬传；千言万语传递一片深情，四通打字机——您的最佳选择”，反复渲染抒发“情”字，无生命的打字机因此带上生命和情感。上海三菱电梯有限公司的企业形象广告说“我们推销电梯产品，增加的不仅是利润，更多的是朋友……我们的赠言——愿我们成为朋友”，将相互信任、理解的感情作为联结企业和消费者的纽带，即使不介绍产品，不渲染商品性能，也能吸引消费者关注其企业，进而关注其产品。

成功的广告大多能于文案中融入审美抒情性，营造出情景交融、情物交融的艺术境界，为冷冰冰的商品与广告理性诉求增添温馨的人情味。

3. 独创性原则

广告要有鲜明独特的个性，才能脱颖而出，捕捉住消费者的视线。广告讲究独创性，即应创造与众不同的、鲜明、简洁、强化商品特异的诉求重心，树立独具一格的商品形象，让人耳目一新。

独创是广告的生命。形式新颖、富有表现力的广告，其主题首先要有独特的新意，传达的信息要有不同一般的个性，要明确传达与竞品不同的销售重点。以啤酒来说，啤酒品牌众多，广告表现手法雷同，要脱颖而出，让消费者有深刻记忆，就应使用新颖的构思。

广告要强化信息个性，就要运用差异化策略。美国人喜欢吃鲑鱼，鲑鱼市场竞争激烈，粉红色鲑鱼和红色鲑鱼是主要的竞争者。竞争初期，粉红色鲑鱼的广告策略较合理，知名度高，销售利润也高。红色鲑鱼商经过冥思苦想后使用了新的促销策略，重新设计包装标签，加上醒目的广告语——“正宗挪威红鲑鱼，保证不会变粉红”，大获成功。广告暗示，红色鲑鱼才是正宗的挪威鲑鱼，粉红色鲑鱼不是正宗货；“保证不会变粉红”的说法更隐含质量上取舍的标准，广告含蓄巧妙，击中要害，又让对方抓不到把柄。

4. 整体性原则

广告要综合运用多种艺术表现形式——语言、文学、音乐、绘画、舞蹈、戏剧等，这就决定了广告是多层次、多环节的集体创作。广告文案还必须与媒体相协调，使用的艺术表现形式要适合选择的媒体。报刊侧重于文字、图案；广播要符合听觉习惯并讲求音响效果；电视是综合艺术，熔多种艺术形式于一炉；路牌、橱窗广告要重视造型。忽视媒介需要的艺术特征，也会造成失败。

广告文案必须与其他艺术手段和媒体配合，才能完成任务。印刷广告一般由图、字、色三大要素构成，图形、文字、标准色与商品属性紧密联系，文字不再以纯功能形式出现，而要综合体现功能与艺术。广告中的艺术表现手段并非单独使用，而结合多种艺术手法，结合愈巧妙，愈有独创性，就愈具有感召力。

第四节　广告文案的修辞

修辞指斟酌推敲字句，谋篇布局；巧妙使用语言文字表达思想感情，准确、鲜明、生动传达广告信息。

狄德罗说，没有感情这个品质，任何笔调都不可能打动人心。文案作者没有炽热饱满的感情，受众当然无动于衷。广告文案要讲究表现力，给人以启示和联想，言有尽而意无穷，就要借助适当的修辞方式。修辞应根据广告的主题与对象，根据商品的独特性，合理使用。背离了广告内容雕章琢句、故作惊奇，反显其拙。

1. 比喻

使用比喻能通俗、生动地说明陌生事物或抽象的道理，用来打比方的事物和被比喻的事物应有相似之处，能引起联想。比喻应当具体生动、浅显通俗、贴切新颖。

奥琪香皂

它的造型也别具一格，好中见巧。正面看，恰似一座拱形桥；翻过来看，又似一叶扁舟水上漂。

广告表现了奥琪香皂别致的造型，连用两个比喻，贴切而又形象。

有如第二层皮肤——牛仔裤广告

雨天里的朵朵彩云——雨衣广告

像母亲的手一样柔软舒适的儿童鞋——儿童鞋广告

牛奶香浓，丝般感受——德芙巧克力广告

蔬菜要保鲜，水果要保鲜，人的皮肤也要保鲜——霞飞护肤霜广告

以"皮肤"喻牛仔裤，暗示商品贴身舒适；把"雨衣"比作雨天中的"彩云"，描绘出千姿百态的花色品种；从母亲的"手"想像儿童鞋的"柔软舒适"，令人浮想联翩；以皮肤的"保鲜"来联想蔬菜、水果的"鲜嫩"，引导消费者对护肤霜产生强烈需求。

2. 比拟

比拟分为拟人与拟物。拟人指把物当做人来描述，把人的感情、动作、状态和语言赋予被描写对象，增强广告的感染力。拟物指把人当物，或把此物当作彼物来写，借以深化感情，造成别致的异趣。广告常用拟人手法。儿童学习机广告把"学习机"拟人为好老师："妈妈，我们有了好老师！"轮胎广告"任劳任怨，只要还剩一口气"，"任劳任怨"本来是指为人的高尚品质，用以描述商品，注入哲理，增添幽默情趣。

2008 年，康帅公司推出"康帅锅"，广告语是"健康好帅，好锅康帅"，并采用拟人化的艺术手法：

宋丹丹：鱼来啦！来。

女：手艺真不错。

宋丹丹：当然了。有康帅哥帮我啊！

众人：康帅哥？

宋丹丹：康帅火锅。用了康帅锅，能保持食物的原汁原味。健康好帅，好锅康帅。

女：我也要个康帅哥。

宋丹丹：锅！

字幕：健康好帅，好锅康帅。

本广告通过一个有趣的谐音，迅速达到名称的强化记忆，化解了传播中的阻碍，在短时间内记得住、记得牢。同时，将"康帅"与"锅"紧密地联系在一起，让大家了解康帅的产品，"康帅锅"通俗、朗朗上口，能够迅速流传开。在拟人化的情节中自然融入产品功能，让消费者直接感受康帅锅的优势，刺激其购买欲望。

3. 排比

把意义密切相关、结构相同或相似、语气一致的语句排列在一起，造成强大气势。使用这种修辞方法的广告往往会重复广告主信息，多侧面度突出重点，深化内容，使语言更畅达、节奏更明快。

《博览群书》广告

浓厚的文化意识，强烈的时代气息，丰富的百科知识，大量的图书信息。

这则广告语言优美流畅，有韵味，用简省的语言展示丰富的内容。广告语言浓墨重彩，为读者建造精美的“大观园”，既唤起读者强烈的美感，又能激起读者对该杂志的浓厚情趣。

《福建文学》广告

特区风貌 侨乡风情；海峡风涛 时代风云。

广告从不同的角度展示该刊特色，连用四个“风”字，很有韵味和气势。

4. 警句

警句是正确思想的结晶，言简意赅、思想深刻，能明快地阐发生活哲理，耐人回味。储蓄广告说“求人不如求己”，引导人们勤俭生活，及时储蓄，燃眉之急时即可自己主宰生活，无须告贷于人。

《我怎样学习和写作》广告

高尔基在这本自传体散文中，回忆了童年的读书生活，发现“差不多每本书都在前面打开了一扇向着新的和人所不知道的世界的窗户”。他向青年发出“爱好书籍吧”的深情召唤。

这则广告新颖、深刻，借用高尔基明言为渴求获益于书的人描绘走出生活迷宫、洞悉美丽的蓝图。两则警句同出图书内容，自然能引起读者对本书的深思和重视。读者品味之后，也会如高尔基一样发出“爱好书籍吧”的深情呼唤。

引用警句应保证准确、新颖和精练。准确是引用的前提，新颖指不引用无新意的警句，精炼指警句应当简洁而深刻，不应繁杂、平冗。

5. 双关

双关语利用文字的同音或同义关系，使一句话关联两件事或有两种不同的理解。双关语有表里两重意义，表面意义是次要的，寓意是主要的。使用双关语可以一箭双雕，取得幽默效果，在风趣中巧妙地展示内在含义。双关有语义双关和谐音双关两种，广告常用语义双关。阿里山瓜子广告说“阿里山瓜子，一嗑就开心”，“开心”表面上指嗑开瓜子，实际上指心情快乐。惠普打字机的广告说“不打不相识”，“打”字有多重意义，“打”是动作，由“打”到“识”则是鉴赏并认可的过程，这样说，没有感情的打字机变得情趣横生。小吃店广告说“客似云来”，一语双关，寓意无穷——什么力量吸引着消费者似云飘然而至，经济实惠的饭菜和亲切的服务态度使小吃店生意兴隆、门路广开。北京晚报有一则平面广告，广告语是“时尚，不晚报”，广告语变更了晚报“晚”字的意义，说明北京晚报虽然是晚报但是晚报但是新闻报道都是及时新鲜的。立意新颖，使读者印象深刻。

谐音双关一般使用在商标名称上，赋予商标更丰富的含义，通过反复突出、强调商标，让消费者深刻记忆商标。

英雄，英雄，笔中英雄——英雄金笔广告

京华音响，世界之精华——京华音响广告

几多风华在蜂花！——蜂花洗发精广告

6. 借代

不直接说出要表达的人和事物的名称，而是借用一个与本体事物有密切关系的名称或事物来代替。银燕啤酒广告说“银燕展翅，翱翔蓝天”，海鸥牌手表广告说“愿海鸥再接再厉，飞得更远更高”，用比喻手法引发消费者购买。广告常借用商标代替商品，以具体代替抽象，使消费者产生联想。

7. 对照

把对立的事物或事物的不同方面放在一起比较叙述和说明。这种修辞手法有助于鲜明地揭示事物间的矛盾，让美好更美好，丑陋更显丑陋，具有强烈的说服力。“潮汐”洗衣粉广告说“潮汐进去，污垢出来”，显示了潮汐洗衣粉的特殊功效。臭豆腐广告说“臭名远扬，香飘万里”，用互相矛盾的成语惟妙惟肖地揭示臭豆腐“闻着臭吃着香”的特点。奶粉广告说“没有加进什么，不过提出水分”，初读其文，觉得语言平淡无奇，细加体会则回味无穷，余香满口。“没有加进什么”，说本品与其他同类产品一样；“不过提出水分”寓奶粉纯度高、含水量低，以退一步进两步的语调突出产品个性。

许多企业形象广告也采用对照手段，使人印象深刻。芬兰韦齐莱工业集团的一则公关性广告说“不求急进，只求踏实”，诚挚谨慎的广告旁边配以象征着踏实、稳当、长寿的乌龟照片，相得益彰。某公司以“百万的企业，毫厘的利润”为广告语,树立企业经济实力雄厚,技术过硬而盈利微薄的形象,增强消费者对产品的信任感,获得良好的社会效益和经济效益。

用来对照的事物要有本质区别,一般的区别不能有效显示事物的特征,达不到对照的目的。对照时还应选择适当的反义词,准确揭示事物之间的矛盾。

8. 对偶

对偶即把结构相同、意义相对或相关的两个语句对称地排在一起。对偶的两个句子相对排列,动词对动词,名词对名词,字数相等,句法相似,音律和谐、节奏整齐、形式优美、主题突出。字画店广告说"片纸能缩天下意,一笔可画古今情",字画饱含"天下意",浓缩"古今情",展现其广袤无限的时空,让人置身古色古香的艺术世界,令人陶醉。

柔柔的风,甜甜的梦——鸿运扇广告

长天五彩路美联四海情——美国联合航空公司广告

事事保险岁岁平安——保险公司广告

十美国中资润色 众香园里展经纶——化妆品店广告

一杯饮进全身爽 一滴点唇口中香——葡萄酒广告

对偶要文字整齐对称、意义相关,格律和音韵可以不讲究,但不能生拼硬凑,以辞害意。

9. 设问

有意提出问题,引起人们的注意和思考,然后自问自答,或问而不答,激发读者共鸣。提问应站在消费者的立场上,接受者会无意识地把自己当成提问者,由被动接受变为主动接受,注意力也会增强。

自问自答的广告,能点明题旨。答案应切合消费者关心的焦点,引发深入思考,帮助消费者理解广告内容。郑州亚细亚的广告说"星期天哪里去?——郑州亚细亚",广告不正面呼吁消费者去亚细亚商场购物,而是提醒和诱导,佯装自言自语,以守为攻。

霞飞金牌特白蜜

著名影星潘虹为什么魅力永存,青春长驻?——我用的是霞飞金牌特白蜜。

恒星灯泡

谁为万家燃灯火?——恒星牌灯泡给您带来光明和欢乐。

拖拉机

什么牌子？泰山牌。

哪里产的？山东拖拉机厂。

我真是有眼不识泰山。

问而不答能给消费者留下想像余地。亨氏汤料的广告说“为什么不能把他留在家里？”意图打动家庭主妇购买汤料，做出可口的饭菜，把丈夫留在家里。旅游公园的招贴广告说“夏天到了，您想到哪儿去好呢？”盛夏酷暑难耐，夜难入眠，公园里有凉爽的风，当然是理想的去处。真挚的语言配上极富诱惑力的画面，为消费者选择夏天去处做了肯切的回答。

10. 夸张

借助想像，夸大商品的特点，赋予新奇与变化的情趣，加深消费者的印象。广告大师传记的广告说：“一百元买一位广告大师一生的智慧。”一则好的广告文案已属不易，要得到广告大师一生的心血，更不容易。梁新记牙刷的广告说“梁新记牙刷，一毛不拔”，广告生动有趣，有效地夸大了牙刷的质量，名声大振。

今年20，明年18——香皂广告

一夫当关，万夫莫开——锁厂广告

现在从头发上洗刷掉岁月的痕迹了——洗发精广告

车到山前必有路，有路必有丰田车——丰田汽车广告

夸张与浮夸不同，夸张以客观真实性为依据，不然，弄巧成拙、流于虚夸。

11. 顶真

前句词语的末尾是后句词语的起首，递接而下，形成蝉联形式。这样的连缀能使语气贯通、声律流畅。

施美化妆品

姑娘哪个不爱美，爱美的姑娘爱施美。

少儿版《春姑娘的家乡—昆明游记》广告

在云南高原上有一个明镜般的滇池，滇池边上有一座郁郁葱葱的睡美人山，睡美人山下有一座美丽的城市——昆明。昆明四季如春，鲜花终年盛开，被人们称作春城。

长城电扇的广告说“长城电扇，电扇长城”，喻示厂家实力雄厚，电扇质量永恒。首尾相连的反复句使语言整齐均衡、气势贯通，消费者容易接受这样的劝诱。

运用顶真，首尾相连的字句一定要同义，不同义不能使用顶真手法。“有了成就，就沾沾自喜”，两“就”字相连，但意义不同，不算顶真。

12.仿拟

仿拟改变语言习惯，改动人们熟知的成语典故、诗文名句、格言俗语，仿造与产品有关的新词语或新句子，以符合广告特定的表达需要。仿拟突破常规思维方法，出人意料，给人新鲜感，使广告妙趣横生。

一写钟情——钢笔广告

路遥知马利——马利牌油画颜料广告

先天下之“优”而“优”——国宝商场广告

一日三省吾车，省油、省钱、省时——汽车火花塞广告

钢笔广告将“一见钟情”中的“见”字换成“写”字，突出主题又不失原意。马利油画颜料仿造成语“路遥知马力，日久见人心”，截取前半句并巧妙地利用谐音，便于记诵、加深印象。马力如何，长途跋涉就能知晓；马利如何，长期使用就会知道。富于哲理的语言既突出了产品个性，又给人亲切之感。“先天下之忧而忧”本是范仲淹的名句，广告将其中的“忧”字改为“优”，同音而不同义，意在说明，商场的商品都是优质产品，先于天下而“优”。广告借用名言达到宣传目的，引起回味和联想。火花塞广告仿拟《论语·学而篇》中的“一日三省吾身”，宣传产品特点，两者风马牛不相及，但富有奇趣，信息集中、语言凝练，给人留下深刻印象。

第一节　广告语言与社会文化的关系

一、广告语言的界定和社会文化的概念

从广义上说，广告语言指广告传递商品信息的各种符号，包括语言符号和非语言符号（文字语言、声音语言、画面语言、动作语言）；狭义的广告语言专指广告中使用的语言符号，仅包括文字语言和声音语言①。本书使用狭义的广告语言概念。

从广义上说，文化是人类创造的物质财富和精神财富的总称；从狭义上说，文化指社会意识形态及相应的制度和组织机构②。这里使用广义上的概念。

从狭义上研究广告语言，可以看得深入一些，从广义上界定社会文化，可以望得宽广一点。

二、广告语言和社会文化的关系

广告具有双重属性——经济属性和文化属性，因此，广告不但是经济现象，也是社会文化现象。广告文化是文化系统的有机组成部分，是历史和传统文化的继承，是现实社会政治文化和经济的折射，是人的本质和对象化。总而言之，

---

① 林乐腾：《广告语言》，山东教育出版社 1992 年版，第 68 页。

② 李建立：《广告文化学》，北京广播学院出版社 1998 年版，第 11 页。

和其他文化样式一样，广告文化也是复杂的文化存在。作为广告的重要组成部分，广告语言受社会文化的影响，对社会文化有反作用。

广告语言的职能是表现广告、服务广告，记录文化、体现文化。一般认为，语言影响文化，也受文化影响，但后者的影响比前者大。语言符号和社会文化相互体现，社会文化必然反映在语言系统中，社会结构影响人们使用语言的方式。社会结构产生语言行为，语言行为反过来影响社会结构[①]。广告语言是语言系统中的小系统，存在于一定的社会之中、民族之中、人群之中。民族、社会的哲学观念、思维模式、文化心理、道德观念、生活观念、风俗习惯、社会制度乃至政治信仰等都会影响广告语言，广告语言带有社会文化的痕迹。同时，广告语言“以其鲜明的时代性，浓厚原民族性和普遍的人类性的特征，以其宏大的严谨的丰富的建构体系和蓬勃旺盛的自身发展态势，给现代社会政治、经济和文化以富有活力的影响”[②]。

第二节　社会文化对广告语言的影响

一、哲学思想

哲学观即世界观，是人对世界的认识和表达。哲学观影响语言的结构和使用，影响着广告语言的运用。

天人合一是中国传统哲学的基本观念，常常体现在广告语言的设计中。早期有“太阳神口服液”的广告语——“当太阳升起的时候，我们的爱天长地久”；“绿得饮料”的广告语——“自然的饮料，自然的选择”；保险公司的广告语——“天有不测风云，我有人生保险”；公益广告——“花草有情人有爱”，等等。这种观念集中体现在房地产广告语中——中国人的“风水观”是天人合一观念的最佳体现。

阴阳五行、天道元气的物质观，知易行难的知行观，自强不息的运动观，逝者如斯的时间观，都是广告的素材。步步高的广告歌曲：世间自有公道，付出总有回报，说到不如做到，要做就做最好，步步高。

---

① 厦大外语研究所：《语言符号与社会文化》，福建人民出版社 1996 年版，第 125 页。

② 李建立：《广告文化学》，北京广播学院出版社 1998 年版，第 25 页。

爱多VCD——我们一直在努力。

太阳牌电子表——成功在于运用时间的精确。

银燕牌滑冰鞋——生命在于运动。

当代的哲学思想不但延续传统,也融合西方哲学思想,使用这些哲学观念时要注意投合广告目标群体的心理,揣测其哲学观,联系产品可挖掘的哲学内涵,使两者合一,方能完美和谐,否则文化依托也会苍白无力。

二、思维模式

思维是语言的机器,语言是思维的外化;语言是思维的载体,思维有赖于语言的表达;思维制约语言;语言也影响思维,语言表达折射思维模式。广告语言是语言的子系统,不可避免要受民族、社会的思维的影响。

东西方民族的思维模式差异甚大,东方人讲究含蓄,西方人注重直率。但在广告语言上,东西方却相反。西方传统的广告观是"广而告之"——让更多消费者知晓产品,因此,其广告语言注重语气的平白直露、浅显易懂,强调产品的荣誉奖项、性能之最。

国内广告好使用委婉含蓄的广告语言,有些是社会风习使然,有的受产品本身限制。如丰乳霜的广告语:"没什么'大'不了的"、"做女人'挺'好"。还有一些广告利用歧义双关,进行性暗示,如有些网站公然写出"上我一次,终身难忘"的广告语,让人大吃一惊后明白自己是误解。

与模糊性、意会性的传统习惯相关,我国很多广告忽视语言的精确、严密、明白,在使用标点符号、异体字、同义词、多音词、多义词、模糊词语、歧义结构等方面表现出严重的自由放任态度,使广告语言词不达意或者让人不知所云,甚至让人产生与广告原意完全相反的理解。

三、民族心理

民族心理指由于历史的、地理的原因,深植于该民族的心理特征和文化性格,这些心理特征和文化性格影响人们的日常生活和风俗习惯,制约人们的语言活动,语言也反映民族心理特征和文化性格。

重群体、轻个体,这是中华民族的心理特征。随着入世和经济全球化,许多企业诉求于消费者的民族品牌情结,长虹号称"产业报国"、中华牙膏宣扬"四十年风尘岁月,中华在我心中",等等。这种现象是群体趋向心理作用的结果——一傅众咻,竞相模仿;同行相轻,竞相贬抑。

讲对称、爱整齐是中华民族的另一心理特征，广告语的对偶句式是这种心理特征的最佳体现。“太阳最红，长虹更新”（长虹）、“青虹一现，蚊虫不见”（青蛙牌蚊香）、“高高兴兴上班去，平平安安回家来”（交通完全）等等，随处可见，信手拈来。这些对句整齐，朗朗上口，为人们喜闻乐见。近年来，讲对偶、重押韵的广告语热降温，广告语逐渐向日常白话发展，从中可见西方文化思想对中国人心理的影响。过分追求对称整齐容易陷入形式主义，以辞害意。应将这种语言习惯当成优良的文化传统，在创新中继承，在继承中创新。

图吉利、讨口彩，这也是中华民族共有的文化心理。广告中经常出现发财、幸福、美满、子嗣相关内容，如“恭喜发财迎新岁，长年好运金利来”（金利来领带）；“祝君平步青云”（上海步云鞋店）；事事保险，岁岁平安（保险公司）；“人头马一开，好事自然来”（法国人头马酒）等，这些广告语深谙民族心理，收效甚大，但成为套路，便令人生厌。

相对的，避不祥、讳不雅也是中国人的心理特征。很多广告避讳不祥含义的词汇，避讳生理缺陷、不雅生理现象、宗教信仰禁忌。恩威“洁尔阴”的广告语“难言之隐，一洗了之”便相当委婉含蓄，符合中国人的表达和接受习惯。一些电视直销广告和报纸的医疗广告，毫不顾忌、大书特书，违背了中国人的言语习惯和文化心理，广告收效可想而知。

怀旧思乡是中华民族比较突出的心理特征。对故乡的依恋，对往事的回忆，对先人的怀念，往往胜过对未来的憧憬。对身在异乡的游子、漂泊海外的侨胞来说，这种心理更为显著。“南方黑芝麻糊”（小巷篇）和“孔府家酒”（回家篇）的广告，便把握了国人的这种文化心理，创作出成功的广告。

四、伦理道德

中华民族重伦理道德，伦理是家庭的生活准则，道德是社会的行为规范。较之法律，伦理道德的约束力更为普遍；对于语言，伦理道德的影响也十分深远。广告语言的运用自然也要受道德观念的制约。“仁、义、礼、智、信”，“温、良、恭、俭、让”，“孝、悌、忠、信、礼、义、廉、耻”，“君惠臣忠、父慈子孝、夫和妻柔、兄友弟恭”等伦理思想深入人心。

“孝”是中国人最注重的伦常观念；父子关系、夫妻关系、兄弟关系是家庭体系中最基本的构成，要求“父慈子孝、兄友弟恭、夫和妻柔”，家族本位、血缘关系、孝道观念根深蒂固。家庭本位决定了伦理至上，孝道成为传统伦理道德的精粹。孝道在广告中也多有体现，如“一片龟鳖丸，一片赤子心”（龟鳖丸），“威力洗衣机，献给母亲的爱”（威力洗衣机），“树欲静而风不止，子欲养而亲不待”（保险公司)。

“诚”是人们看重的道德品质,“真心诚意”、“以诚待人”、“精诚所至”、“金石为开”,诚实在国人交际中的地位十分崇高。中国传统上重农轻商,在人们的心目中,商人、经商往往与奸猾、狡诈、不诚实联系在一起。针对这种情况,广告应在“诚实”两字上多下工夫,广告语言应该实事求是、坦诚相见。海尔集团洞察这一民族心理,打出“真诚到永远”的口号,赢得消费者的好评。

“仁”、“爱”、“礼”也是广告经常表现的主题,如“仁者爱人”(汇仁肾宝);“爱使万家乐”(万家乐);“雕牌牙膏,真情伴你每一天”(雕牌牙膏新妈妈篇);“今天过节不收礼,收礼只收脑白金”(脑白金)。

五、生活态度

生活态度指人们在日常生活中形成的态度和心理,包括消费心理、风俗习性、生存要求等。改革开放以来,中国人生活态度发生巨大变化,广告应及时、恰当地反映新的生活观念和消费心理。

积极进取,奋发向上是中国传统的人生态度,执两用中、以和为贵一直是中国人的处世哲学。《周易》讲“行天健,君子以自强不息”,“潜龙勿用,亢龙有悔”。“我们一直在努力”(爱多 VCD),便是这种精神的体现。

西化、港化、台化是一些大陆人的心理趋势,随着中西文化交流的深入,随着香港与大陆的关系密切,随着海峡两岸的交流日趋频繁,港台文化对大陆的影响越来越深广。超前消费,提前享受,这是国人受西方文明生活思想冲击产生的新观念。中国建设银行的广告说“用明天的钱,圆今天的梦”,就投合了这一潮流。

第三节　广告语言对社会文化的影响

广告语言变动甚大,时效有限,因日重月复、简单易记而深入人心。在继承社会文化的同时不断创新;又由于受社会文化的制约,也同时影响文化的发展。

广告语言对社会文化的影响主要体现在五个方面。

一、哲学思想

广告也能给人深远的启迪,可从日常用品上挖掘深沉的哲学概念,更遑论富有人情味的服务项目。胡适曾为人寿保险公司写过广告：

> 人寿保险含有两种人生常识：第一，“人无远虑，必有近忧”，所以壮年要做老年的准备，强健时要作疾病的计划。第二，“日计不足，岁计有余”，所以细微的金钱，只需有长久的积聚，可以供重大的用度。

这样的广告富有哲理，蕴含文学色彩；说理浅显平白，易于接受；持论深刻有据，引人深思。

还有一些广告也值得借鉴：“热心永驻”（热水瓶）、“人生没有橡皮擦”（涂改液）、“冷静处事，清爽待人”（格力空调），等等。涂改液、热水瓶、空调都是无情之物，一经点化，人情味十足，哲理深远，回味无穷。

二、生活观念

生活中，广告语触目可见、随耳听到，不断重复、令人腻烦；不断创新，令人瞠目；简单易记，令人难忘。广告不仅刺激需要，更改变习俗。妇女杂志、家庭指南等媒体上的广告教导人们更好生活的方法，教育人们适应新环境、新地位。行为举止、衣着服饰、饮食和趣味品位等方面的改变最终会导致根本方面的影响——家庭结构的变动、儿童独立消费者身份的确认、道德观的范式及成功概念的重新定义。广告语言对生活观念的影响于斯可见。孕妇服装广告说“挺身而出，展露女性最美的曲线”，怀胎挺肚，形象本不美观，这则广告却带着赞赏语气，当然会打动将要当母亲的消费者。

铁达时手表的广告说：“不在天长地久，只要曾经拥有”。与此相反，戴梦得钻石的广告语是：“钻石恒久远，一颗永流传”。两则广告从不同的生活观念诠释了人们对于永恒的认识。

铁达时广告

> 这一则故事发生在抗日战争时代。
>
> 泛黄的老照片把记忆带到那个并不遥远的过去。在一个空的飞机库里，大家翩翩起舞共同祝贺一位空军军官和一个姑娘的结合（周润发饰军官，吴倩莲饰少女），照相机留下了这一幸福时刻。他们在舞池里相拥热吻。
>
> 清秋的树林里新郎带着新娘骑着自行车飞驰。他们躺在草地上享受着新婚的喜悦。正在这时新郎和新娘看见了天空掠过的战斗机群，他们相视无言，沉默不语。
>
> 姑娘送军官去机场执行战斗任务，军官在和新娘分别的时候拿出了一块铁达时手表，手表的反面写着四个大字“天长地久”，他们又一次拥抱在一

起。

行动的时间到了，军官又看了一眼在机场外隔着铁丝网目送他的新娘，毅然进入了机舱。伴着轰鸣声飞机起飞了，剩下的只有一段段回忆。一张发黄的照片作为结束：那是在巨幅的电影《天长地久》的海报前他们的合影。

岁月变迁，沧海桑田，子在川上曰："逝者如斯夫！"变化随时都在发生，一切永恒都是不存在的，那么是不是人世间一切都不值得追求呢？铁达时手表的系列广告无不给我们传达了这样的一种观念，无论世事如何变幻，人生起起落落，分分合合，只有那份曾经拥有的美好记忆才是最宝贵的财富，一刻即为永恒。"不在天长地久，只要曾经拥有"很好地表达了这样一种生活哲理。

戴梦得钻石的广告语是：钻石恒久远，一颗永流传。从钻石坚韧永固的产品特性延伸到人生观，爱情观。

戴梦得钻石电视广告

广告中一对恋人在迷宫漫步，男子把一根红线拴在女孩的手上，男子牵着红线的另一头转过迷宫墙体，女孩随后而到，她惊讶地发现红线的另一端现在正系在迷宫中央的一座天使雕像上，从红线上滑来一颗钻戒，正好套在女孩的手上。在女孩还在惊叹不已的时候，男子出现在她的身后，将她拥抱在怀里，广告语：两情相系，一生一世。最后是戴梦得钻石的产品 Logo：钻石恒久远，一颗永流传。

娃哈哈广告代儿童立言“妈妈我要喝”，抓住了儿童的心理，运用儿童的语言，形象生动，深受儿童的喜爱；凤凰自行车的广告说“独立，从掌握一辆凤凰车开始”，表现年轻人自主独立的心声。

广告引导人们为享乐而消费，去消费而享乐，无须苛求，唾手可得，孩子"喝了娃哈哈，吃饭就是香"，姑娘用了香皂"今年20，明年18"，孕妇饮了孕宝营养液"产后风采依旧"，老人也无须畏老——"常饮老来福，再显青春活力"，这样的轻松占据了广告文化的主题位置，浪漫优雅构成广告文化的氛围，实用满足界定了广告文化面[①]。

三、消费观念

作为沟通生产与消费的桥梁，广告用语言文字影响、刺激消费者的感官，商品信息循着感觉到知觉到印象的过程逐步深入消费者的意识，诱发消费者对商品的注意和好感，刺激消费者联想使用商品后的美好情景，使其产生购买欲望和行动，以刺激消费，扩大销售。广告语言迎合消费者的心理、习惯以促成销售，引导消费，灌输消费概念，提供消费文化。

雕牌洗衣粉广告说"只买对的，不选贵的"，安踏运动鞋广告说"我选择，我喜欢"，这样的广告语会影响消费观念，鼓励消费者展示个性，坚持自我。雀巢咖啡广告诉求于"即冲即饮"、"味道好极了"，改变了消费者对熬煮咖啡的坚持。

广告经常寻求认同，强化（而不是改变）固有消费观念。消费者受消费概念冲击的同时并不迷茫，他们会理性思考，过滤自己不需要的信息。奥格威曾指出：消费者不是低能儿……若是你以为一句简单的口号和几个枯燥的形容词就能够引诱他们买你的东西，那你就低估了他们的智能了。他们需要你给他们提供全部信息。广告只能渐进地、潜移默化地影响消费观。

广告催发的消费热潮几度出现：矿泉壶大战引发矿泉壶购买热潮；"奇妙换肤霜"掀起美容消费高潮，其广告语"旧貌换新颜"令女性消费者怦然心动，专柜人满为患，最终却以闹剧告终。广告成为消费文化的兴奋剂，广告语言充当消费文化的急先锋，引导消费者依附时潮，追求实用、时髦。

四、教育功能

台湾广告奇才郑智化在自传中曾讲到使自己弃广告而从事演唱的一件事：

> 那是一个黄昏，我在下班的路上，听到两个小孩子在反复念着我新近撰写的波罗蜜八宝粥的广告词：波爸波妈波哥波姐波弟波妹波罗蜜。我若有所思，终于离开了广告界。

---

① 黄会林、尹鸿：《当代中国大众化研究》，北京师范大学出版社1998年版，第52页。

郑智化从儿童吟念"波罗蜜"领悟出，广告语言有独特的教育作用，尤其会对儿童产生潜移默化的影响，他认为长期从事的广告工作并未起到好的影响，于是断然改行。

广告出现滥用成语、篡改成语的"换字广告"现象和"修改成语"旋风，孩子们看完广告也依样画葫芦——"衣衣不舍"、"默默无蚊"、"痔在必得"，等等。"泉心泉意"(甘泉天然矿泉水)的服务，"随心所浴"(北燕牌浴霜)的改造，"骑乐无穷"(金狮自行车)的潇洒，"领鲜一步"(红梅味素)的变革，这些广告语在语言创意上有独辟蹊径处，有恰如其分处，有推陈出新处，但混乱了民族语言，歪曲了社会文化，误导了儿童，所以，不值得提倡。

小霸王电脑学习机的广告儿歌："你拍一，我拍一，小霸王出了学习机……"用之进行儿童启蒙教育，非常有效，值得借鉴。广告的教育作用十分广泛，通过接触广告，消费者可以了解医药广告里包含的医理，服装广告里包含的穿着学，保健品广告里的养生之道，等等。

五、娱乐文化

广告语言式对白已经成为戏剧语言的表现形式，出现在娱乐节目和电视连续剧中。这样的对白诙谐巧妙，极其幽默。

《唐伯虎点秋香》中的唐伯虎与华夫人比武斗智时施毒场景的对白便使用了广告式语言。

华夫人：废话，我们"一日丧命散"是用七种以上的毒虫，再加上鹤顶红提炼七七四十九日而成的。无色无味，杀人无影无踪。

唐伯虎：我们"含笑半步颠"是用蜂蜜、川贝、桔梗加上天山雪莲配制而成，不需冷藏也没有防腐剂，除了毒性猛烈之外，味道很好吃。

华夫人：吃了我们"一日丧命散"的人，一天之内会武功全失，经脉逆流，胡思乱想而至走火入魔，最后会血管爆裂而死。

唐伯虎：没有错，而吃了"含笑半步颠"的朋友，顾名思义，决不能走半步路，或者面带笑容，否则会全身爆裂而死，实在是居家旅行

华夫人：杀人灭口。

华夫人、唐伯虎(合)：必备良药。

完全是药品广告的语言格局。张卫健主演的《小宝与康熙》中，鳌拜被囚禁在地牢中愤恨不已，韦小宝趁机作了一则地牢广告：

这里环境清幽，鸟语花香，270 度无底海景，每天 12 个时辰的保安，附近有食堂、银行、购物中心、大型的娱乐中心。娱乐中心的设施包括有台球、

百家乐……应有尽有，月供千把块，真的是有户籍，都可以作屋主。

广告式语言广为使用，但太多太滥，只能作为调侃，让人大笑之余更觉悲哀：广告语言本来就是一种力求创新的语言实体，它没有定势，没有常理，走在时代的前面，充当语言的先锋，不能停滞不前，也不能脱离实践。

第一节　广告语言的形式与结构

广告语言的存在方式十分独特，包括存在的外在表现和内在结构。一方面，广告语言以特有的语言形式及时传递各类信息；另一方面，广告语言又以其独特魅力引起消费者注意。广告语言始终以受众为中心，应在尊重广告策略、广告主题的前提下，最大限度地发挥思想“外壳”的功能，以维持自身的存在。

一、广告语言的传达形式

1.按照信息通道的性质划分

信息传递离不开载体（媒介），广告语言必须满足媒介的特殊要求。载体丰富多样，按载体的不同，广告语言可以分为三类。

（1）以印刷品为媒介的广告视觉语言。广告视觉语言使用频率最高，传播范围最广。广告视觉语言注重“视觉”，要求在短时间内传递尽可能丰富的信息并给人以鲜明印象，这要求广告语言必须具有强刺激力，这样才能及时收到反馈。

（2）以有声电波为媒介的广告听觉语言。广告听觉语言追求有效记忆，常常在广告最后提示信息重点或重复信息，以强化主题信息。

（3）以影视音像为媒介的广告综合视听语言。广告综合视听语言兼有广告视觉语言和广告听觉语言的双重特点，广告效果最佳。

2.按照语言的表现形式划分

广告语言表现形式主要有书面语、口语、诗化语三类。书面语语法与逻辑较强，运用中讲究严谨，不允许随意，容易平淡无味。口语化富有感情，感召力较强，平易近人。诗化语来源于诗词，富含传统民俗风情，节奏感强、易读易记。

(1)书面语。广告书面语应遵守语法规范，合乎事理。“博士伦隐形眼镜……荣誉地被选定为第十一届亚洲运动会唯一指定隐形眼镜”，“荣誉地被选定”，组合不当，“荣誉”应改为“荣幸”。广告书面语不应使用非规范的简化字或繁体字，要保持现代汉语的纯洁性，不盲目使用用方言和外语。除应满足书面语言的一般要求外，广告书面语言还应准确、鲜明、生动，有吸引力。冷气机的广告：“冷气应当是感受到的，而不是听到的”，突出无噪音的特点。

(2)口语。广告经常使用口语，口语句短而灵活，自然流畅、琅琅上口。一家旅馆设计了两幅广告，第一幅广告，广告图案是大海的风光和佳肴，广告文字是：“享用吧！”；第二幅广告，广告图案是浩瀚的沙漠和飞驰的骏马，衬托柠檬饮料，广告文字是：“到了”。两个口语化的广告语，简单但巧妙地勾惹起消费者的联想，给消费者留下强烈印象。

口语容易使消费者产生亲近感，“您如果觉得这样好也来做”，这样的广告语毫无强迫之嫌，“啊！你的头发好香呀！”，赞美之词脱口而出，毫无做作之感。

(3)诗语。诗化语言简洁、上口、易记、含蓄。中国有悠长的诗歌传统，民众有品赏诗化语言的习惯。丰田汽车的广告说，“车到山前必有路，有路必有丰田车”，借用国人熟悉的诗词，引起联想，容易记忆。剪纸广告说，“双手剪就万千世界，一心追求质朴纯真”；油画颜料广告说，“路遥知马利”(“马利”是油画颜料品牌，利用谐音)；望远镜广告说“欲穷千里目”，都使用诗化语言，简单贴切，但给消费者深刻印象。

二、广告语言的内在结构

广告作品的语言内在结构至少包含以下五个层次：

1. 语音、语调

这是广告语言最表层的结构，语音、语调与文案整体的特定意象、情景相联系。语音、语调是文案情思的外射，如同色彩、造型，语音、语调也是接触商品时直观感受最强烈的，能激起受众的第一反应，受众通过语音、语调进入阅读审美。音韵、格律、节奏抑扬顿挫、铿锵有力，能为广告建立起良好的审美基础。长虹电视广告说，“天上彩虹，人间长虹”，句式工仗对称，“天上”对“人间”，“彩虹”对“长虹”，音韵合仄。

2. 意义建构

广告语言由语词、短语、句子、段落组成，每个语词都有相对独立的意义，经过长期的习惯使用，其语义在认知与交流中逐渐固定。

语义有多义性，词语的确切意义要在句、段构成的特定的环境中确认。受众对广告文案的审美理解发生在相关意义单位的联系中，要经由语义的发现、沟通与重建来达致。东风汽车的广告说，“万事俱备，只欠东风”，“东风”原本是指风向，是自然概念，经过反复使用产生多义性，转喻事物成功的必备条件，联系文案，“东风”是品牌名称，语义重建后，“东风”一词蕴藏的深意就不言自明。

3. 修辞格

修辞研究的是使语言准确、鲜明、形象、生动地达意。广告语言要生动，就要使用修辞手段。美加净护发灵广告说：“聪明不必绝顶”，“绝顶”与原义分离，借用为“秃顶”，这样的借代幽默诙谐，传达了产品护发、生发的信息。雅确表的广告说，“人生如表上的指针偶尔分离，但始终有相逢的一刻！”运用象征手法，将手表人格化、情感化，迎合了年轻人多情善感的心态。

4. 意象、意境

意象能激发受众的感觉经验，引导其进入审美状态。受众的审美对象应是呈现在自己感觉中的、由文案作品三个语言结构层激发的意象。意象和广告文案的关系犹如理想追求与现实把握的关系，精神之于物质的关系。表现在消费上，人们不断向高一层次的消费需求看齐，从产品的物质功能得到满足后，还要追求产品的精神价值。为了调动消费者的想像，传达产品的精神意义，广告应恰当地运用意象。捷安特的广告说，“无限延伸你的视野”，自行车不仅是交通工具，不再是无生命的物理组件，是娱乐的伙伴，象征自由、奔放、洒脱和朝气。意象丰富的广告语可以让消费者沉醉在无限的想像中，对购买行动产生多种价值实现的累积效应。

5. 思想感情

思想与感情是广告的内驱力，也是广告语言的深层结构。优秀的广告文案不仅提供丰富生动的审美意象，还展示人生哲理。这些哲理渗透在意象中，或穿插在广告语句中。

用感情驱动创作意念，才能感染消费者，与广告主旨共振。鹤鸣皮鞋广告：“三人行必有我师，三人行必穿我鞋。”前后两句一起一落，哲理式训导与产品功能诉求合二为一，无累赘拖沓之感，而有警心鞭策之功。

台北“宏日建设云庄”广告：“在聚散离合的尘世，你珍惜心灵永恒的依偎，一如爱你的云庄。”这则广告一反房地产广告中的纯商业性诉求，广告中没有红砖绿瓦、明台高墙，而是独辟蹊径，采用散文诗的风格，情深意长地展示从大陆流落到台湾的人士思乡之情，广告寓意隐微而显著。

语言结构的每一层次有其独立意义，各层次间没有时间上的前后关系，只有逻辑上的递进关系，每一较低层次为较高一层奠定基础。文案不必然要体现最后两个层次——意象层和思想感情，其使用视受众群体或个体的阅读心态、审美经验、产品特点、市场定位、广告策略等因素而定。

第二节　广告语言的特征与文字锤炼

一、广告语言的特征

广告语言有自身的特点，有需要遵守的规律，其目的是增强吸引力、感染力、鼓动性和扩大传播面。

1. 准确简洁

为了快速、集中、鲜明地传递商品信息，广告文句应力求准确、简洁。准确，指广告语言要以事实为依据，科学地、巧妙地运用语言艺术，使广告最大限度地产生说服力和感染力。准确还要求用词贴切，避免使用“最好”、“最佳”、“最先进”、“最可靠”、“独一无二”等夸大性词汇。简洁，要求广告主题单一，使用文字简明，以最少的词汇传递最多的信息，突出广告主题，给消费者留下深刻印象。美国一家钟表公司的广告，既不突显产品的新颖标致、造型美观，也不邀请名人代言，只有一句广告语：“本公司在世界各地的维修人员闲得无聊。”其效果比“信誉至上，质量第一”的公式化语言显然好得多。

广告传播的特点和广告记忆规律都要求语言精练，短时间内，人最多记住5～9个信息，路牌广告对语言简洁性的要求最高——2～5个为宜。“万宝路”香烟路牌广告只含有两个信息：牛仔装束的男青年，品牌名称“Marbloro”。

2. 生动形象

形象生动是广告语言艺术性的重要标志，干瘪呆板、枯燥无味的广告语言令人生厌，即使是好的商品也会因语言缺乏吸引力而失去竞争力。生动、形象的语言可以激发消费者的联想，极富鼓动性与感染力。

广告语还要新奇，不与竞品雷同。“百素丹”牙膏的广告词一改“老面孔”，广告词——“你简直弄不清你的黄牙锈跑到哪里去了”，新颖别致，吸引了众多消费者。

借助辞格而妙用文字，也能使广告语言生动形象。如鱼牌挂锁广告：“一夫当关”，一语双关，意在言外。台湾某矿泉水广告：“口服”“心服”，构思巧妙，含义丰富。青春痘药物广告：“对‘痘’下药”，生动而风趣。

形象的语言能激发消费者的联想,“眼睛是心灵的窗户,为了保护您的心灵,请给窗户安上玻璃吧!”,将眼睛比喻成“心灵的窗户”,十分形象生动;第二人称的劝告方式,给广告增添了诚恳亲切的情味,极易打动人心。“安上玻璃”即“戴上眼镜”的别致说法,盎然成趣。

生动形象要以真实可信、合情合理为基础,仅玩文字游戏,反会弄巧成拙。

3. 便于记忆

广告语言要使人便于记忆,达到既使观者过目不忘,又可一传十、十传百的目的。应尽可能增强广告的艺术性,使之成为人们喜闻乐见、让人赏心悦目的艺术形式。为了使广告语言有利记忆,可采用以下几种方法:

(1)音乐性。加强语言的节奏感,使其琅琅上口,利于传唱,扩大广告的影响。娃哈哈广告说“喝了娃哈哈,吃饭就是香。”这则广告语音响亮,易于上口,便于记忆,在儿童中极易流传并有诱惑力。国外苹果广告说“一天一个,健康快乐”,这则广告也和谐上口,易于传诵。百年乐广告说“常服百年乐,健康乐百年”,广告也干练有力,容易上口。“百年乐”与“乐百年”,重复使用,加深了印象。

(2)诗歌性。结合产品特点,应用古典词句的格律或手法,抑扬顿挫,对仗押韵,使广告语言古雅而清俊,便于成诵传唱。“活力 28”洗衣粉的广告说“活力 28,沙市日化”,就使用了押韵修辞,宣传了企业形象。公元彩色胶卷广告说“时光记忆,公元魅力”,这则广告广告词简短,韵律和谐流畅,把胶卷功能说成“时光记忆”,富有诗意,给人印象深刻。足光粉药品广告说“妙药能解千般苦,脚下福音足光粉”,这则广告近似对联,易记易背。

(3)警句性。结合产品特点,诉说人生哲理,可一举两得。太阳牌电子表广告“成功在于运用时间的精确”;银燕牌滑冰鞋说“生命在于运动”;美国银器制造商广告“发光的不完全是黄金”,暗示该银制品纯度高,能像金制品一样发出光泽,质量上乘;芬兰韦齐莱工业集团广告说“不求急进,只求踏实”,画面中有一只缓慢爬行的乌龟,借龟兔赛跑中诚实而努力向前的乌龟形象比喻公司的务实精神。

4. 针对性强

广告语言应该有针对性,了解消费者的心理,着重介绍商品的特点。福特汽车的广告说:“静悄悄的福特”,“静悄悄”三个字使人感觉安静、舒适、不受噪音干扰。超顺发电机广告说“停电救星”,广告简短有力,含蓄披露产品的特殊用途。“救星”让人联想停电的窘态,强调了购买发电机的重要性和必要性,刺激消费者购买。

海外有两家销售花生油的商店,一家在广告中写道:“选料上乘,精工磨榨,气味芬芳,营养丰富。”另一家的广告中只有两句话:“绝无胆固醇,不含黄曲霉素。"前者的宣传似乎很全面,其实全是套话。后者虽然只强调花生油不包含的物质,却紧紧抓住了人们对冠心病和癌症普遍恐惧的心理,从而达到宣传目的。

除考虑消费者的心理外,广告语言还要考虑传播媒介的特点——大众化媒介或专业性强的媒介,其读者对象不同,广告语言要考虑读者的身份、兴趣等因素而采用相应的写法。

二、广告语言的文字锤炼

马雅可夫斯基说过:做诗和镭的提炼一样,一年的劳动,一克镭的产量。有时仅仅为了提炼一个好词就要耗费几千吨语言的矿。古人十分重视提炼文字,古诗讲究"诗眼"、"句眼",推崇"吟安一个字,捻断数茎须","诗赋以一字见工拙",不惮炼字之劳。广告用语也要求精炼、简洁,一字千金,其对炼字的要求不亚于诗歌。广告文案中的标题或口号,是文案的点睛之笔,是炼字的重点。

1.广告语言文字锤炼的要求

广告追求以社会效益拉动经济收益,强调单位时间内传播效果的最大化,可谓一"字"千金。广告语能直接影响广告效果,所以,广告创意和广告制作过程中都应该强化广告语言的锤炼和凸现。

(1)准确。消费者的心理和行为日益成熟,会自觉抵制虚假广告,与人们日常生活、身体健康等有关的广告更来不得半点虚假。广告应该将产品的特征真实地反映给受众,广告承诺必须以事实为依据。海尔的广告说"真诚到永远",与其在实际服务完全一致,所以广告能深入人心。

(2)简洁。美国画家安德鲁·怀斯说,画家表现的东西越少,观众接受的东西就越多,这尤其适合形容广告。消费者面对过量信息,单个广告分配到的时间有限,广告人不能把期望寄托在消费者的耐心上,而必须为他们提供高度浓缩的挈领性语句,集中展示产品信息,简要而有力地突出主题,使人一听了然,过耳不忘。如小霸王电脑学习机:"望子成龙,小霸王学习机。"天府花生:"天府花生,越剥越开心"。

(3)创意。乔治·路易斯说,创意就是让10万的东西看上去像100万。广告讲究创意和表现,广告浩如烟海,平庸落俗的广告很难打动受众。广告以新为贵、以奇制胜,威廉·伯恩巴克说,"如果今天破坏了世界上的一切规律才能使传达值得记忆,那我就宁愿破坏一切规律",创意就要打破常规,想别人不敢想,做别人不曾做。金帝巧克力当年的广告语是"分享真心的味道",经过咀嚼,又提炼出新的广告语"一个人,分享寂寞的味道;两个人,分享爱情的味道;三个人,分享友谊的味道;金帝巧克力,分享真心的味道。"这一广告词受到消费者的一致好评。

(4)以人为本、以文为本。诺基亚手机在全球销售额雄居第一,如此巨大的成功恐怕在很大程度上得归功于现代而跳跃动感的广告词:科技,以人为本。随着现代社会的进步和广告业自身的发展,广告的影响已远远超出了经济和商业的范畴,其触角深入大众生活,成为独特的商业文化现象。文化的本质是社会,具有很强的社会渗透力和历史穿透力,这使得现代广告具有一定的文化内涵,这集中体现在广告语中,“孔府家酒,叫人想家”、“雕牌,真情到永远”,这些广告语具有丰富的文化内涵。充分尊重人,尊重文化,以文化信息带出产品信息,满足人们对广告文化的需求。这些广告在某种程度上摆脱了商业的“铜臭味”,触及人们内心深处最柔软的地方,便讨巧地轻易地征服了消费者的心。物质文明的极大丰富都是以满足“人”的需求为目的,也以满足“人”的需求为最终效果。以创造文物文明为最终目的的广告必须强调人文关怀、人性关怀。

广告不单是商业活动,更是文化活动。广告语言的首要功能,就在于它较其他符号能最明确、最有效地直接或间接地传播产品、企业形象等方面的信息,力图促进产品销售额的增长。成功的广告应该是真实诚信又充满灵性的艺术品,除了能让受众直截了当地了解产品的有关信息,还要做到音乐优美、画面丰富、语言生动。广告语更应一“字”千金,广告人必须加强对广告语言的推敲和锤炼,广告才能展现其独特魅力,达到广而告之的目的。

2.广告语言文字锤炼的重点

词的性质不一样,其提炼方法不同,以下分别论述。

(1)炼数量词。数量词与讲究概念和逻辑的数学、物理关系密切,容易让人感觉枯燥无味,但经过提炼,也很见情趣,耐人咀嚼。“一寸二寸之鱼,三竿两竿之竹”,前人赞之“骚逸欲绝”。李商隐《锦瑟》开篇是“锦瑟无端五十弦,一弦一柱思年华”,“五十弦、一弦、一柱”极富诗意,给人朦胧之美与多义之表。广告中经常使用数量词,澳大利亚某航空公司机座由三人改为两人,其广告语:“三人成群,两人成伴。”突出座位宽敞的主题,富有魅力,耐人寻味,西北航空公司的广告词“不会让您一路拥挤到美国”就稍显逊色。“口红”广告“集中一点,博取永久的印象”,集中诉求“一点”,味道竟出,好感顿生,制造出“万绿丛中一点红”的意境。黄金饰品广告说“一金遮百丑”,“一金”与“百丑”对比,饰品价值之超卓倾泻无遗,言简意赅,一语中的,美国运通信用卡的广告词“一诺千金”可与之媲美——金卡给你的承诺、地位……一切尽在四字中。如此简练的广告语,堪称“智慧的精髓”。30年代上海一汽车出租公司为其电话号码30189加注“三拳一杯酒”,很快妇孺皆知。

(2)炼形容词。古诗中“梦魂欲度苍茫去,怕梦轻还被愁遮”,以“轻”状“梦魂”，化无形为有形。且之于表重量的触觉，实为形容词锤炼中通感的妙用。唐代诗人元稹的“寥落古行宫，宫花寂寞红”，炼形容词于句末。本表热闹之宫花的“红”，却反形容表冷清之寂寞。“红”字借用矛盾修辞法，更觉含情深婉，百无聊赖，恸人凄恻。

广告语言描写商品、表述观念，选用形容词是关键。形容词炼得细腻逼真，惟妙惟肖，可获形真、传神之功，不同凡响。雪碧饮料“晶晶亮、透心凉”，韵味十足，琅琅上口，雪碧之高级品质、纯净色彩的完美形象跃然眼前，谁人不爱，谁人不饮！麦氏速溶咖啡“滴滴香浓，意犹未尽”，点滴是柔情蜜意，余味无穷，似乎比雀巢咖啡“味道好极了”更富人情味。水果广告“隐藏的诱惑”，则把诱惑显露得更具诱惑力、好奇感。香水广告“清新、浪漫、幽香美，女人的第二种香。五十五种不同的香味，五十五种魅力的选择。上班、约会或临睡前，别忘了，喷一下，幽香美”，把香水的气质、情调描赋得让人浑身酥软，购欲膨胀，美不胜收。

(3)炼动词。动词能给予名词以生动的形态，动词提炼得好，可以把抽象的意象变为鲜明的形象，极显神韵。杜诗“四更山吐月，残夜水明楼”，除“明”字兼摄动词而富动态外，诗中“吐”字下得极为奇警。清代查慎行的“满城钟馨初生月，隔水帘拢渐吐灯”，描写华灯初上，灯水交辉的夜景，化静为动，造语奇特，那富于动感的“吐”字之用，真不让杜公专美于前了。此外，“气蒸云梦泽，波撼岳阳城”，“蒸”、“撼”二字，何等响亮、有韵味、有气势也！“红杏枝头春意闹”之“闹”字，“云破月来花弄影”之“弄”字，仅一字而已，然而境界全出，动人心魄，令人拍案叫绝。

动词独具动感魅力，传神留影，栩栩如生，过目不忘。广告一字千金，尤应精雕细琢，以求形活而神扬。北京绢花厂广告：“巧手留春住，绢酿满园春。”动词“留住”、“酿”将其工艺之精湛、品种之丰富神显无穷。中秋月饼广告“饼射太空惊月殿，嫦娥争看豆沙红”，“惊”、“争”两字，巧合科学与神话，体现天上人间俱欢颜的中秋喜景。

(4)炼虚词。虚词提炼得妙，可疏通文气、开合呼应、悠扬委曲、活跃情韵、化板滞为流动。广告中适当选用虚词，可前后呼应，气势跌宕。如钻光香水广告“氛香犹在，钻光恒存”，“犹”是不肯定、不可靠的，隐隐约约的意味，是心理上的感觉，意即香水使用的心理感应、想像或满足。“恒”却以绝对、肯定的语气说明钻光香水的悠久历史、卓越气质，是无可置疑的客观实在。“犹、恒”两相照应，感物至深，意韵绵长。铁达石手表“不在乎天长地久，只在乎曾经拥有”，以铁达时手表作为恋情始终的见证，凄婉道出“不在乎、只在乎”，淡淡的哀愁，是爱的低怨，也是爱的品味、爱的满足，如梦似幻，恋肠百转。铁达时作为爱的回忆与爱同在，唯存一片真情于你我之间。

文字的提炼应适可而止，其目的是让广告语言更精练、更明确、更显露、更有神韵，研炼过分，让人转九十九道弯才晓个中意思，则不足为训。

第三节 广告语言的信息构成

以往对广告语言的研究多从广告语言现象入手，通过大量的个案分析总结广告文案创作的语言特点。这种总结式的研究有益于学科建设，但对广告文案创意这样一个诉诸灵感和智慧，以求新求异为生存要求的学科来说，其指导意义失之薄弱。应由相反角度切入——不是从对广告语言实例的研究总结操作性的广告文案创作规律，而是从语用学的角度宏观分析影响广告语言的因素，摸索出一些具有指导性的广告文案基本创作原则。与以往的研究不同，本节不探讨广告语言的特点，而探讨广告语言应该具有哪些特点。前者的研究在符号层面之内展开，后者则超越了符号。

语用学是一个年轻的科学，哈克认为，"语言存在的必要条件仅仅在于它的可能的社会性，在于它的人际交流的可能性，而不是它的现实性"①，具体符号系统之外的社会的人赋予语言意义，这种意义远不止于语言符号本身传达的意义，更多的是"环境给予语言的意义"。语用学研究环境给予语言的意义，广告是"人与人沟通的行业"(李奥贝纳)，"广告效果实现的关键在于向人们提供一种切中销售要点的利益承诺或消费理念，而这主要是靠语言来实现的"②。语言要帮助实现广告效果、实现人与人的沟通，取决于语言的意义——包括字面意义和言外之意——被充分解读，这是语用学的研究范围。广告要付费，要在有限时间内传达尽可能丰富的信息，争取用有限的文案负载更多的信息，这也是语用学可以解决的问题。

总之，广告语言怎样才能传达更丰富的信息，又怎样才能使这些信息被充分解读，这两个问题可以在语用学那里找到答案。

语用学研究的是言外之意。语言的言外之意由三个要素决定：语境、符号束和智力干涉。

---

① 《走出语言的迷宫——后期维特根斯坦哲学概述》，社会科学文献出版社 1999 年版，第 195 页。

② 方蔚林：《现代广告写作》，中国人民大学出版社 1998 年版，第 168 页。

一、语境

语境指言语行为赖以表现的物质和社会环境①，包括语言语境和非语言语境。语言语境主要指语言符号系统内的上下文，上下文制约语言符号的使用，推动对语言符号的理解。中国人民保险公司的人身保险广告这样说："天有不测风云，我有人身保险"。从修辞学角度看，这是运用仿词的手法，改造借用了"天有不测风云，人有旦夕祸福"的民谚。从语用学角度看，"天有不测风云"的句式规定了中心句"我有人身保险"的句式，这符合汉语均衡对称的语言特点和中国人和谐统一的审美心理。民谚隐去下文"人有旦夕祸福"，有助于理解广告。"天"的不测风云与人本来没有关系，但由于谚语广为人知，受众自然会联想下句，由"人有旦夕祸福"到"我有人身保险"的逻辑推理依靠上下文的帮助而建立起来。作为独立的语篇，广告文案的形式和内容都应该统一，形式的统一可以表现为反复、押韵、对偶、排比、顶针、回环等修辞手段的运用；内容的统一指文案整体紧密围绕诉求点（广告口号）展开。和谐统一的上下文造成的语言语境有利于丰富广告信息，促进对广告的理解。

相对于语言语境来说，非语言语境对广告语言的制约作用更大，相应的，可资广告文案利用之处也就更多。非语言语境包括社会文化、风俗习惯、行为准则、价值观念等，具体的言语活动都要在非语言语境中进行。非语言语境由言语活动的主体人"通过语言"建造。人、人的言语活动、非语言语境，这三者不能割裂。申小龙认为："语言是一个民族看待世界的样式，是对该民族具有根本意义的价值系统和意义系统"②。使用该种语言进行社会交往的人不可能脱离该系统，他必须在一定的语境中进行传播与沟通。

从这一角度看，不是广告文案撰写人驾驭语言，是语言在驾驭他们。这也许能揭示中国广告铩羽戛纳的原因——诞生于汉人文语境中使用汉语创作的广告很难被另一个人文语境的人充分理解和欣赏，这也揭示推行全球化战略的品牌进入别国市场时总要实施"本土化"战术的原因。丰田汽车的广告语"车到山前必有路，有路就有丰田车"就是绝好的例子。中国广告界一直呼唤"中国气派、中国风格、中国文化内涵"，其实只要不是刻意模仿外国作品，使用本民族语言创作的广告不可能不具备民族气派、风格和文化内涵。具体的广告语只能反映特定

---

① 钱冠连：《汉语文化语用学》，清华大学出版社 1997 年版，第 73 页。

② 申小龙：《中国文化语言学论纲》，转引自苏新春《词义文化的钩沉探》，广州出版社 1997 年版，第 52 页。

的气派、风格和文化内涵，广告文案创作应该立足于商品，根据商品特点和目标受众来确定文案创意的方面。

举电子商务为例。“酷必得”在报纸上作的平面广告有两个版本，一个版本广告口号是“弟兄们，砍价”（“砍”字放大，加圈），画面是手持利斧的三个男青年。另一个版本广告口号是“姐妹们，上网”（“上”字放大，加圈），画面是三个女青年，一致右手握拳，右臂曲起举在胸前与肩同高。前一则广告颇有宣传暴力的嫌疑。后一则广告有以揶揄人们对“文革”的惨痛回忆为卖点的嫌疑。电子商务以“文革”以后出生的年轻人为主要推广对象，这个群体同时拥有“快意恩仇”的传统游侠气质与逃避责任、渴望“无限延长青春期”的浮躁心理，“弟兄们，砍”和“姐妹们，上”契合这种心理，也契合“上”网和“砍”价所需的淋漓尽致。这则广告相当成功、具有中国气派、风格和文化内涵，如果改用“朋友们，到酷必得网上体会购物乐趣吧”这样老幼咸宜、充分体现雍容风度的表述方式，年轻的受众显然不会欢迎。

“收礼只收脑白金”是脑白金著名的广告口号，“人人都为礼品愁，我送北极海狗油”是海狗油的广告口号。这两则广告品味不高，有把人际关系庸俗化之嫌。但民族文化中既有根深蒂固的“礼尚往来”的传统，人们的“经济”意识和“交换”观念又空前高涨，这种广告语的诞生顺理成章，客观上也能促进商品销售。

非语言语境制约广告语，顺应这种语境的广告语才能成功。人、言语活动和非语言语境之间的互动关系错综复杂、牢不可破，人为地干涉其中一个环节不现实也不必要。广告的最终目的是为了销售，广告语言必须为此目标服务。

二、符号束

影响语言信息构成的第二个因素是与实施言语行动的人相关的符号群，人的动作、表情、手势等都是符号束。研究符号束是为了使广告画面与广告语言更好地配合。

语言符号的作用有限，文字的作用就更有限。中国传统文论认为“言不尽意”、“得意忘言”，卢梭认为“语言天生是让人说的，文字的用处仅在于补充语言”。这个论断在几百年后的今天得到了更新的诠释：“数十年间，技术的变化已经把文字的威严严重销蚀风化，文字的统治已经危机怏伏，从政治家到广告宣传家，从骚人墨客到新闻记者，在数目不断增加的各种职业当中，不论是沟通信息还是讨好或说服别人，行动若求有效，不能仅满足于笔头文章，而且必须通过口语、录音机、电子计算——21 世纪的刀笔吏、录像机等能够也正在冲击语言和文字的关系”[①]。

电视广告语言诉诸听觉，平面广告语言则诉诸视觉。口头语言的优势是电视成为广告强势媒体的原因之一，但口头语言并非十全十美：“口语语篇不像纯粹的文字记录那样可供目光循着字行来回审视。它是一种声波，如无其他凭借和帮助，人的记忆很容易随着话语的行进而消退”[②]，这就要求其他符号的配合。平面广告中的图画、照片，电视广告中人物的道具、表情、动作、手势等如果与广告语配合不好，广告效果就会受到严重影响。“汇仁肾宝”电视广告最初使用的模特完全不像夫妻又很不庄重，配合“他好我也好”的广告语，显得搔首弄姿、面部表现夸张而暧昧，引起消费者的反感。换成琴瑟和谐的夫妻形象后，重视生活质量的人们就能够接受。

三、智力干涉

影响语言信息构成的第三个因素是言语行动的接受方的智力干涉。接受美学认为文本的最终实现依赖于受众的解读。大众传播效果研究摒弃枪弹论就源

---

① [法]海然热，张祖建译：《语言人》，三联出版社 1999 年版，第 107 页。

② [法]海然热，张祖建译：《语言人》，三联出版社 1999 年版，第 96 页。

于发现了一个顽固的受众。不幸的是，广告总有被受众忽略和抵制的倾向，这时候还要求听说人"运用最基本的事理逻辑，对世界的知识与记忆及人际关系，推测出说话人词语里的隐含之义"，是否会适得其的呢？[①]

法国语言学家海然热认为"语言是一种社会交往的机制"[②]，"语言行为是人类特有的一种禀赋，外部表现为词句。这些外部表现是人类的天然社交手段，也许是避免陷入孤独状态的手段"[③]。海然热为人类对语言的与生俱来的眷恋找到了一个生理上的解释："母语即母乳。前者说出，后者吞咽，表面上是两种不同的运动，其实一个接受，一个发出，两种类似的冲动的发生场所均为口腔"[④]，这种解释指出人总是津津乐"道"这一客观事实。古代诗歌耽于推敲字句，甚至"两句三年得，一吟双泪流"，民间流传大量的歇后语、谜语、俏皮话，再如先秦辩论术的发达，佛门偈语的流布，这些言语都或多或少地诉诸听话人的智力干涉，中国人不缺少智力干涉传统。

广告语言中涉及智力干涉的因素比较单纯，主要是幽默。内涵深沉的诗歌广告、名句言行也需要智力干涉才能理解，不过较为少见。很多人认为中国人缺乏幽默细胞，其实不然。金龟汽车广告说"它唯一的缺点是每小时跑 110 公里时，你仍能听见后座上丈母娘唠叨的每一个字眼"。中国传统家庭伦理观念极为浓厚，做女婿的大多不会选择这种广告推销的汽车。该广告在中国的传播遇见的问题就是非语言语境问题，文化背景的不同导致了语言理解的阻断。臭豆腐广告说"臭名远扬，香飘万里"，中国人听了会心一笑，外国人无法理解。他们没吃过、也没听说过这种食品，无法理解香臭这两种相反的味道的统一。邀请受众进行智力干涉的幽默广告得符合目标受众群体的民族文化传统，在这个大背景下，抛弃现有程式，大胆求奇、别出心裁，才能赢得消费者青睐。

以上从语用学角度论述了语言信息含量构成的三要素对广告语创作的要求。广告语个案浩如烟海，个案研究无法穷尽。从语用学角度入手，则能从宏观上把握广告语创作的基本原则，这种探索不无裨益。

---

① 钱冠连：《汉语文化语用学》，清华大学出版社 1997 年版，第 73 页。

② 黄会林、尹鸿：《当代中国大众化研究》，北京师范大学出版社 1998 年版，第 176 页。

③ 黄会林、尹鸿：《当代中国大众化研究》，北京师范大学出版社 1998 年版，第 4 页。

④ 黄会林、尹鸿：《当代中国大众化研究》，北京师范大学出版社 1998 年版，第 395 页。

第四节　广告语言的艺术表现

广告传递的信息，要使人理解，发生兴趣、乐于接受，甚至信服，产生共鸣，进而产生行动，就要合理使用语言。广告应使用大众喜闻乐见的艺术形式来诉求，动之以情、喻之以理。广告不提供纯艺术品，而要提供富于感染力的产品形象。广告语言塑造的意境、情感和色彩，都要与产品信息相关，广告语言艺术带来的审美愉悦应为促销服务。

一、意境与语言

文学作品中的景物描写都不是孤立，景物与情调、景物与性格融为一体，情中有景，景中有情，妙合之至。读者观景而知情，因情而识景。“鸡声茅店月，人迹板桥霜”和“柳塘春水慢，花坞夕阳迟”，两句纯是无人景观，无一字表情感，然前者羁旅穷愁，想之在目；后句春物融洽，人心和畅，有言不尽之意。广告中，受众为“人物”，商品自然是“景”。创作人员必须深切了解广告商品，了解广告商品的特点，了解商品的潜在消费者和引发购买的动机，才能为商品营造意境。

“悬将小日月，照彻大乾坤”（眼镜店楹联），以小见大，放眼世界，寓意甚是含蓄。“香分花上露，水吸石中泉”（茶馆楹联），以“花露”喻香，“石泉”喻水，清香可鉴，饮一口，意犹未尽，可谓妙矣！“花放杏林辉暖日，药生兰室动春风”（药店楹联），神喻药之功效和为大众服务之精神，不逊于“妙手回春”。

资生堂的香水广告意境迭出、情韵倍生，使人在愉悦中记住了商品信息：

> 香气，到底是怎么飘散的？自从一千几百年前，人们就在慎重地思考这个问题，终于产生了所谓“香道”，这种日本独特的形式美。
>
> 由于香气，所引发的幻想的延伸遂成就了一种艺能，一把纸伞走过来了，那唐纸伞的淡紫色，以轻快的脚步渐渐走近。白色素袜上鲜红的履带，真好看！正想着时，唐纸伞已经走过去了，留下来的只有那难以描述的美妙香气。
>
> 不禁回头望了一下。像这种雨，真好！
>
> 香气这东西，真是不可思议，有时闻到一种香，你会忽然想起一段已经遗忘了的遥远的某种事情。偶尔从身旁走过的人，身上散发的香气会使你想起母亲房间里的一些东西。

是一间朝北的阴暗房间。

我曾经喜欢那柜子的香气，每次伊呀一声打开柜子时，我总要深深吸一口气。

那大概是香囊所散发出来的香气吧?!

下过雨的早晨真好，树叶青翠欲滴，比任何时候都鲜亮。

在这清新的景色中，但愿出现一位美女，而且，愿她务必飘来一阵幽香。香气真奇妙，香气让你眼睛看不见，手也摸不着。可是，这样反而更神秘……

各种香气都具备。资生堂的香。

笔法委婉蕴藉、诗味浓郁，把“资生堂之香”抒发得幽深莫测，悠然神奇。受众神游于无边的遐想之中，意境浑成，丝毫感觉不到推销的功利目的，无愧为“软销”广告的经典之作。

二、情感与语言

情感十分复杂，有个人的喜怒哀乐，也有相互间的父子之情、朋友之情、恋人之情，还有群体、社会间的亲情、融洽之情等。广告以情（情感）景（商品）交融的形式传达商品信息，可分为两个方面：

（1）景物对人的感应。“情以物迁，辞以情发，情往似赠，兴来如答”，客观景物的变化引起思想情绪的变化——触景生情，“悲落叶于劲秋，喜柔条于芳春”，由景入情，借景传情，用景答情。“若问闲情都几许？一川烟草，满城风絮，梅子黄时雨”，咏歌嗟叹，低徘不尽。

广告文案应抓住传播时机，了解广告商品与时令变化（传统节日）的联系，借景传情。精工表在父亲节推出的广告就很注意诉求情感：

今天，请时间停住脚步，从来只记得母亲纤细的手臂，似乎很少注意，父亲严肃的脸庞。父亲以他深厚宽广的爱，终年为家园默默耕耘贡献。雨来他遮，风来他挡，如今苗已成材，正恣意地伸展它粗壮枝干。但曾否留意那日益垂老的园丁？疲惫的眼神、两鬓的霜，若能呼唤时光倒流，唤回他灿烂的青春，我愿，我愿啊……

向伟大的父亲致敬！本公司为庆祝父亲节，以最优惠价提供精工牌石英表，欢迎子女陪同父亲前来选购，给父亲一份意外的惊喜。

精工表本仅用于计时，父亲节时送给父亲，寄托子女对父亲的感激和祝福——愿父亲永葆青春，年年心绿。意境豁然开朗，石英表与礼、与情妙合无隙。

（2）人对景物的感应。亦即“以我观物，物物皆着我之色彩”的“有我之境”的一种表现。简言之，乃“传情入景”或“托景言心”，自由运用创造的想像去完成诉求、表达情感。辛弃疾《西江月》下片叙写得最是奇特：“昨夜松边醉倒，问松我醉何如？只疑松动要来扶，以手推松曰‘去’！”醉语胡言、飘逸逍遥的解脱之态浮现眼前。令人真想痛饮一番，与辛老同醉。这种方法也可以用于广告文稿，“举杯邀明月，和曲舞春风”（酒楼楹联），豪迈、奔放、洒脱。洗衣机的广告说“闲（贤）妻良母”，情深意长，爱心可鉴，回味亦无穷。

精工表还有则广告也很出色：

有时候，爱情应该是看得见的

恰当地表达自己真挚、温馨的爱情不仅仅是一份勇气，更是一种艺术。象征爱情永恒的精工表，是高贵的爱情标志，也是天长地久的爱情魅力。在我们生命中的某些时候，爱情，应该是看得见的。

把精工表定位成“爱情的标志、爱情的魅力”，将抽象的、内在的情感外在化和客观化、对象化，有效吸引情侣。

三、色彩与语言

色彩经验类似感动或情绪的经验，诗人对色彩的敏感不亚于画家，诗人通过语言唤起读者的联想，传达色彩美。

“两个黄鹂鸣翠柳，一行白鹭上青天”，黄、翠、白、青四种颜色，点缀得错落有致，并由点到线，向无垠的空间延伸，画面静中有动，富有鲜明的主体节奏感，描绘出诗人舒展开阔的心境。“流光容易把人抛，红了樱桃，绿了芭蕉”，红绿对比，色彩绚丽，对岁序迁移的感喟，对春光易过的感叹表现得明朗而强烈。

“着色的情感”具有绘画的鲜明性和直观感，仿佛可以触摸，增强了感染力。饱蘸色彩情感的文句比绘画来得简练集中，凝聚力更强，品味更深，记忆痕迹更深更长。

白居易的《问刘十九》：“绿蚁新醅酒，红泥小火炉。晚来天欲雪，能饮一杯无？”其诱人之处，正在于“绿”酒与“红”炉两色的和谐配合，在天寒欲雪的背景下，产生亲切而温暖的情味，是首出色的招饮广告诗。“淡妆浓抹调新色，顽绿疾红发古香”（陶瓷店楹联），赋予“绿”、“红”人性，个性鲜明突出。

资生堂曾发动“甜蜜色调”广告攻势，获得极大成功，其类别如下：

（1）蜜糖粉红：两人共饮的咖啡有多甜蜜呢？柔和色调的淡粉红、香软的甜味就是你的魅力，从青春少女到中年妇女都适用。

（2）甜蜜粉红：罗曼史的女主角，粉红中的粉红，在户外具有清爽的魅力，在日光灯下有苍白的美感。

(3)胡萝卜橘红:胡萝卜之梦,明亮鲜艳的橘红色,配合橄榄色系的女装到山巅、到海边。

(4)杏仁褐:采撷恋爱的果实罢! 米色系统的最佳颜色,无论雪白或麦褐的美肌,都能更加增添稳重的魅力。

第五节　广告语言的规范

一、广告语言的不规范现象

某市一小学三年级语文老师叫了 6 个同学在黑板上写学过的成语,竟有 5 个同学把“随心所欲”写成“随心所浴”,老师批评并更正时,写错的同学理直气壮地说:电视和报纸上的广告都是这么写的,那还有错吗? 弄得老师哭笑不得。

生产浴缸的厂家在新闻媒介上做广告时套用了“随心所欲”这个成语,把“欲”改成“浴”。音同字不同,辨别能力不强的小学生信以为真,反而不相信自己的老师了。

还有一个有力的试验证明,不规范广告语的确会误导学生。《北京日报》社会新闻采编中心对北京市前门小学五年级某班进行谐音广告纠错测试时发现,该班 30 名学生对内含 40 个错别字的 37 条谐音广告纠错的成绩是:发现 30 个以上错别字的有 17 人,发现 30 个以下错别字的有 13 人,最少的一个学生只发现 21 个错别字。测试结果显示,谐音广告误导小学生,表现在以下三方面:一是部分小学生纠错依据来自谐音广告,越纠越错。1/3 的学生把“无鞋可及”改成“无泄可及”;2/3 的学生把“盖不能缺”改成了“钙不能缺”。二是受谐音广告影响,对谐音错误成语熟视无睹。1/2 的学生对“咳不容缓”、“别具一革”、“闲妻良母”、“骑乐无穷”、“随心所浴”等,都没有给予纠正。三是对谐音广告本义做错误理解。

近几年,广告作为新的行业在我国有了突飞猛进的发展,电视、报刊上的广告形式五花八门、色彩纷呈、策划者和制作者费了很大脑筋。但令人不敢恭维的就是这种利用成语中某个字的谐音去篡改成语“别出心裁”为广告服务的歪风。

类似“随心所浴”的广告成语不胜枚举,如:某太空棉广告称“衣衣不舍”、电脑广告说“码到成功”、“见伊思迁”是花园楼房广告、明目器广告叫“一明惊人”、用“咳不容缓”为桂龙咳喘宁作广告，另外还有无胃（微）不治（至）、饮（引）以为荣、领鲜（先）一步、痔（自）始至终、泽（意）气风发、后来储（者）居上、屋（物）美价廉、圣（盛）气灵（凌）人、默默无蚊（闻）、天尝（长）地酒（久）、芯（心）满意足、无所胃（畏）惧等等。用篡改后的成语去为产品做广告，由于它形式新颖、富有幽默味道，又显得朗朗上口，能强化受众的接受意识，因此广告效果及广告主的收益也会不同一般。但它所给社会带来的副作用也不可低估，尤其是对于初学阶段的小学生来说，在校负担过重，本来学习兴趣不太浓，而看电视却是一大爱好，又特别喜欢那些画面跳动快、具有吸引力的广告，那些本是错误的“成语”不断在他们的头脑中加深印象，他们能不以错为对吗？

我们认为：广告主和广告人固然要坚持广告的经济效益，但也不能将我国长久形成的具有固定含义的成语滥加篡改，否则对中小学生是误人子弟，也是对不规范用字推波助澜。

要减少直至杜绝广告中乱改成语的现象，一方面，需要广告策划和制作者以社会大局为重，摒弃这种不正常的做法，另一方面，国家的语言文字管理部门也应加大管理力度，制定相应的法规，规范广告用字。

二、广告语言必须规范

广告语受众面广、社会影响力大，应对其进行规范，受众才不至于误解。规范化的广告语言能够使受众得到良好的语言熏陶，有利于民族共同语的普及、巩固和发展。广告语言的规范化，就是在广告中推广以北京语音为标准音，以北方话为基础方言，以典型的现代白话文著作为语法规范的现代汉语[①]。

1997 年，国家广电总局发出《关于进一步加强广播电视广告宣传管理的通知》，其中第 14 条明确规定：广播电视广告宣传应使用规范的语言文字，不得故意使用错别字或用谐音乱改成语。

1998 年 1 月 15 日，国家工商行政管理局又颁布了《广告语言文字管理暂行规定》，其中第 11 条规定：广告中成语的使用必须符号国家有关规定，不得引起误导，对社会造成不良影响。

2000 年 10 月 31 日，第九届全国人大常委会第十八次会议审议并通过了《中华人民共和国国家通用语言文字法》。其中第 13 条明确规定，“公共服务行业以规范汉字为基本的服务用字。因公共服务需要，招牌、广告、告示、标志牌等使用外国文字并同时使用中文的，应当使用规范汉字。”

---

① 徐玉敏、宫日英：《广告语言分析》，中国物资出版社 1988 年版，第 74 页。

2003年，北京市第十二届人大常委会第四次会议表决通过《北京市实施〈中华人民共和国国家通用语言文字法〉若干规定》，第13条明确规定“企业名称、商品名称及广告应当以国家通用语言文字为基本用语用字，违反规定的由本市工商行政部门依据法律法规进行处理。”

2003年9月24日，为进一步促进广播电视业的健康发展，切实尊重和维护广大人民群众的利益，整顿和规范广播电视广告播放秩序，国家广电总局颁布了《广播电视广告播放管理暂行办法》。第13条规定，“广播电视广告应当使用规范的语言文字，不得故意使用错别字或用谐音乱改成语。”

三、杜绝不规范广告语言的影响

语言经过长期的约定和妥协演变而来，一旦形成具体的游戏规则，就构成群体内成员交流沟通的法则。换字手法成风，广告语创作就蜕变成无聊的文字游戏，既不能传递产品信息，还严重危及汉语成语的完整性、规范性和纯洁性。

不规范广告语的能指与所指之间产生断裂，使语言的“意表化”超出受众能接受的范围。受众对泛滥的“意表化”手段产生“抗体”，广告语言的表现力就会削弱。不规范广告语篡改和拼接了传统语言，取消了传统语言及其表达方式的特定历史文化意义和特定用法，造成语法的混乱。广告语是一个相对的自律系统，不受制于日常语言和使用该语言的共同体，广告语设定自己的规则，忽略约定的语言规则，改变约定的语言用法和意义，给日常语言造成混乱。从表面上看，换字广告只改动了一个汉字，这样的篡改消解了成语的约定意义和用法，取消了成语中丰富的历史语义和内涵，只留下与商品相关的片面、狭窄的语义。广告语言对日常语言的改变，导致了陌生化效应。广告语言在创意过程中通过抽去各种表达方式和语句的原有语境，进而构成一种脱离原有语境的意义，最终消解和同化了语言在地域、文化和历史上的差异[①]。许多专家认为，假如不按照规范和标准使用字词，不遵循遣词造句规律，恣意妄为、犯规破律，就会践踏汉字的严密、统一的科学体系，从而失掉汉语在全世界语言大体系中的地位。成语是人们长期以来习用的简洁精辟的定型词组或短句，成语一般都有出处，是不能随意篡改的，否则所表达的意思就变了。

改造成语是广告的误区，改造成语无法简洁明了地告知受众商品的性能特点。对磁化杯来说，“有杯无患”和“有口皆杯”都体现不出产品特点，无法传递独

---

① 周宪：《广告语言的文化批判——兼论当今时代的语言问题》，江苏科学出版社1997年版，第241页。

特销售主张。改造成语还会助长广告创作中的抄袭。飞亚达手表有则经典的广告语“一旦拥有，别无所求”，许多企业克隆，如“一旦拥有，别无‘锁’求”(制锁公司)，“一旦拥有，永不离手”(石英表)，“一旦拥有，消愁解忧”(冲剂)，“一次拥有，得益永久”(空调)。广告相互模仿抄袭，变成模仿或套用的营销术，带来恶劣影响；恶性循环，抄袭成风，还会扼杀创新意识和创造力。

可以看出，不规范广告语并不是以准确鲜明的语言做宣传，而是用似是而非的语义形式来宣传商品，“很明显，这种宣传是以牺牲成语的定型性和固有意义为代价的，实际上是一种语言污染现象，这种污染现象和修辞毫不相干，修辞是为了使语言表达更准确，而换字广告却使原本明晰的意义变得模糊了”[①]。

不规范广告语有意识地使用别字来造势，将宣传效果建立在别字的基础上，改变沿袭已久的书写形式，强化错误信息，这和正确使用汉字的要求背道而驰。印刷于书刊上，放置于闹市的广告牌上，反复播放的电视节目中出现的大量广告别字多次重复后，会使人们形成错误定势，增大写别字的几率。对处在识字阶段的中小学生来说，产生的负面影响更是不容低估[②]。与其他文体相比，广告文体的受众更广泛，社会影响面更大，对受众进行强制性灌输。青少年正在积累知识，在词语使用方面缺少足够的经验，尚未掌握原成语，接触成语广告，容易接受其中的别字和临时广告意义，错误的词语信息一旦形成印象就很难清除或改变，造成对部分成语的错误理解和错误使用。

---

① 郭展：《换字成语广告评析》，苏州铁道师范学院学报社科版，2000(4)。

② 郭展：《换字成语广告评析》，苏州铁道师范学院学报社科版，2000(4)。

第一节　广告主题的确定

一、广告主题的重要性

广告主题指广告宣传的重点和明确表达的中心思想。主题原是音乐中的术语，意思是主旋律。后来引用到文学艺术中，含有立意、主旨、题旨、中心思想、中心意思、中心论点之意。现代广告中借用"主题"来表达广告的中心思想，它与文学艺术中的主题的相同之处都是表达事物的本质和中心思想。不同之处是文学艺术中的主题是通过塑造艺术形象来反映现实生活，而广告主题则是通过广告信息的传播，清楚明白地表示广告的意图，使人们接触广告之后很容易理解广告主的意图，并产生最大限度的共鸣。

广告主题是广告的灵魂。它不仅支配了广告文案的始终，而且成为广告创意、设计、制作等创作活动的基础。广告主题是广告生命力之所在，它是向消费者进行动之以情、晓之以理的诉求的桥梁。历代名家强调："文以意为主，""意犹帅也"，均表明主题在文章中的灵魂与统帅作用。没有主旨或中心思想的广告作品是没有生命力的作品。

广告主题的好坏，诉求力的强弱，均决定于广告主题思想的正确与否。鲜明的广告主题，能以其独特的诉求重点，使消费者产生共鸣，并留下深刻的印象。同一则重点不明的广告作品，只能令人感到概念模糊，不论其创意表现手法如何高明，也是白纸一张。有一则介绍某种柴油机的广告是这样写的："本产品设计合理，外形美观，结构紧凑，性能优良，价格低廉，欢迎选购，代办托运，实行三包。”这段话四字一句，读起来文通字顺，上口流利，但却毫无特色，找不到全文的核心。这适用于柴油机，也适用于汽车、拖拉机、发电机、抽水机，自然无法发挥促销效用。

广告主题的形成和深化是广告撰稿人员对客观事物的认识和对素材提炼的结果。由于广告是一种传播信息的工具，因而它的主题首先应包含广告的目的，即表明广告主的态度、用意、期望和所追求的目标；其次应突出广告产品的好处，即用事实来表述商品或劳务能为消费者带来什么利益；此外还应有可靠的承诺，即用以说明广告主对消费者所做的一切保证都是忠实可靠、无需怀疑的。以北京日化三厂奥琪抗皱美容霜的广告为例。该厂产品一度严重滞销，濒临破产。他们经过全国性的深入市场调查后，作出两项决策：一是针对中年妇女消费需求，在全国首创“奥琪抗皱美容霜”；二是针对中年妇女需求，及时开展大量广告宣传活动，促进销售。针对“奥琪”的广告对象的购买动机，传递信息的主题是集中向中年及中年以上妇女宣传减皱、抗皱的特效功能，并要证实这种特效。“特效、证实”构成“奥琪”的广告主题，体现在各种广告媒体和信息之中。该产品投放市场后，由于广告促销有力，很快驰名全国，并带动了系列产品畅销。

广告主题在文案中处于统帅和主导的地位。广告主题还是创意的基础，如果广告作品主旨不清，则谈不上创意。而广告主题的选择和表现是否正确，主要决定于撰稿人员对广告目标市场的认识程度。

二、广告主题的三要素

产品特点，尤其是相对于竞品的特点和符合消费者的特点，是确定广告主题的主要依据。确定广告主题要综合考虑广告决策、信息个性和消费心理。广告决策是广告主题的基础和依据，信息个性是广告主题的诉求重点，消费心理是广告主题引起共鸣的活力所在。

广告决策指从特定的产品、市场、消费者群体出发，选择与确定广告的目标、主题、创意、媒体、传播时机的等重要内容。广告决策要确定广告的整体战略，使广告服从于和服务于企业营销策划。广告主题必须按照广告决策的总体思路选择和确定，广告主题必须有的放矢，有效地提高宣传的针对性及效果。

信息个性指广告包含的商品信息、企业信息、观念等要有鲜明个性。这里说的个性指独特的利益，与众不同的好处，广告给予消费者的特殊承诺。有个性的事物最有吸引力，能够在人脑中形成深刻记忆，记忆是信任的基础，获得消费者信任，商品销售才有前景。香皂的共性是去污洁体，一味在这方面展开宣传，就不会有新鲜感。换一种表现角度，着眼于使用香皂获得的美感和心理快感，效果就大不一样。“它消瘦，你娇艳”，“今年二十，明年十八”等广告词应运而生，广告获得极大成功。信息个性产生于与竞品的比较中，广告主题则是信息个性凝练而集中的反映。

广告决策和信息个性要满足消费者的心理需求，才会为他们接受。广告主题不能仅仅讲究信息个性，还应丰富促销手段和调动消费心理，让消费者发现自己、认识自己、塑造自己，重视广告观念和情感因素的作用。“脚癣一次净”广告说“贵州神奇脚癣一次净，无效退款”，广告附有详细说明——若患者用后无效，可凭“信用卡”邮寄本公司索取退款，本品附有“信用卡”。广告在“神奇”和“退款”上大做文章。“神奇”是“脚癣一次净”的商品个性；“退款”是吸引消费者的促销手段，也是对消费者求实消费心理的满足。这种站在消费者立场上的鲜明而又有感召力的广告主题，更能引起消费者的共鸣。

广告主题的这三个要素要在变化中有机统一与相互融合。广告文案创作要以主题为主，按照主题的需要进行构思与写作。撰稿人不明确广告主题，就没有主心骨，写出的广告文案就不知所云。这三个要素会随着市场、商品和消费心理的变化而变化，三要素在和谐统一中融合得越巧妙、越合理，广告作品就越成功。

三、广告主题的要求

广告主题要避免同一化和分散化。同一化指广告主题不显著，没有特点，给人的印象淡薄，引不起注意。分散化指中心思想不集中，广告诉求太多，没有重点，甚至偏离重点。广告主题分散，信息量太大，消费者形不成明确的概念，就可能被误导。

(1)广告主题必须独树一帜。广告主题要有独特之处，便于记忆，给人深刻长久的印象。切忌与竞品重复。春蕾牌手表广告的主题是“中国第一名表”，海鸥牌手表广告的主题是“中国真正第一名表”。两者都不能提供令人信服的“中国第一名表”的证据，给消费者留下吹嘘浮夸的印象。

(2)广告主题必须简洁有力。商品本身的功能特点，可能有三个、五个，或者更多，商品给消费者带来的利益与满足也是多方面的，广告中必须分清主次，突出重点，贵精不贵多，突出消费者最关心的诉求点。

(3)广告主题必须新颖刺激。要以不断创新的手法，刺激消费者的购买动机，引起消费者的兴趣。可口可乐的广告常根据消费者的需求翻新花样，可口可乐的广告摒弃一般汽水广告常用的“解渴”、“好味道”、“补充人体养分”之类的主题，针对青年解脱忧虑不安而寻求欢乐的心态，提出口号“令你欢喜，令你愉快！”，“世界上所需要的就是爱！”，“倍添情趣”……这些主题配以充满生气、快乐友爱的画面和乐曲，有力地传达了可口可乐给消费者带来的感情上的满足。

(4)广告主题必须醒目统一。选择那些引人注目的主题，以吸引目标受众的注意。广告主题会因时机不同而变化，广告应结合商标等形成固定的、易识易记的概念，在更大范围内树立起企业形象或品牌形象。

第二节　广告主题与定位

一、产品定位原理

定位理论是美国广告学者简·楚劳特于1969年提出的，简·楚劳特认为，"定位乃是确立商品在市场之中的位置"。而"位置"的意思是"一个人或一件东西所占的地方"，这个词应用在行销活动中，指的是产品在消费者心目中是一个什么形象，居于何等地位。奥格威随后把产品定位定义为："这个产品要做什么，是给谁用的。"定位理论后来得到大多数广告人的认可，他们普遍认为："做广告第一件设计上要决定的事，也是最重要的事，就是怎样置定你的产品在市场中的位置。"

定位的主要任务是确立商品在市场中的位置，根据消费者对具体产品属性的重视程度，给产品确立具有竞争力、差别化的市场地位，创造、培养产品的特色，树立产品形象，满足消费者的需求，以促进销售。产品可分为有形和无形两大类，有形产品指可以触摸的有实用价值的实体，无形产品指观念或服务等产品的附加值。有形产品和无形产品构成产品。随着社会发展，产品整体概念不断扩大，产品定位也扩大到产品整体概念的所有领域。

"定位"已由产品领域扩大到广告领域，其内涵延伸到广告的各个环节。现代广告学把定位拓展为广告本身的目的，这一观点得到实践的支持。美国鸽牌美容皂的广告定位一直受到消费者的推崇。这种美容皂是美国利华得利公司在1957年推出的产品。奥格威说，我本来可以把鸽牌香皂定位为工人用的香皂，但我却给它定位为滋润皮肤的美容香皂，而不是只作清洁皮肤用的普通香皂。准确定位，扩大了新产品的销路。

为了进一步理解定位原理的内涵，深入把握产品定位与广告定位的关系，从以下三个方面探讨定位。

1. 定位改变的是什么

艾·里斯等在《广告攻心战略——品牌定位》中指出:“定位并不是要你对产品做什么事,定位是你对未来的潜在顾客心智所下的工夫……定位并不是不牵涉到改变,它确实在改变。但改变的是名称、价格及包装,实际上对产品则完全没有改变。所有的改变,基本上是在作着修饰而已,其目的是在潜在顾客心中得到有利的地位。”①

定位并不改变产品,而是找准产品在消费者心目中的位置,让消费者接受产品。万宝路香烟的品牌定位可作为佐证。

万宝路香烟创牌时以女性为消费群体,广告口号是“像五月天气一样温和”,包装色调清秀。但事与愿违,女性消费者并不青睐万宝路,销路极差。为改变这一状况,万宝路聘请李奥·贝纳广告公司为其策划、创意。经过市场调查,李奥·贝纳认为,女性烟民有限,应舍掉这个脂粉气的香烟形象,创造出一个男子汉气概的形象。在烟丝、配料和口味丝毫未变的情况下,新的万宝路形象出现在人们的视野中——细线条变成大面积红白几何图案,粗犷的红色成为主色,隽秀的字体也变得粗犷遒劲;目光深沉、皮肤粗糙、袖管高卷,浑身散发豪迈气概的西部牛仔驰骋于原野上。新的广告突显了自由奔放、奋斗不懈的“真正的男子汉”精神。新的广告以阳刚之气征服男性,创造了一个“万宝路世界”。

① [美]艾·里斯著,刘毅志译:《广告攻心战略——品牌定位》,中国友谊出版公司1991年版,第2页。

在 *The* 101 *most influential people who never lived* 一书中，排行第一的是万宝路香烟广告上的男人——出现于上世纪 50 年代的充满阳刚味的美国牛仔，他使万宝路香烟全球热销。

2. 定位是一个心理接受范畴的概念

定位的心理特性，是指运用突出商品符合消费者心理需求的鲜明特点，确定广告产品的方位，进行定向诱导，使它在消费者的心目中被看做是满足了某种需要或具有某种特点的产品。“定位的基本方法，不是去创作某种新奇或与众不同的事项，而是去操纵已经存在于心中的东西，去重新结合已存在的联结关系。”[①]假如已设定了一个产品的位置，应该从实际市场中核定位置是否存在于消费者的心目中，要从一系列的“设定”中选择一个不会凋零的位置。广州市广告公司设计的“鸿运转页扇”广告，其定位确立在当代家庭结构中占有相当比例的小型化家庭(年轻父母及独养子女)上，这个案例对我们理解定位的心理特性颇有助益。

“鸿运转页扇”广告针对年轻父母的舐犊之心，把年轻夫妇作为目标消费者，在孩子身上做文章，调动年轻父母的感情因素。玫瑰色调的广告画面上，健美的小女孩在酣睡，枕边放有小木屋玩具，广告语是“柔柔的风，甜甜的梦”，烘托出温馨、和谐、纯真的情调，含蓄表现“鸿运转页扇能为您的小家庭带来幸福和安宁”的广告主题。

这个广告未在产品的功能特点上着墨，不强调产品的竞争性优点，屏弃一般电扇广告宣传带来凉爽的概念化表现，向年轻父母展示使用转页扇给孩子带来的好处，从而找到了自己的位置。

3. 定位还是一个竞争性概念

定位是一个品牌与其他品牌在顾客心目中的占位比较。这种比较，包括了品牌类别、市场地位、消费观念、满足顾客欲求等角度的比较，在比较中找出消费者心理中的空位，以确定自己的品牌让消费者接受的心理策略。正如《广告攻心战略——品牌定位》一书中所言：“想在我们传播过多的社会中成功，一个公司必须在其潜在顾客的心智中创造一个位置。对此一位置所要考虑的，不只是自己公司的强点与弱点，对于其竞争者的强弱点也要一并考虑。”[②]竞争性定位最著名的案例是美国七喜汽水的“非可乐”的定位。在美国饮料市场上，曾经是三大

---

① [美]艾·里斯著，刘毅志译：《广告攻心战略——品牌定位》，中国友谊出版公司 1991 年版，第 1 页。

② [美]艾·里斯著，刘毅志译：《广告攻心战略——品牌定位》，中国友谊出版公司 1991 年版，第 22 页。

"可乐型"饮料在激烈地竞争着。但这种竞争是不对等的,因为其力量相差悬殊。在市场销售上,可口可乐卖二瓶,百事可乐卖四瓶,荣冠可乐只能卖一瓶,可口可乐完全占据了市场的垄断地位,其他品牌完全无插足之地。但是七喜汽水却奇妙地采用"逆位置"插入的定位,在竞争者的弱点上做文章,创造了一种消费观念,即把饮料分为可乐型和非可乐型两种,可口可乐是可乐型饮料的代表,而七喜汽水是非可乐型饮料的代表,促使人们在两种不同类型的饮料中进行选择。这一定位使得七喜汽水在第一年中的销售量提高了10%,从此以后营业额不断上升,成为美国市场上的三大饮料之一。

二、产品定位策略

定位需要考虑诸多因素,可以利用消费心理或观念形态上的差别来定位。

1. 产品本体定位策略

从产品品质、功效、用途、产地、价格、规格方面等出发,强调产品不同于竞品的独特利益,进行差别化的定位,以此确定竞品无法取代的市场地位,这样定位的产品特色鲜明。

合肥电容器厂推出新产品——塑料蒸气电熨斗,产品定位为"重量轻,拒腐蚀,价格低,效果好",广告用现场表演印证手法,让消费者确实感受产品的优越性。表演现场的横幅上写着:"做给你看,让你动手干",一字排开的桌子上摆着许多有皱折的衣料、衣服。表演者拿出塑料电熨斗,通电加水,不到3分钟,熨斗冒出热气,便开始熨烫。熨过以后,那些衣料、衣服变得服服帖帖、平平整整。表演者接着热情邀请消费者自己动手体验,现场还散发题为"新一代电熨斗——塑料电熨斗"的文字材料。消费者看了操作表演,又拿到了广告读物,尝到了"做给你看,让你动手干"的乐趣,很快对产品产生了信任。

2. 产品对象定位策略

有效的市场细分是广告成功的重要因素,市场细分与产品的对象定位是一件事情的两个侧面。根据消费者购买行为的差异,把消费者总体划分为特点各异的消费群体,以便选择与确定目标市场。

奥林饮料广告曾获1989年全国广告制作电视广告头奖,该广告把诉求目标定位在青年人消费群,广告画面尽是新潮时髦的青年,这样的定位基于以下考虑:奥林饮料主要采用易拉罐包装,节俭保守的中老年人和消费能力相对较低的少年儿童从习惯上、价钱上都会选择这种饮;饮料市场竞争日趋激烈,必须找准突破口,而不可全方位进攻;作为基础不雄厚的企业,奥林的生产能力无法满足更广泛消费者的需要,消费对象必然有所选择。奥林饮料的目标对象定位得当,取得良好的效果。

2003 年 4 月，奇瑞推出“奇瑞 · QQ”系列，定位为“年轻人的第一辆车”，奇瑞 QQ 的目标客户是收入不高但有知识有品位的年轻人，同时兼顾有一定事业基础，心态年轻、追求时尚的中年人。大学毕业两三年的白领是奇瑞 QQ 潜在的客户。人均月收入 2 000 元即可轻松拥有这款轿车。

为了吸引年轻人，奇瑞 QQ 除了轿车应有的配置以外，还装载了独有的“I－say”数码听系统，成为“会说话的 QQ ”，堪称小型车时尚配置之最。“I－say”数码听是奇瑞专门为用户开发的车载数码装备，集文本朗读、MP3 播放、U 盘存储多种时尚数码功能于一身，QQ 与电脑和互联网紧密相连，完全迎合离开网络就像鱼儿离开水的年青一代的需求。

QQ 以其的靓丽、高配置和优性价比赢得刚刚参加工作的时尚男女的青睐。在准确的市场定位下，2003 年 4 月推出的 QQ 微型轿车，6 月就获得良好的市场反应，到 2003 年 12 月，已经售出 28 000 多辆。2005 年初，奇瑞 QQ 获得《新民晚报》评选的“上海市民最想购买的微车”称号；同年 3 月，奇瑞 QQ 在山东也获同样殊荣。此后，奇瑞 QQ 更是在新快报、新浪网、华商报、深圳特区报、潇湘晨报等十几家媒体的评选中先后获得“最受关注微车”、“最具性价比微车”、“最受欢迎微车”、“颠覆 21 世纪中国市场的标志车型”、“2005 年度最佳民族汽车品牌”等诸多褒奖。在《中国汽车画报》和 SOHU 汽车联合举办的年度车榜 2006 评选活动中，奇瑞 QQ 在 43 个品牌 180 款车型中脱颖而出，获得“年度微型车”大奖，成为名副其实的微轿第一品牌。

3. 产品归类定位策略

商品还可以依特性、成分、结构、功能、效用、价格和满足人们需求和利益等情况的不同，分为许多类别。如，生产用品、生活用品；妇女用品、男子用品、老年用品、儿童用品；自用物品、赠送礼品；文化用品、体育用品；高档消费品和低档消费品，等等。洗涤用品又分肥皂和洗衣粉、洗净剂等，洗衣粉又可分强效和速效、浓缩、高泡、低泡等。按不同的划分标准，同一产品可归属多个类别，钢笔可归于文具类，也可归于礼品类。

广告可根据广告目标、销售对象的需要、产品在消费者心中的印象、市场走势、竞争产品占位情况和本品牌可能占位情况等为广告商品确定一个合理的类别。依据产品归类进行广告定位，对于拓展原有市场和开发新市场都有重要意义。拓展市场时，可使用细分产品类别、改变产品归类、扩展产品类别和反类别等方法。

产品类别细分是根据产品的功能分化和市场细分化而进行的产品深度定位。力士香皂细分为三种不同功用的型号，以三种颜色代表；洗发香波通常会细分为干性和油性;宝洁将自己的产品细分为多种类型。

改变产品归类,一般在产品市场销售不畅或形象受损时使用,避开原有产品类别印象,改变品牌在受众心中的位置和形象。万宝路原为女子香烟,市场狭小,后来改变产品形象类别,以男性为目标消费者,成功打开市场。

扩展产品类别,指在原有市场基础上扩大新市场。强生婴儿洗头水不含碱质,婴儿洗发时不会刺激眼睛,销路很好。为了打入成人市场,强生婴儿洗头水重新制定广告战略——“强生婴儿适用,成人也可天天勤洗”,新的定位打开新的市场,拓展了销路。

反类别,指产品在应属类别中难以打开市场时,利用广告使产品概念“跳出”这一类别,并以“非某类特点”或“反某类特点”的形象亮相,以占有新的位置。可口可乐稳固占有可乐类市场,其他品牌无插足余地。七喜汽水却提倡“非可乐”,在可乐之外的“非可乐”市场上确立自己地位,销售取得成功。

4.产品档次定位策略

每一类产品中都分高、中、低三种档次。高档次产品让人感觉高贵、典雅、气派,广告中可极力提高其格调。如人头马酒广告:“人头马干邑,格调高几级。”劳力士表广告:“劳力士——财富权势和地位的象征。名门望族引以为荣的标志,要登大雅之堂,就是劳力士。”意大利女皮鞋广告:“名门淑媛,名品新姿。”比尔食品厂面包广告:“有身价的人吃有身价的面包。”

许多人喜欢在外表上抬高自己,高档次产品可以从外表上肯定或提高个人形象。产品的广告和包装应该考虑消费者的这一需求,适当提高自身定位,以广开销路。

5.品牌比附定位策略

同一类产品有诸多品牌,新产品出现时,消费者一般会按已有的品牌序列来为新品牌排列位置。广告应正视和尊重这一序列,在这一序列中考虑本品牌占位的可能性及占位目标。无法领先时,决不妄自尊大,自封第一。不实事求只会失信于消费者,产生相反效果。

美国有个艾维斯出租车公司,一直不景气,长期亏损。出租车业的老大是赫兹出租车公司,它的财力是艾维斯的5倍,年营业额是其3.5倍,要以弱势对抗强势,势必要有一个创新有效的行销和广告策略。艾维斯公司充分认识赫兹公司行业第一的地位,避开正面比较,他们在广告中说:“艾维斯在租车行业只是第二位,那么为什么租我们的车?我们更努力呀!”艾维斯公司承认自己在消费者心中最多只能占位第二,用努力的形象贴赢得顾客的青睐,“第二”的位置也易引起消费者的同情,产生良好的市场效应。

6.产品形象定位策略

产品形象直接影响销售。产品形象由商标、质量、价格、包装、形态、广告风格等多种因素综合而成,给消费者留下鲜明整体个性印象。

酒类商品,打动消费者的90%是产品形象,消费者按产品形象的好坏选择酒类商品。日本几家大型电器公司在消费者心目中也都有独特的形象,市场定位也有所不同。日立和东芝的目标是向大、洋、全方向发展,产品样样齐全——从人造卫星、大型计算机到普通家电;三洋的目标是薄利多销,以价廉物美吸引消费者;松下的经营战略是以家用电器为主,以最广泛的消费层为主要市场,集中力量,攻占一点,产品多样,面向大众。

产品形象通过广告宣传形成,消费者一旦认可商品独特的形象,会为企业带来巨大好处。

7.企业形象定位策略

树立良好的企业形象非常重要,消费者认可企业形象,就会努力发现企业的优点。相同的广告表现,知名企业的广告更容易受消费者青睐。制作企业形象广告应慎重,定位点与广告主题的寻找、表达应十分严谨。

较为有利的企业形象定位点包括:革新的、成长中、现代化、领先研究开发、受消费者欢迎、经营良好、多角性管理、与消费者平等、与原材料供应商关系良好、公平竞争、致力于社会问题的改善、乐于赞助慈善机构、培养优秀的管理者及人才、无劳资纠纷、公认的好经理、支持教育或艺术、生产优良产品等。企业形象广告的目的是宣扬企业在公众心目中的良好形象,重点是理性说服公众,广告中需列举证据。

8.消费观念定位策略

消费观念是促成消费者产生购买动机的重要因素。成功的定位要从消费者的需求出发,顺应消费者的消费观念,不断调整和修正。

以雀巢咖啡的广告定位为例。在西方国家的传统上,咖啡一般要由主妇亲自熬煮,其因为熬煮的咖啡香味醇厚纯正、味美可口、浓度高;还能展示主人好客之意,这些消费观念都阻止人们购买速溶咖啡。但工作节奏紧张,珍惜时间成为一种需要,也促使消费者改变饮用咖啡的习惯与观念。速溶咖啡迎合了消费者的这一需求——制作方便、节省时间,如果强调味道同煮的一样,招待客人也不失礼貌,能有效打动消费者。雀巢咖啡明确了“即冲即饮”、“味道好极了”的广告定位,成功赢得消费者的认可。

三、产品定位是广告主题的依据

产品定位不是主观臆想,来源于对产品和市场的实际调查。广告主题离不开产品定位，产品定位越明确，广告主题也就越准确。奢侈品的消费者是高收入人士，相应的，广告的场景应该比较奢华，人物装束应该华贵，以突出消费者的身份、地位。

在信息传播过多的情况下，消费者每天要曝露在过多的广告面前，其对广告信息的接受也变得短促。广告不应该强调太多的主题，这样不利于消费者从中提取主要的诉求，主题过多也难以记忆。广告必须筛选商品信息，从中选择构成信息焦点基础的最佳产品定位，以此来诱发消费者的需求，文案撰写、艺术表现、媒介选择等均要以定位为中心，合理组合以扩大主题。

产品定位是广告主题的重要前提与依据，定位确定，广告文案和画面的中心也就相应确定了。恰当的产品定位能引导广告主题，使主题在限定的选择点上深化和延伸，目标集中，概念明确，避免分散与模糊。这种定向与限定能突出个性，使广告显得独特而新奇。

金鹿黑蚊香创意：上当篇

时间：30 秒

创意说明：现在的蚊香大部分是带烟的，不仅人们知道，蚊子都“知道”，而金鹿黑蚊香是无烟的。我们就抓住这一卖点，强调它无烟但仍然杀蚊于“无形”。用蚊子做主角可以更直观地体现蚊香的效果并使广告带幽默色彩。

VIDEOAUDIO

1.（蚊子主观镜头，近景）现代家居景，镜头在硕大的花瓶、茶杯中匀速穿行，边飞边发出自在的嗡嗡声。轻松音乐：蚊子自在的嗡嗡声。

2.（切换，近景）匀速飞行中的两只蚊子突然惊恐地刹车，停在半空中。急刹车声。

3.（切换，特写）一盘黑色金鹿蚊香静静地摆放在居室的地板上，虽然在燃烧，却没有任何烟。

4.（切换，特写）两只蚊子停在半空中，一只蚊子发出疑惑的嗡嗡声。字幕：“没有烟？”蚊子疑惑的嗡嗡声。

5.（特写）另一只蚊子则发出肯定的嗡嗡声。字幕：“假的！”蚊子肯定的嗡嗡声。

6.（特写）两只蚊子得意地奸笑，发出讥讽的嗡嗡声。字幕：“哈哈——”两只蚊子奸笑似的嗡嗡声。

7.（特写）其中一只蚊子正在奸笑，突然觉得有点不对劲，扭头看看同伴，哪知同伴已经掉落地上。

8.(特写)蚊子一阵晕眩,也绝望地跟着重重跌落地上。头上冒出黑蚊香状的白色眩晕光环。蚊子绝望的叫声。

9.(特写)蚊子对着黑蚊香发出了最后的嗡嗡声。字幕:强效无敌蚊子奄奄一息的嗡嗡声。

10.产品标牌。字幕如刻上去的显现:无烟灭蚊,高效。

11.(特写)金鹿黑蚊香静静燃烧,飞过的蚊子一个接一个的重重跌落在地面上。重重的落地声。

12.企业标牌。广告语:金鹿相伴,健康人生。

金鹿黑蚊香创意:无烟篇

时间:15 秒

创意说明:生活中,蚊香如果是有烟的,点久了会很呛,虽然可以驱蚊,但对人的健康有一定的影响,对家居环境更是不好,所以无烟这一优点成为一个很理性的诉求。本片就突出这一诉求,达成销售的目的。

VIDEOAUDIO

1.(近景)家居场景的一角。一盘绿色蚊香被点燃。轻松音乐

2.(特写)蚊香点燃后,一缕白烟袅袅上升。

3.(近景)白烟越来越浓,逐渐充满画面。几个蚊子掉了下来。急促的咳嗽声。

4.(近景)满是浓烟的画面上,出现一行字幕:熏蚊?熏人?男音:熏蚊?熏人?

5.(近景,快镜)白烟快速收拢,倒退回一缕白烟状态。倒磁带声

6.(镜头跟随白烟移动,特写,俯拍)白烟倒退收拢,退回到蚊香内。

7.(特写,俯拍)绿色蚊香头变为黑色,黑色由外沿逐渐取代绿色至蚊香中心。满是白烟的环境也变得干净、无烟。

8.产品标牌。金鹿黑蚊香 9.(特写)金鹿黑蚊香静静燃烧,飞过的蚊子一个接一个的跌落在地面上。重重的落地声。

10.企业标牌。广告语:金鹿相伴,健康人生。

金鹿喷雾剂创意:007 篇

时间:15 秒

创意说明:007 是英国军情六处的传奇特工,以他为题材的十几部影片在世界各地广为流传,其形象也已经家喻户晓。007 为人富

责任感和正义感,枪法精准,惩恶锄奸,维护正义。本片以007的片头开始,以吸引观众的注意。而金鹿气雾剂灭蚊恰似007对付坏人坏事,说明金鹿气雾剂灭蚊准确高效,身手不逊于007。

VIDEOAUDIO

1.(中景)007片头似的画面:一个接着一个的聚光圆圈从画面左边连续出现。白色圆圈中间,一个黑点若隐若现。类似007片头紧张音乐蚊子的嗡嗡声

2.(镜头推近,近景)黑点原来是一只蚊子,而聚光的圆圈则在追逐蚊子的行踪。蚊子的嗡嗡声

3.(切换,近景)一个大的圆圈从画面右边入画,圆圈中,酷似007身影的金鹿喷雾剂闪亮登场。

4.(镜头及圆圈跟随喷雾剂,近景)喷雾剂左边看,右边瞧,不断调整喷射角度。

5.(近景)镜头前似乎有蚊子若隐若现,而喷雾剂突然正对镜头,朝镜头喷了一下。喷雾剂"噗——"的一声。

6.(特写)只听得一声蚊子的惨叫,画面上方正中央,一点红色的血迹顺着屏幕缓缓滑落。蚊子惨叫声。

7.产品标牌。喷雾剂腾空而起,用喷雾器嘴在背景上刻上字幕:金鹿喷雾剂,灭蚊强有力。金鹿喷雾剂,灭蚊强有力。

8.企业标牌。广告语:金鹿相伴,健康人生。

金鹿黑蚊香创意:搜索篇

时间:15秒

创意说明:喷雾剂向四周喷雾好似雷达在进行扫描,雷达发现目标后紧追不放,金鹿喷雾剂发现蚊虫后要坚决消灭它。所以用雷达进行比喻,体现它的高效,准确,快速。而且它不放过任何的蚊虫,威力巨大。

VIDEOAUDIO

1.(特写)雷达的显示屏幕。绿色的扫描线在屏幕上不断搜索。

2.(特写)扫描线突然扫描到一个小点,停住。

3.(特写)画面打开,那个小点原来是一只蚊子。

4.(切换实景,近景)位于扫描线中心的金鹿喷雾剂对准蚊子喷出气雾。蚊子应声而倒。蚊子惨叫声。

5.(叠化,特写)电子屏幕上的小点立即消失。

6.(特写)扫描线继续搜索,碰到两个小点,停住。喷雾剂"噗——"的一声。

7.(快镜,特写)画面打开,小点原来是两只蟑螂。

8.(切换实景,近景)蟑螂感到有危险,正准备逃窜,被喷雾剂逮个正着。

9.(中景)喷雾剂喷出气雾,蟑螂即时四脚朝天。

10.(切换,特写)扫描线继续搜索,碰到一个小点,停住。

11.(快镜,特写)画面打开,小点原来是两只苍蝇。

12.(切换实景,近景)苍蝇立即被喷雾剂杀死。

13.产品标牌。字幕如被喷雾剂刻上去似的显现:金鹿喷雾剂,灭虫强有力。苍蝇、蚊子、蟑螂都纷纷落下。金鹿喷雾剂,灭虫强有力。

14.企业标牌。广告语:金鹿相伴,健康人生。

金鹿黑蚊香创意:入梦篇

时间:15 秒

创意说明:在睡梦里,人最怕被蚊虫骚扰,故我们选取几个有代表性的睡觉的画面,体现金鹿系列产品为人们营造一个宁静、舒适的环境,使人们安然入梦、不受骚扰。不体现功能,而从效果方面将金鹿集团的形象提升到一个较高的高度,所选镜头刻意营造一种安静祥和的气氛,使人们在视觉上得到一种快感,在感性诉求方面贴近观众。

VIDEOAUDIO

1.(全景)现代家居景,秋日的午后,落地阳台门敞开,落地纱窗随微风拂动。隐约的"甜蜜蜜"音乐。

2.(近景)镜头在家具中穿行。洁白的沙发上,一位妙龄少女正在酣睡。镜头盘旋上升,拉远。"在梦里——"

3.(切换,中景)老式庭院的天井,一个鸟笼挂在一旁,笼中的鸟儿静静站立。

4.(镜头摇下,近景)一位老人正躺在旧式的摇椅上,静静地睡着了。摇椅还在轻轻地摇晃。摇椅轻轻的摇晃声。

5.(镜头摇下,特写)摇椅下,一盘黑色蚊香静静燃烧,没有一丝烟。

6.(切换,中景)南方家庭的青草庭院里,树荫下,一位中年男子靠在休闲椅上睡着了。远远的鸟叫声。

7.(镜头推近,近景)他一手拿着杂志,一手搭在胸前,甜甜沉睡在宁静中。

8.(切换,近景)夏日晚上,台灯下,一位男生趴在书桌上,手里还拿着笔,安稳地睡着了。

9.(切换,中景)暖色调的家居环境中,房间里一张双人大床上,一对中年夫妇沉睡在夜色中。

10.(镜头推近,特写)中年妇女的脸上,挂着一丝微笑。

11.(切换,中景)绝白背景,一个粉色的摇篮里,躺着一个胖胖的婴儿,婴儿仰面朝天,睡得很香。

12.(镜头摇下,近景)摇篮旁的金鹿牌电蚊香器,上面的金鹿牌清晰可见。

13.金鹿企业标牌。广告语:金鹿相伴,健康人生。

14.(切换,特写)摇篮里安睡的婴儿,他嘴中吐出一个亮晶晶的泡泡。

第三节　广告主题与题材

一、题材的意义

广告题材是表现广告主题的材料,是确定广告主题的基础。主题是抽象的观念认识,材料则是生动、具体、形象、可以感知的客观事物。材料是文案的物质基础,撰写者应搜集、占有尽可能多的材料。

材料应该根据主题的需要进行认真的提炼和安排,选择那些真实的、具体的、典型的、新颖的材料,用以表达和支撑主题。小白兔儿童牙膏广告,以动画片的形式形象地描写了小白兔吃萝卜、患牙病、刷牙治愈牙病的情节,有力地突出了牙膏的实用价值,也迎合了儿童好奇、活泼、纯真的心理,有力地衬托广告主题。材料应该具体、典型,消费者不会对空泛、抽象材料感兴趣。

材料可能是分散的,不连贯的,但从中可提炼出主题需要的题材。下面以“太太口服液”为例:

在中国古代文献中,“太”显极大之意,“太太”二字叠加,则表示最大,在民间用来尊称已婚女性。在古代朴素的哲学思想中,女性是生命的孕育者,代表了世间万物的神秘起源,因而备受尊崇。

“太太保健’——最早关心中国女性美容保健的专家,始终坚持杰出品质,并不懈将现代科技与传统中医学术的结合带入更新领域。‘太太保健’愿意与人分享成就,以博爱胸襟成为女性知己。

现代女性经常要兼顾忙碌的工作与家庭生活,又要长期面临环境污染及自然老化过程的困扰,容易引起情志所伤,心脾肾虚,导致容颜憔悴。黄褐斑是女性面部常见的一种色素沉着病,由肾亏火旺、血虚不荣、火燥结滞或肝郁气滞所致。

太太口服液采用多种药食同源之物华精炼而成,以改善血液循环,滋养颜面肌肤为主导,从调理女性身体内部机能入手。滋补肝肾,行气活血通络,使面部得到充分精血滋养,延缓细胞衰老,令肌肤柔美润泽,重现青春光彩。

上述材料概括地反映了“太太口服液”的原料、品质、功能及企业对女性的关怀与爱护,广告策划人员可以从中提炼出富有特征的主题思想:男士对太太“挚情长真,永记我心”,在时间的长河中“纵然时空交错,爱令世界常新”。由于策划者把握了产品最本质的内涵,因此在文案创作中主题明确,立意深邃。

太太口服液　求婚篇

广告标题:求婚的好主意

广告画面:一男士送一盒太太口服液给女士,女士感到幸福与喜悦。

广告文案:与她相处已有多年
按法定年龄我们都已超出
而她唉女孩子的心真是一团谜
她究竟还在等什么
在我心中她早已是我的太太
多少次想这么直呼
又恐她窘迫羞恼
今天灵感突发对! 好主意!!
给她一个明明白白的暗示

太太口服液　年终奖篇

广告标题:献给“太太”的

广告画面:一男士深情地注视着自己年轻时与妻子的结婚照。

广告文案:追求她时
她白里透红
而我却一穷二白

婚后我开始
繁荣富强
而她的脸上
却出现了
“幸福斑”
我深信“太太”
能改变一切
好事也能两全
年终我要给她
一份特别的礼
让她来年
重放光彩

广告概括了男士对妻子由初恋到中年的历程，突出并强化了“挚情长真”“爱令世界常新”的主题。

二、正确处理主题与题材的关系

广告题材要主题服务，主题要统帅题材、制约题材。没有题材的主题空泛而没有说服力，没有主题的题材散乱而无价值。可用不同题材表现相同的主题，这样才能千姿百态、富有新意。

“康乐”牌抽油烟机

广告对象：家庭主妇或丈夫。
广告主旨：希望为千家万户排气解难，给人们带来健康和欢乐。
广告标题：“康乐”为我出气。

台湾电饭锅

广告对象：男士。
广告主旨：用电饭锅做饭方便、安全又保温，给太太与家庭带来安全与幸福。
广告标题：给太太一份“安全感”。

还可用相同的题材表现不同主题：

天第矿泉水

广告对象：一般消费者。

广告主旨：表现天第企业对世界污染问题的关注。保护环境，防止污染。

广告标题：让世界更美丽。

天第矿泉水

广告对象：一般消费者。

广告主旨：表现天第关心人类意识的情感。“让我们每天都相亲相近。”

广告标题：让世界充满爱。

“让世界更美丽”和“让世界充满爱”是两类不同的主题，但都是出自同一企业的同一产品的广告宣传，因为它们都源于相同的题材——矿泉水带给世界的“清纯”与“爱心”。

三、广告题材的选择

广告应能引起消费者的注意，给消费者留下深刻印象。广告题材要富有新意、避免雷同。题材应广泛而丰富，为确定主题提供广阔的选择余地。

1. 与人们身体健康有关的题材

人们愈益重视健康，期望食品能增强体质、延年益寿、环保。

一天一个，健康快乐——西德苹果

自然的饮料，自然的选择——绿得饮料

活力之源，健康之本——芦笋健口服液

2. 与儿童的成长和生活有关的题材

儿童是未来和希望，独生子女家庭增多，儿童用品需要加大，消费者对儿童用品的要求也相应提高，要求安全，方便。

千万不要让孩子输在起跑线上，孩子即使再健康也要常规补血——贝贝血宝

宝宝穿的开心，妈妈选的满意——舒儿纸尿布

望子成龙——小霸王学习机

3. 与人们的经济利益有关的题材

突出地表达广告商品给消费者带来利益。

走过一半人生路还是爱迪达——爱迪达运动鞋

一种品质,两样价格,您当然选择合理的——成牌建筑磁砖

七喜汽水与我同行大赠送——七喜汽水

4.给人们提供舒适愉快的题材

追求生活的舒适与愉快,不断提高生活的质量,广告诉求应该避开纯物质需求,追求生活的丰富、有情趣。

只要你拥有春兰空调,春天就永远陪伴着你——春兰空调

北京飞利浦,唤起您温馨的回忆——北京飞利浦音响

天生丽质,一流服务——白天鹅宾馆

5.有助于促进人际交往的题材

经济、政治和文化等社会活动都需要通过群体的组合、信息的交流和情感的沟通来实现。以人际交往为题材,易于达到说服效果。

孩子孝,爸爸笑——台湾刮胡刀片

讨好爸爸,要有心思——曼克顿恤衫

威力洗衣机,献给母亲的爱——威力洗衣机

好东西要与好朋友分享——麦氏咖啡

6.给人以美的感受的题材

爱美是人的天性,人们创造物质财富,不仅追求物质享受,也能从中得到美的享受。随着生活水平的提高,人们对人体美、环境美的追求已超越物质。化妆品、服装等商品的广告应该注意渲染美感。

美的使者,美的天使——华姿化妆品

人头马一开好事自然来——人头马 XO

您并没有越来越老,您越来越娇——洗肤乳液

长夜如诗,衣裳如梦——兰薇儿春夏睡衣

青春形象,时代趋向——雅宝石英表

7.给人以安全感的题材

生活之中,意外在所难免,人们日益关注生命与财产安全。防盗设备、交通工具、保险机构、药品等商品常以此为题材,掺杂说服与诱惑,满足消费者对安全感的需要。

住手——防盗门广告

当天气最恶劣的时候,就是 NECO 表现最出色的时候——NECO 船用公司自动操舵机

绝对安全的日本生命——日本保险公司

有我安乐土长在,肠虫休想再作恶——安乐土驱肠虫药

8.与人类情爱有关的题材

情爱崇高、优美、神奇，是艺术永恒的题材，也是易于打动人心的广告诉求。使用情爱题材，能给人带来如诗如画的美好的心理感受。

当太阳升起的时候，我们的爱天长地久——太阳神口服液

一写钟情——钢笔广告

像初恋般的滋味——日本渴而必思饮料

款款温情爱意，触摸温柔的你——亚都加湿器

爱过才知情意浓，用了都说爱情好——爱情多美好——声宝牌洗衣机

9.激发人的自尊心和自爱心的题材

消费者的购买动机十分复杂，自尊、求荣、求名等显示地位和声望的动机日益突出。一般地说，商品的价格和使用价值是影响购买的主要因素，但在现代社会中，追求趋时，显示富裕，超越他人，提高自己身份与地位的消费心态相当普遍，广告诉求也应适当迎合这一需求。

名门淑媛，名品新姿——意大利女皮鞋

最令人陶醉的瑞士名表——瑞士手表

王者享受，享受之王——苏格兰威士忌酒

明星风采，俊雅不凡——香港雪亮高级眼镜

轿车的高雅气派，名流的身份地位——美国速克达摩托车

10.给人们以方便快捷服务的题材

时间就是金钱，就是效率。商品应使用方便、节省时间，这方面的诉求容易打动消费者。

您要租车，请拨电话30189——出租汽车公司

长途电话是回家最短的路程——贝尔电话公司

手提电脑效能广，随时随地可应用——IBM手提个人电脑

六十秒举手之劳，永葆青春美发——美国克列莱护发膏

你只要压一下按钮，其余的事由我负责——全自动照相机

11.给人们作出具体的承诺的题材

消费者购买高档家用电器、精密仪表时，希望得到厂家的许诺或保证，以确信商品质量可靠，使用放心。广告诉求可针对这方面的消费心理，突出保证以消除消费者的后顾之忧。

买上菱就是买放心——上菱电冰箱

10 000次撞击，精工表依然准确无比——精工石英表

一万个证人——日本雄狮牌洗衣粉

在四十八小时内把服务送到世界上任何地方——美国卡特彼勒拖拉机公司

12. 与提高企业形象有关的题材

良好的企业形象有助于提高产品的市场占有率，广告可根据具体情况，或树立企业在行业内的先驱者形象，或突出企业强而有力的市场销售地位，或渲染商品是扬名四海的品牌，以增进消费者对企业的亲切感。

我们的产品是进步——通用电器

不断创新的现代化银行——香港万国宝通银行

17 万挪威人买了它——挪威沃尔沃汽车

600 岁五粮液，万世流芳——五粮液酒

瓷器，您的名字叫中国——中国瓷器

海尔，中国造！——海尔电器

坚持正派，让您的钱财更安全——信托银行广告

广告创意不同于创造、创作与创新，创意不是个人主观意志的表现与发挥，而要传播信息，是企业营销活动的组成部分。广告中的创意以市场为目标，以消费者为中心，为企业的战略目标服务。广告创意应该倡导观念，树立形象，创造经济效益和社会效益。创意的新颖动人是广告设计成功的标志，创意水平的高低代表广告公司的实力，许多公司不惜重金聘请创意人才。

第一节　广告创意的内涵和流程

创意像爱情一样不可分析，广告创意具有神秘性和抽象性，但无法抽象成公式。创意是一个点子，一个主意，一种观念。奥格威说，要吸引消费者的注意力，同时让他们来买你的产品，非要有很好的点子不可，除非有很好的点子，不然广告就像快被黑夜吞噬的船只。奥格威说的“点子”，就是“创意”。好点子往往能给广告带来意想不到的效果。

一、对广告创意的不同理解

1. 国外对广告创意的理解

国外学者很少直接界定广告创意的内涵，较多描述广告创意的外延，从界定创意的广告这一角度去理解广告创意。

DDB Needham认为：优秀的广告创意必须具备三个要素：相关性（reevance），原创性（original）和震撼力（impact）。相关性强调广告和目标受众的相关度——无论广告创意如何得到客户认同，如何符合广告的预算，如果传达的广告信息不符合目标受众的需要，无法引起目标受众的共鸣，就不算成功的广告；

原创性指广告创意是创造性活动，与艺术创造、科学发明相似，注重独创性；震撼力指广告创意必须关注广告效果——实现市场策略。

Jonathan Gabay 在 *copywriting* 一书中提出“AIDCA”概念——有效的广告创意必须具备吸引(Attractive)、有趣(Interesting)、值得(Desirable)、诚信(Convincing)、行动(Actronable)等特征。[①]

J. O Toole 认为广告创意是一闪而过的想法，这种想法切合市场策略目标，结合产品的优势和消费者的偏好，以新奇的方式展示，使主题富有生活趣味，能吸引受众接收广告信息[②]。

Edward A. McCabe[③] 把广告创意描述为“使消费者震撼和感动的简单”，这种简单和直接的力量就是传递商品的品牌形象，使广告富有感染力和说服力。Shirley Polykoff[④] 也说：“用立体思考，用平面表述。”[⑤]

奥美广告则认为，广告创意是“传达信息的方式”[⑥]。“方式”这种提法强调创意是一种表现形式，“传达信息”暗示创意必须包含市场诉求。奥美认为，创意是市场策略和艺术表现相结合的产物。

2. 国内对广告创意的理解

笔者是国内较早关注广告创意的人，1989 年，笔者在《广告写作艺术》一书中认为：“创意是指分析事物的出发点，是表现事物的手段，也是指点子、构思、念头等”，认为创意也是一种“艺术手段”[⑦]。笔者认为广告创意不仅是构思和念头，还是艺术手段。1994 年，苗杰把广告创意划分成广义和狭义两个部分，狭义的广告创意是“广告艺术创作，主要是艺术创造”，广义的广告创意指“广告中涉及创造性领域的所有问题”。

魏超认为，艺术派和策略派是广告创意的两大派别，艺术派认为广告创意是艺术表现形式，策略派认为创意是点子和策略。魏超强烈主张将广告创意“划分

---

① J. Jonathan Gabay *copywriting* UK, Hodder Headline Ltd. 2003, p7.

② Rassiter, J. *Advertising communication and promotion management* McGraw-Hill Book co, 1998, p180.

③ 纽约 slove 广告公司的执行创意。

④ 纽约广告协会成员。

⑤ Rassiter, J. *Advertising communication and promotion management* McGraw-Hill Book co, 1998, p180.

⑥ 宋秩铭、庄淑芬等著：《奥美的观点》，企业管理出版社 1997 年版，第 159～160 页。

⑦ 陈培爱：《广告写作艺术》，中国对外经济贸易出版社 1990 年版，第 24 页。

为广告表现，与广告策划彻底分开”[①]。这里的“广告表现”指艺术的表现形式，魏超认为广告创意是一种艺术表现形式。

二、广告创意是市场策略和艺术表现的结合体

广告创意是艺术表现形式与市场策略的结合体。广告创意通过构思、创造表现主题思想，能用情感打动受众，所以说是一种艺术表现。创意能使广告主题深化、艺术化和主体化，是确立和表达主题的创造性思维活动。创意成功，广告作品的内容和形式都会焕然一新，具有强烈的感染力和感召力。创意必须摆脱旧经验和旧观念的束缚，多角度地思考、发掘新的观念，抓住灵感营造氛围、创造意境。

创意是将“原来许多旧要素作新的组合”，李奥·贝纳认为：模糊不清的所谓创意的真正关键，是如何用有关的、可信的、品调高的方式，在事物之间建立一种新的有意义的关系之艺术。而这种新关系可以把商品某种清新的见解表现出来。“旧要素”指构成广告的现成材料——产品的形状、色彩、性能、质地、用途、制造工艺及与产品有关联的人与事，广告决策中的观念和情感等，在这些材料中“建立一种新的有意义的关系”，即是“作新的组合”，借助想像，有机组合散乱的材料。西部牛仔与香烟原无关联，万宝路广告推出之前，人们看见西部牛仔并不会联想起万宝路，因为这两种事物没有联系。万宝路广告推出后，粗犷彪悍的西部牛仔便意味着万宝路。李奥·贝纳广告公司的万宝路香烟创意被誉为伟大意念。

伟大意念首先要有独特的、出人意料(甚至是惊人)的表现方式，以突出产品的优点及其与消费者的关系。这种表现手法必须令竞争者难以模仿，使消费者一见便可识别。创意必须持之以恒，不可中途改弦易辙，才能取得最佳效果。表达手法必须简洁清楚、制作精湛，必须亲切自然，注重情感的沟通与抒发，使消费者无法忘怀。

广告实践说明，广告创作过程是对现实进行抽象的过程，广告创意的核心任务是提炼独特推销主张，围绕主题把推销对象观念化、情感化，最大限度地打动和说服消费者，这需要多种想像力和表现能力。

广告创意还是市场策略在广告主题中的创造性表现，围绕市场策略展开，富有感染力。作为营销中的环节，广告要为市场目标服务，创意应当考虑市场策

---

① 魏超：《creation 和 idea——广告创意概念研究述评》，《河北经贸大学学报》2003 年第 3 期。

略，不能只满足于作为单纯的艺术表现形式。J. O Toole 明确指出，广告创意应该蕴含市场策略的目标[①]，DDB Needham 强调创意的广告效果，强调广告创意对市场策略目标的实现程度[②]。广告创意也是艺术表现形式，强调原创。广告创意要使消费者产生共鸣，进而实现市场策略，必须依靠广告创意与众不同的表现形式，"使主题富有生活性，使读者或是听众停下来看和听广告传达的信息"[③]，这种与众不同的表现形式就是艺术表现形式。

广告创意通过媒介创造性表达市场策略，包括两个方面内容，一方面，广告创意是市场策略的具体反映，要有效传递市场讯息；另一方面，广告创意要综合考虑媒体和消费者，创造性地演绎和表现市场讯息，吸引消费者关注并使之乐于接受。

创意并不限于创意部门，广告各环节、各部门都能参与。台湾奥美说"创造力是我们行业的活力和根源，它存在于我们组织与客户作业的每一个环节"[④]。例如，媒体环节的创意是媒介部门根据传播时机和预算的需要，创造性地优化媒体组合，决定最佳媒体发布时间，等等。随着媒体传播方式的多样化以及传播时机对广告效果影响的增加，媒体创意在广告创意中的作用越来越重要。

三、广告创意的流程

广告创意的主要任务是创造意境和塑造商品个性，为广告主题服务。影响广告创意的诸要素中，创意人员最关键。创意人员是创意中唯一具有能动性，能进行思维，能对客体进行分析研究，甚至于重新组合以至再创造的因素。商品、消费者和竞品广告等相对于广告创意人员的其他因素是广告创意的客体，是创意分析研究的对象，是创意的依据。

广告创意要确定说什么、对谁说、如何说，搜集广泛而准确的统计资料，取得各要素的生动、形象、准确的集中映像，然后进行形象的再创造。

(1)收集。广告创意始于对广告商品、消费者及竞争广告的考察。创意要在资料的基础上进行细致的统计调查并融会贯通。

---

① Rassiter, J. *Advertising communication and promotion management* McGraw-Hill Book co, 1998, p203.

② Wells, W. Bumett, J. *Advertising principle and practice* Prentice-Hall Inc., 2000/1989, p287～373.

③ Wells, W. Bumett, J. *Advertising principle and practice* Prentice-Hall Inc., 2000/1989, p287～373.

④ 宋秩铭、庄淑芬等著：《奥美的观点Ⅱ》，企业管理出版社 2000 年版，第 11 页。

(2)分析。韦伯·扬认为广告创意是对旧要素进行新的组合,组合应使旧要素相互渗透。旧要素指已收集的各种要素的资料,新的组合有两层含义:有机组合这些要素,形成对商品、消费者的映像;这些映像形成新的意念。广告创意始于对各要素的分散的、独立的考察,新的组合是广告创意从分散的"点"走向聚合的"意"的过程。

(3)思考。调查分析有关资料后,在思考、酝酿、综合的基础上勾勒创意形象。这一阶段主要对已有映像进行形象的再创造,创意过程中会出现许多新的创意,应注意记录每一个灵感。

(4)评定。比较、提炼、深化、成型与完善创意方案,这是创意的最后阶段。经过多方研究与评定,认为该创意符合广告总体策划与目标的要求,就可以进入广告的表现阶段。

参与创意的各部门成员必须协调工作、默契配合,各种要素的映像才能如同涓涓细流,在由人组成的创意主体中流动,进行新的组合,直到创意脱颖而出。

中华牙膏电视广告

北京,一个温馨而古朴的四合院。一个中年男子正要出门远行。

打开的衣箱,内有一个盒装的面人孙悟空(特写)。优美的音乐声将主人公(中年男子)带进难以忘怀的童年回忆中……

一声悠长的"换面人!"的吆喝声。

仍然是这个古朴的四合院。还有雄伟古老的北京前门,一个老人正在用牙膏皮等物换面人。儿时的主人公听见吆喝声,急忙将未用完的中华牙膏挤在三把牙刷上,拿着牙膏皮去换面人(孙悟空)。

回忆结束。旅行箱中小面人的特写镜头,中年男子拿起牙具(突出中华牙膏),放进旅行箱,合上箱盖,提起走出……

画外音:"四十年风尘岁月,中华在我心中。"

这是一则典型的提示性广告。作者意在以中华牙膏40年的悠久历史来提醒消费者别忘了"中华",以"中华在我心中"唤起消费者的爱国之心。广告的主题十分鲜明——突出产品的悠久历史和传统声誉,巩固产品在消费者心中的地位。

广告的创意始终围绕主题,造型上,以"牙膏皮换面人"的细节展现中华牙膏的悠久历史;意境上,用古朴的四合院和雄伟古老的前门作背景,与现实形成鲜明对比,配合以画外音,说明产品超越时空的卓著声誉。画面表现的温馨令人难以忘怀,激起消费者的感情共鸣。

第二节　广告创意的产生过程

一、创造性思维是广告创意的源泉

1. 创造力的定义

创造力的英文单词是“creativity”，源于拉丁文“creare”，指“创造、创建、生产和造成”①。《韦氏字典》解释为：“创造力即创造能力，是指智力的开发”。《现代广告学》论及创造力时指出：“创造力是将过去毫不相干的两件或更多的物体或观念组合成新的东西等能力”②。由此可见，创造力是创新、生成的能力，组合两种毫不相关的东西形成新事物。

创造力是人进行创造活动的能力，其形成与发展以知识经验为基础。德雷夫达尔认为：“创造力本身包括根据已知信息重新组合系统的能力，把已知关系运用到新场合中建立新型关系的能力。新颖性和独创性是其基本特征”③。

创造力的核心成分是创造性思维④。吉尔福特在《智力结构论》一书中说：“由发散性思维表现出的行为代表了一个人的创造力”⑤，他同时指出“创造性思维的核心是发散思维”，认为创造性思维是创造力的重要因素。

2. 创造性思维概述

创造性思维是思维活动的高级过程，是各种思维形式的高效综合作用，是创造活动的基础，也是科学思维的本质特征。创造性思维在个人已有经验的基础上发现新事物、创造新方法、解决问题⑥。创造性思维具有三个维量：流畅性、交通性和新异性。流畅性指能产生许多符合要求的解决方案，交通性指变换研究角度的能力”，新异性指产生不寻常解决方案的能力。创造性思维不是单一的思维形式，而是以各种智力因素与非智力因素为基础，在创造活动中表现出来的，

---

① 柳友荣主编：《现代心理学基础》，安徽人民出版社 2003 年版，第 153 页。

② 威廉·阿伦斯：《现代广告学》，华夏出版社 2001 年版，第 347 页。

③ 柳友荣主编：《现代心理学基础》，安徽人民出版社 2003 年版，第 151 页。

④ 柳友荣主编：《现代心理学基础》，安徽人民出版社 2003 年版，第 151 页。

⑤ 鲁忠义：《广告创意的心理学理论与方法》，《河北师范学院（社会科学版）》1997 年第 2 期。

⑥ 汪安圣主编：《思维心理学》，华东师范大学出版社 1992 年版，第 176 页。

具有独创的，产生新事物（新成果）的高级、复杂的思维活动。其本质特点是开拓和创新，其过程是“在已有的基础上，吸收新的信息进行分解，组合和加工，最后达到新的发现、新的突破”[①]。

（1）创造性思维是协调运用多种思维方式解决现实问题的一种思维活动。

（2）创造性思维是建立在个人已有的知识和经验的基础上的。

（3）创造性思维的本质特征是产生创新性的解决方案和成果。

3. 创造性思维是多种思维形式的统一

创造性思维是多种思维形式的协调统一，其中，发散思维是创造性思维的核心，与形象思维、垂直思维等其他创造性思维综合运用，构成创造性思维的组成部分。

（1）发散思维是创造性思维的核心。

（2）创造性思维活动更喜欢综合运用多种思维。

（3）创造性思维中的各种思维在不同问题的解决中处于不同的主导地位，逻辑思维和发散性思维适合开拓新市场时的广告创意和具体的广告创意，开拓新市场时的广告创意更注重逻辑思维，具体的广告创意更倚重于发散性思维。

二、广告创意的产生过程

广告创意必须“以真为本”，不了解产品和市场，不分析研究产品的特征和市场的变化趋势，创意就无法开展想像，无法使用模仿、集思广益及创造性的思维方法，有效、准确地传达广告信息。

1. 创意来源于市场调查

社会环境、产品生产、产品交换、产品特征、企业情况、目标市场、消费群体等是广告创意要把握的具体对象，对这些对象的了解从感性认识开始。经过调查研究，收集了丰富充足的素材，再经过综合分析，感性认识才能上升为理性认识。脱离具体感性的材料，广告创意就成了虚构之物。广告创意从产品的质量、特征、用途、包装等情况中选择最能反映产品本质的材料，经过联想，使其变成具有促销能力的艺术形象。

2. 创意来自于模仿

优秀的广告创意常给人留下深刻印象，分析、借鉴这些优秀创意，能得到创新的灵感。记忆的痕迹会转化成潜意识的模仿，有了丰富的学习经验，广告人在创意时可能倾向于喜欢的创意表现形式，模仿巧妙，常会事半功倍。

---

① 张永声主编：《思维学》，江苏科学出版社 1988 年版，第 163 页。

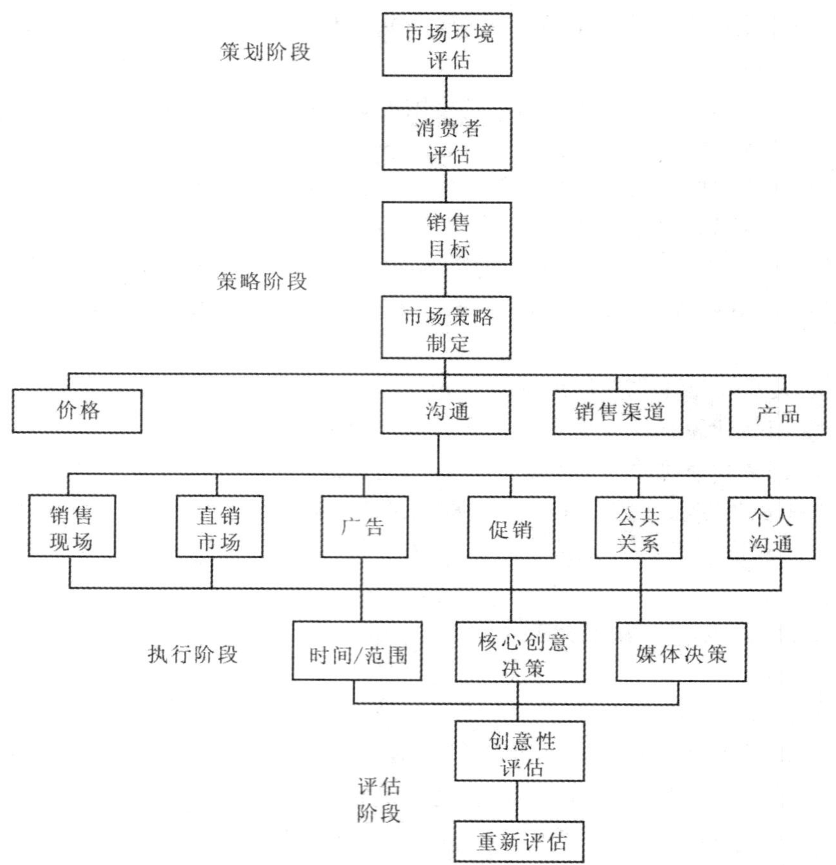

图广告创意活动在市场策略中的位置一览表

资料来源:Rassiter, J. *Advertising communication and promotion management* Singapore, McGraw-Hill Book co.(2002)p287.

模仿必须创新,把新概念、新形象融进旧模式中。模仿只是起点,终点应是具有个性的创意表现。王尔德说:第一个用花比喻美人的是天才,第二个再用的是庸才,如果第三个人还去用那简直是蠢材了。

3.广告创意来自集思广益

集思广益是一种思维方法。使用这一方法,创意小组成员围绕主题畅所欲言,放开思路,激发每个成员的创意,收集所有设想和灵感,严禁批评及反对意见。因为有时看似不管用的意念,可能激发其他成员新创意,或是刺激其他成员从新角度去看问题。

DDB 广告公司为“旅行家”手提箱制作电视广告。该旅行箱的特色是结构坚固，外壳可抵受任何碰撞冲击，而箱内物件毫无损伤。创意中，有人提出各种假设：旅行箱自高空扔下，被汽车以高速撞击，或意外地被抛出行李车厢外等。接着有人提出展示旅行箱内物体保护妥当的具体方法——以鸡蛋这样的易碎之物来展示旅行箱的坚固诉求。广告创意应运而生——采用纪录片叙事法，以远景拍摄一部直升机从数千英尺高空将旅行箱抛下，近景拍摄该箱撞地，丝毫无损。随后一双手打开箱子，箱内衣物中藏放一枚鸡蛋，鸡蛋特写镜头，清晰可见完整无损，并未受撞击而破裂。

广告创意出乎意料，受注意的机会也就越大。广告也不能只有标奇立异，除引起注意，还要给人好感，使人敬而远之就得不偿失。集思广益应比较各种表现手法的优劣，从中选出最能突出产品独特性的，这样广告创意已能把握方向及形式，仅需润饰细节。

4.创意来自创造性思维

思维犹如航船，可顺流，可横渡，也可逆流。广告创意要在掌握大量材料的基础上，运用创造性的思维方式得到思维成果。

(1)垂直思维。垂直思维也称纵向思维，是传统的思维方式，是连续式的定型化的思维模式。垂直思维的范围比较窄，思维路线受较大的限定，多依靠知识和经验，容易落入俗套，难以出新。

(2)水平思维。水平思维又称横向思维，是心理学家和广告大师提倡的思维方式。水平思维打破传统思维模式，从非连续的水平方向推进思考建构新概念。水平思维的通常方式是：由头脑激荡法筛选出意念，水平方向多点推进，设计多个方案，补充完善，找出最佳诉求点。水平思维可以弥补垂直思维的不足，两者综合互补，在双向的交叉点上往往能产生创意。

(3)逆向思维。逆向思维违反常规、出奇制胜，符合相反相成的规律。利用逆反心理，有意识地脱开习惯的思维轨道，往往会得到意想不到的效果。

(4)联想思维。联想指由一事物联想到另一事物的心理过程，包括由当前感知的事物想起另一有关的事物，或由想起的事物连锁地想起其他事物。联想是想像的一种，可以使广告内容转化为生动的艺术形象。广告创意必须调动消费者的联想，加深其对广告的回忆。广告创意过程中，接近联想、相似联想、对比联想、关系联想等联想方式使用比较广泛。

接近联想。联系时间、空间上接近的事物，形成固有的条件反射。春节来临，广告就宣传送礼，这是时间接近而产生的联想广告。反复播放长城的雄伟影像与长城饭店的外观景象，因为空间接近就能刺激消费者产生联想，借长城的形象加深消费者对长城饭店的印象。

相似联想。类比形似、义近的事物，可以形成相似联想。相似联想的领域广泛，更富于表现力。白雪与人的高尚情操相似，化妆品可以让人联想到青春、美丽，等。

对比联想。联系两种对立的现象，也能产生联想。对比能加深消费者的记忆，使人难以忘怀。由白天想到黑夜，由慢想到快，由香想到臭等都是对比联想。

关系联想。关系联想指从事物间的关系联想起别的事物。茶叶与健康、药品与长寿、文具与知识、灯具与光明等都能启发消费者的因果想像。

合理使用各种联想形式，有助于广告创意向深度和广度发展。着力创造耐人寻味的联想意境，是广告获得成功的重要手段。

三、广告创意的制约

从经验决策转向科学决策是现代广告最显著的特征之一，科学决策讲究“制约形态”，包括产品、市场、目标消费者、竞争对手、媒介、表现手法等，这一系列要素组合成广告策划，限制了创意的“主观”和“自由”，是创意的出发点，也是创意的依据。

(1)产品是广告创意的客体。创意先要了解产品的设计、性能、用途、品牌、商标、包装、价格、档次等，还要注意商品生命周期的状况，是处于投入期、成长期、成熟期还是衰退期。产品的这些客观特征共同构成产品印象，明确这一印象市场定位的前提，是广告创意的立足点。

(2)消费者是广告创意定向的关键。广告创意的定向的任务就是根据产品特点确定消费者，从消费者群中筛选出最主要、最集中的层次，了解其收入、年龄、性别、职业、教育、生活环境及民族习惯等人口统计资料，进行心理统计，以确认目标消费者。心理统计资料包括消费者心目中的产品可信度、方便程度及适合程度等，以及消费者对品牌的偏爱度、购买动机和目的。创意人员对消费者群体的印象与产品概念共同构成驱动创意的主要“信息流”。

(3)竞品广告的制约。市场上同类产品众多，这些产品功能、特点相似，目标消费群体也相似，广告难以体现独特的销售主张，必须分析广告自身与竞品广告的优势和劣势，扬长避短，寻找于己有利的创意诉求点，细分市场，缩小目标，树立广告产品的市场地位。

(4)广告总体策划的制约。广告策划从特定的产品、特定的市场、特定的消费者出发，选择与确定广告的目标、主题、创意、媒介、表现技巧等相关策略，为企业营销方针和营销策略服务。广告策划深刻影响广告创意，规定广告创意的方向、方法与内涵；广告创意是广告策划的组成部分，有利于促进与加强广告策划。

(5)媒介特征的制约。广告媒介不同,其表现特点不同,有的媒介以画面感染为主,有的媒介以文字诉求为主,有的媒介以视觉形象为主,有的媒介以听觉感受为主,创意要考虑媒介的主要表现特征,确定最佳的创意方法。

(6)表现手法的制约。海阔天空式的创意可能受设备、制作和材料的限制而无法体现。表现时忽视整体配合(如编排设计、字体与画面选择等),创意也会失去魅力。实施时,背景如果能起到良好的衬托作用,广告才能鹤立鸡群,创意也才能得到充分体现。

(7)广告人自身素质的制约。广告人的智慧是广告公司的财富。韦伯·扬认为"真正的广告人"是"具有知识技术、经验以及洞察力,能说服广告主使用广告去完成他的目的,并能有效地去执行,使广告能达成这些目的的人"。

广告人必须具备市场学、传播学、营销学、心理学、社会学等各方面的知识,熟练分析市场统计资料,从中认识产品与消费者,广告人应拥有出色的形象思维能力与抽象思维能力,具备对市场动向敏锐的感受力和对消费者心理的深刻洞察力,熟练掌握和正确运用创意的思考方法、技巧,养成在总体策划下按总体创意进行视觉化创意的能力。

第三节　广告创意的表现风格

广告创意是创造性思维活动,界于科学和艺术之间,往往用科学思维增强艺术的实用性、针对性,用艺术手法为科学增添生动和真实,广告创意要善于将抽象的产品概念转换为具象而艺术的表现形式[①]。在抽象与具象之间,艺术是一座桥梁,研究广告创意必须从艺术技巧入手。

一、浪漫主义:广告创意表现的惯常法则

浪漫主义是艺术流派,也是基本的创作方法。作为启蒙主义思想的延续,浪漫主义在18世纪90年代——19世纪30年代达到鼎盛。浪漫主义反对新古典主义宣扬的理性,把情感和想像放在首要位置,主观是它最本质特征。"个人与

① 丁邦清、程宇宁:《广告创意——从抽象都具象的形象思维》,中南大学出版社2003年版,第6页。

社会的对立往往使浪漫主义作家们在幻想里讨生活"[1]，浪漫派作品不同程度带有主观幻想和自然崇拜的特征。

浪漫主义的兴起顺应了资本主义社会上升时期社会大众对文化的需要，而浪漫主义手法在广告中的大量运用也使广告的最基本功能得以发挥。现代广告诞生于资本主义工商业高速发展的20世纪初期，代表大众性消费文化，这种文化的背后是消费欲望。浪漫主义风格的广告"把人们对美好东西、生活、理想和价值的憧憬、向往、热爱等等情感转移到商品中去"[2]，"它切中了人们无意识中的种种欲望模式，这就是广告作为'美丽的谎言'一再得逞的奥秘"[3]。广告为人们描绘理想生活和完美人生，激励人们努力。但浪漫风格广告脱离现实的幻想，带来形式主义、拜金主义和奢侈攀比之风，引发了社会对广告文化的反思。

浪漫主义的广告创意思想在深刻影响中国的广告。上世纪80年代初，中国广告人基本上从艺术家转行，带来用艺术眼光看广告的惯性思维，注重广告设计和形式。80年代末，广告界又掀起"科学"与"艺术"之争，"艺术派"理论基础是浪漫唯美主义美学原则。"白马广告"用构想出的美好意境代替司空见惯的现实世界，以满足人们因开放而激发的渴望，成为80年代末90年代初中国大陆广告创意的主导倾向[4]。80年代末开始的"明星代言"和90年代中期盛行的"奇招异术"夸张之风，都是浪漫完美主义广告风格的体现。今天，房地产、汽车广告中仍然可见这种风格的创意。

二、写实主义：在真实意境中传达个性诉求

在西方文化发展史上，写实主义（文学史上称"现实主义"）是与浪漫主义紧密联系，但又明显区别的文艺思潮。

1. 写实主义

作为创作技法和思维方式，写实主义拥有古老的源头，古希腊的"摹仿说"、文艺复兴时期的"人文主义"、17世纪"巴洛克"风格画派以及18世纪的"启蒙主义思想"中都闪烁着"写实主义"的光芒。

1850年左右，法国画家古斯塔夫·库尔贝把个人画展命名为"写实主

---

① 朱光潜：《西方美学史》，人民文学出版社1979年版，第727页。

② 孙英春：《大众文化：全球传播的范式》，中国传媒大会出版社2005年版，第113页。

③ 杰姆逊著，唐小兵译：《后现代主义与文化理论》，陕西师范大学出版社1986年版，第203页。

④ 余虹、邓正强：《中国当代广告史》，湖南科学技术出版社1999年版，第97页。

义——G·库尔贝”,“写实主义”成为欧洲新型文艺风格的标记。在艺术上,法国写实主义绘画“不再热衷于在神话和历史中寻求灵感,而是全力在直面现实或贴近自然的过程中发现美的本身”①,其风格明显不同于浪漫主义,米勒、卢梭、杜米埃是其代表画家。同时,英国的“拉斐尔前派”和俄国的“巡回画派”也坚持“美即生活”的美学理念,力求真实、客观地描绘自然及社会生活。文学上,司汤达、巴尔扎克、福楼拜等一大批现实主义作家借典型化的事实无情批判资本主义社会的人际关系,与浪漫主义偏爱历史题材,写不平凡人不平凡事,表现伟大思想形成鲜明对比,“现实主义作家直接取材于普通的日常生活,有意识地展现日常生活的平凡画面和描写社会下层人物”②。

浪漫主义转向写实主义代表着19世纪西方社会文化和思维方式的巨大转变,“从耽于理想到注重实际,从奔放的热情到冷静的理性,从主观的虚构到客观的观察,从要求个性解放到重视社会问题”③。无论是文学、美术、音乐,还是戏剧、雕塑,写实主义都反对浪漫主义文学中过于理想化、主观化的描述,以真实人、平凡事展现深刻的内涵和伟大的感情。

2.写实主义与广告

广告是一种实用性很强的社会文化活动,是工业时代和大众消费社会的产物。带有理想主义色彩的广告创意顺应了人们渴望完美的心理追求,不断刺激消费者的消费欲和自我满足欲,以达到产品销售之目的。随着物质的充裕和大众消费能力、思想意识的提升,人们开始冷静、理性地看待现实生活,泛滥成灾的叫卖式、理想化广告不再吸引目光。

与理想主义、浪漫风格的广告相比,写实风格的广告最大的不同就是真实。写实风格的广告用普通人取代专业模特或明星,用一般生活场景代替虚拟环境,用近乎口语的语言取代书面化、文学式的语言。写实风格的广告中较少设计技术加工的痕迹,用真人、真事、真景、真情表现个性化的产品和品牌形象。

(1)用平凡人物取代专业模特。一般广告多选择外表、气质上佳的人物形象,以此展现产品的美,使受众把对模特的爱慕之情转嫁到产品上。写实主义风格广告喜欢展现真实普通的面孔。写实风格广告的模特不刻意装扮,以生活的本来面目出现;他们或者是产品的使用者,现身说法;要么是对产品的潜在消费者。用户证实型广告喜欢使用平民视角,容易拉近与购买者的心理距离,表达出

---

① 丁宁:《西方美术史十五讲》,北京大学出版社2003年版,第410页。

② 张志庆:《欧美文学史论》,科学出版社2002年版,第150页。

③ 张秉真、章安祺、杨慧林:《西方文艺理论》,中国人民大学出版社1994年版,第415页。

产品效果的普遍性。

(2)用现实生活取代虚拟空间。受浪漫主义思想的影响,一些广告主,如房地产公司,总是用虚幻、美好的效果图,或者过分渲染优点给消费者无限联想。写实风格的广告中,现实的生活场景,大街小巷、公共场所、普通家庭取代摄影棚、外景等虚拟空间,使人身临其境。写实风格广告的场景中一般不出现产品形象,而是借助环境与产品特性的相关性间接表现。

(3)用通俗口语取代文学语言。语言是广告中的重要符号,在解释画面、表达创意方面的作用不可忽视。与真实的人物形象、广告场景相配合,写实风格的广告语言也很有特色。首先是文风通俗、朴素,常用近乎口语、方言的语言形式取代文学化、程式化的广告文案,如"体质好,不得了"(食品广告)、"没有速度,什么动作都白做"(耐克)、"味道好极了"(雀巢咖啡),使消费者容易记忆。其次是字体、编排随意,有些广告(主要是针对年轻人)用不整齐甚至潦草的手写体、美术体代替常规的电脑字体,文字位置不固定,排版无章法。

(4)用如实展现取代加工处理。浪漫主义风格的广告中,出现的具体物品都被作者的灵感和想像虚拟化,按照人的意志进行加工,随着电脑设计技术的成熟,广告作品中的实物更是被无限扭曲。写实风格的广告中,实物形象被真实、客观地复制出来,但一般不出现产品形象,常利用实物与产品的相关性作为创意,正如写实风格绘画用现实的世界表现作者心中世界一样。

(5)用平实真切取代完美和谐。漂亮的人物,美好的环境,再配上优美的语言,浪漫风格的广告为消费者营造出理想、完美的梦幻意境,这种创意手法符合中国文化和谐、均衡、抒情的特点,也迎合了多数消费者对未来美好生活的期待和向往。写实风格广告正好相反,表现产品或品牌概念时不使用模糊、不掩盖矛盾,创意没有约定俗成的格式,甚至刻意破坏画面的协调,寻找意想不到的效果。

三、写实风格广告创意的应用研究

写实风格广告创意的出现顺应了中国社会急剧转型时大众的心理需要,其存是个必然。抽取"2005 年龙玺"、"2004 年 one show"、"2004 年广州日报杯"、"第十届中广节"等 4 次国内外广告大赛的平面类获奖作品作为分析样本,按照前面对写实风格广告创意特征的界定,统计出 4 次大赛获奖广告中的写实类创意作品。结果显示,写实风格广告的数量不多,但分布在各个奖次中,渐成气候。

表 1 本文分析样本统计

	2005 年龙玺	2004 年 one show	2004 广州日报杯	第十届中广节
金奖	1	4	2	1
银奖	2	4	3	10
铜奖	8	0	3	17
占总数的比率	27.5%	14.3%	13.8%	21.4%

所有作品取自 www. cnad. com.

统计 5 次广告大赛(含 2003 年戛纳广告节部分获奖作品)63 件写实风格获奖作品,企业形象、公益、办公/通讯、个人/家庭用品、食品/饮料、交通运输、金融保险、药品/保健品八类行业的商品更喜欢使用写实风格的创意。进一步分析表明,除企业形象、公益类外,属于大众工作、生活消费品的广告共 22 件,占 34.9%;服务型产品广告 13 幅,占 20.6%。公益广告采用写实创意技巧能增强广告的贴近性、现场感,警告、提示的效果相对比较突出。

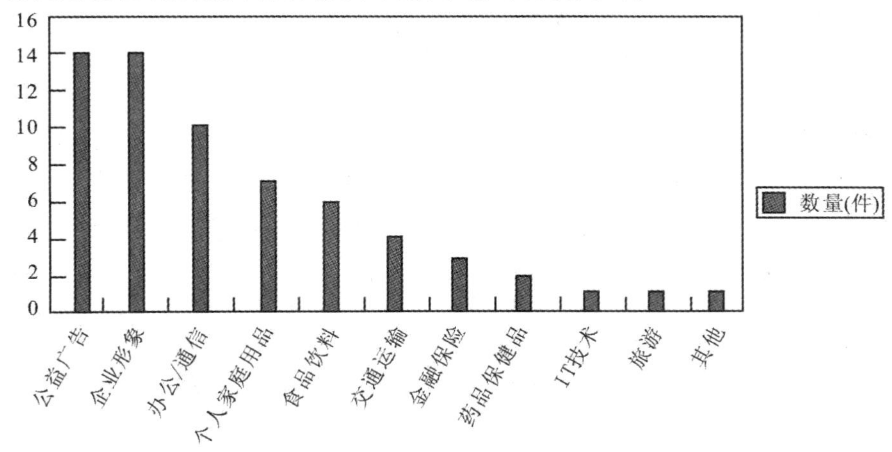

图 5-1 分析样本行业类型产品特性

哪一类产品最适合采用写实风格的广告创意?一般来讲,判断产品属性主要有两个角度:产品本身角度和消费者角度。从产品本身来看,根据前面的统计,除公益和企业形象外,其余都属于大众工作或生活用品;产品档次方面,针对普通消费群体的中低档产品居多,这类产品突出的卖点是实惠、经济,广告中直接、真实的表白更能增强消费者的信赖。卷入度(involvement)是从消费者购买心理角度区分产品的重要指标,依据美国学者 Kim 和 Lord 提出的"情感—认知坐标"[①]，并抽选以上 11 个行业类型中的 12 种产品，分别进行归类（见图 5-2）。结果表明，采用写实创意的产品以高认知卷入型为主，即消费者在选择、比较产品时，会更多考虑产品的物理属性和功能，这也正符合普通型消费群体的购买心理。

认知卷入度	低	高
高	轮胎 通信服务 药品 银行服务	汽车 运动鞋(高档) 旅游 公益广告 比赛、活动信息
低	洗衣剂	牛奶 饼干

图 5-2 "Kim & Lord"坐标情感卷入度诉求技巧

分析样本发现，幽默和夸张是写实广告最常用的诉求技巧。受西方广告创意的影响，中国广告也开始大量运用幽默技巧，这是大众文化盛行的直接体现。写实广告使用幽默手法往往让人觉得合理，符合实际，没有任何造作。夸张技巧与写实广告的特征并不矛盾，写实广告所谓的夸张是用现实之物表现按常理不可能发生之事，以证明效果的显著，属于逆向思维。如大众 Polo 汽车广告（2004 年 one show 金奖）中，警察竟然用一辆所有车中最小的 Polo 作为"堡垒"与歹徒对峙，广告语是"Small but tough, Polo"。

写实风格广告并未完全取代浪漫风格广告，"浪漫主义与现实主义的区分起于对客观现实与主观理想各有所侧重，侧重并不是对另一方面就完全排斥"[②]，艺术没有绝对的客观，在广告这样的创造性思维活动中，完全的写实背离广告的本质。广告创意要带上广告主、广告创意人员的主观感情，才能感染消费者。

---

① Kenneth R. Lord and Chung K. Kim: *Inoculating Consumers Against Deception: The Influence of Framing and Execution Style*; Journal of Consumer Policy; Mar 1995; 18, 1; PG1.

② 朱光潜：《西方美学史》，人民文学出版社 1979 年版，第 743 页。

第四节　广告创意的表现手段

广告创意千变万化，没有定则，用文案和图形表现创意有难度，要受表现手段的限制。熟悉广告创意常用的表现手法有利于开拓广告创意表现的深度和力度，提高广告创意的感染力和说服力。

1. 情感法

情感法注重激发消费者的情感，把情感变成刺激消费的重要动机。广告的感情力量直接影响商品销售，创意者应注意使用各种方法来加强情感抒发。奥美广告创作理论中的第 18 条规定“富于情感”；百事可乐把“感情纽带”列为市场推销的六大要素之一；日本的广告也充分重视“感情广告”，讲究感情表现的巧妙含蓄，他们善用中国人熟知的诗词、俗语乃至政治性术语，如“车到山前必有路，有路必有丰田车”、“JVC 的先进优秀技术愿为中国现代化服务”、“愿同中国人民一道共创明天”等，让中国人感受到竭诚亲善的感情。

以情动人能有效增强广告的说服力，台湾的洗衣机广告，注意激发丈夫对妻子的体贴，大做文章：

“闲”妻良母，让您有更充实的时间照顾家庭，当个真正的贤妻良母！

“闲”与“贤”谐音，描绘出家庭里的温馨氛围，突出产品分忧解劳的功能。广告紧紧抓住“丈夫们”体贴、怜爱妻子和“妻子们”关心爱护儿女的社会心理大肆“煽情”，激发消费者感情和购买欲望。

善于挖掘商品或企业内在蕴含的感情，有意识地间接强化抒情，也能使消费者产生认同心理。台湾“耐斯 566”洗发精广告：

一缕发丝万缕情，耐斯 566 使您每一丝秀发都蕴含着感情。

头发是绝大多数女性高度自我关注的焦点，洗发精广告创意挖掘并抒发最能让女性憧憬的亲情。此则广告着眼于“丝”字，在“发丝”与“情丝”之间找到了“情结点”，抒发了积极健康的真挚自然之情。这一抒情点发掘得十分巧妙。

2. 含蓄法

含蓄法用含蓄的方式影响消费者的心理或行为，声东击西。消费者不但会联想广告文案指称出的相关事物，还会联想语言所指内容之外的未指称事物。比如，说某物是白色的时候，可能联想该物不是黑或其他颜色；表扬某人进步，未被表扬者显得有差距。广告中经常利用这种言外之意进行宣传，天仙牌电扇的广告说“实不相瞒，天仙的名气是吹出来的”，矿泉水广告说“‘口服’‘心服’”，手提式录音机广告说“把音响提起来”。

母亲节时，台湾一家广告公司推出一幅图文并茂、令人耳目一新的路牌广告，广告主题是“母亲的伟大，以及母亲的爱——世上最伟大的爱”。广告分别排列出近代24位世界伟人的照片，广告词是“在妈妈的心中，他们只是孩子”。伟人下方又排列出24个新生婴儿的照片，广告词是“在妈妈的心中，他们都是伟人”。短短两句话和两组图像，把母亲的伟大和伟大的母爱这一主题表达得淋漓尽致，手法含蓄但感情交融，给人留下深刻印象。

3. 幽默法

广告创意还可以使用风趣的情节造成充满情趣、引人发笑而又耐人寻味的意境。幽默的艺术语言(包括文字、声音、画面)是对心理惯性的反叛，能突破心理定势，让消费者出乎意料，因而给人留下深刻印象。

冷气是应该感觉到的，而不是听到的——北冰洋冷气机

已长发的部分。请勿再涂此药——美国P·K·D生发剂

想收获什么就种植什么——SI种子公司种子

不要拿您的双腿当保险杆——雷诺汽车

公益广告也可以幽默风趣，别有韵味。伦敦的地铁广告说“如果您无票乘车，那么请您在伦敦治安法院前下车”；美国有则公路告示说“如果您的汽车会游泳的话，请照直开，不必刹车”；墨西哥一边境城市风景美丽，司机过境时往往陶醉，以致发严重车祸，入城口因此悬挂一醒目路牌“请司机注意您的方向盘——本市一无医院，二无医生，三无药品！”。幽默的广告不会使人难堪，给人留下深刻印象，起到了良好的社会效果。

4. 悬念法

悬念法主张制造悬念，刺激人们好奇和猜测，利用探究反射心理消除疑虑。上海永安堂大药房在店堂门口贴了一张广告，标题四个大字“张飞都怕”。围观者莫名其妙，看罢全文才明白——勇猛的张飞也怕得病，要用“虎标万金油”来治病。奥美为上海庄臣的“雅丝丽”洗发精设计广告，广告用黑色虚线勾画出菜刀形状的图案，图内写着“即将和您见面，敬请留意”，图外写着“一个全新的世界性洗发精带来洗发护发新方法”。广告持续了三天才揭示谜底——虚线图案是产品的包装外形。该产品一上市先声夺人，一炮打响。

1974年，台湾三阳为新型摩托车策划了一组悬念广告。3月26日，台湾两家主要日报刊出一幅没有注明牌号的摩托车广告。广告中间留一块空白，上端有一幅漫画式的摩托车插图。图的下方有6行字：“今天不要买摩托车。请您稍候6天，买摩托车您必须慎重地考虑。有一部意想不到的好车，就要来了。”此后连续一周，该广告都有“请您稍候×天”的内容，令消费者和经销商翘首以盼。第

七天，新产品正式上市，刊出全页大幅广告，真相大白，“三阳”名声大振，效益大增，创造了销售奇迹。该广告亦成为台湾广告史上的杰作。

5. 夸张法

夸张法适当扩大或缩小产品的形象、特点、功能、效用、利益，能给消费者强烈印象，引发关注。

瑞士著名的连锁超级市场“米格罗”的广告就是巧妙运用夸张手法的范例。该店的广告语是：“在米格罗，你的法郎比别人的值钱得多。”画面上是一个七八岁的顽童全力捧着一个比他高大的1瑞士法郎硬币，形象地体现出米格罗的特色——价廉物美。

耐克运动鞋的广告主题是“谁说人不能飞”，夸大了鞋的功能，使人联想到穿上耐克鞋可以身轻如燕，健步如飞。

谁说人不能飞

飞将军的美誉，米高佐敦当之无愧。在球场上，他仿佛不受地心吸力的影响，腾空飞跃，身轻如燕，挥洒自如。

为了充分发挥球技，米高佐敦对球鞋的要求至为严格，所以，Nike特别为这位美国职业篮球天皇巨星设计了Airiordan。

Airiordan的卓越设计如专利的空气动力垫和螺旋型外底，为米高佐敦的腾空弹跳，快速进退和矫捷转向提供最佳缓冲保护、高度的反弹力、牵引力和稳定功能；质料柔韧适中，穿着倍感舒适；鞋款设计别出心裁，更兼配合美国流行颜色组合；令Airiordan成为时兴标志，日常穿着，朝气蓬勃，活力十足。

其他“耐克”运动鞋，设计亦与Airiordan同样出色，阁下对运动鞋的要求，与米高佐敦同样严格，自然懂得选择“耐克”，请到各大百货公司及体育用品公司选购。

懂得运动的人士，会更加欣赏“耐克”。

夸张式广告并非虚假广告，例如，饮品广告称原料100%为天然植物，不含防腐剂和色素，但检测结果完全不符，这就不是夸大宣传，而是虚假广告。一般来说，夸张落实在广告表现上，而非落实在产品讯息上。穿了耐克鞋会飞起来，人们不会把这一现象当作产品的实在功效，但夸大饮料天然纯度则会让人认为饮料的质量上乘，从而构成欺骗。

6. 对比法

把两个极不相同、相去甚远的东西并列在一起，使之正反对照强烈，造成深刻的心理感受。对比能使事物的美丑更加鲜明，使商品特征更加显著，消费者能更简洁明晰地获得商品信息。

我们公司制造的刀片，总比别人的贵一点。工厂曾努力降低成本，但是无法办到。我们因而想到，刮脸刮得干干净净，总比留下一点点重要得多。

——剃须刀片广告

如果你不读改刊后的《文化与生活》，本刊将失掉一个读者，而你将失掉一个世界。

——刊物广告

前者比较广告刀片与竞品的价格、质量，揭示一个广告策略——产品价格虽高，质量却非常优异。后者用刊物“失掉一个读者”的结果与读者“失掉一个世界”的结果对比，使读者清醒认识到不订刊物将造成惨重损失。用对比形式揭示被人忽视的事实，突出强化后的信息，便具有震动人心的说服力量。

对比手法能使平淡无味的语言隐含丰富意味，展示广告主题的不同层次。除语言外，形象、事理、背景、音乐、画面等都可以使用对比手法。人们都选用年轻、貌美的模特时，有人却用满面皱纹的老太太做模特，当然会产生轰动效应；众多广告追逐名人效应时，选用普通人效果也一定不错。

7. 逆反法

广告宣传一般以正面为主，但如果能利用人们的逆反心理，从反面做广告，有时会产生更强烈的刺激和更好的说服效果。美国有一家取名为“最糟菜”的餐馆，其门外竖着的广告说“食物奇差，服务则更坏”，墙上贴出菜谱介绍“隔夜菜”。常常门庭若市、座无虚席，许多人慕名而至。

广告创意构思时往往会陷入困境，拘泥于从正面寻找激动人心的表现手法，这时应转换方向，从反面来考虑，满足消费者反传统心理，有时能收到良好的效果。

8. 诚实法

诚实也可以成为极有效的广告战略。日本美浓津运动器具公司曾为其运动衫做了一则广告：“这种运动衫使用的是本国最好的染料，染色技术更是本国优秀的：不过感到遗憾的是，酱紫色之类的颜色至今乃无法做到永不褪色……”，广告中并没有为其产品大唱赞歌，而是有一说一，有二说二，老老实实，既道出了产品的优点，又如实承认产品的缺点，使人感到诚实可信，产品因而畅销不衰。

请到这里来用餐吧！否则你我都要挨饿了——餐馆

你安居，我乐业——台湾中信房屋

家里有个人伤风，或染上流行性感冒时，医生一定是这么说：(1)让他好好休息；(2)给他多喝开水；(3)吃片阿司匹林

——阿司匹林

这些道理人人明白，但不愿道明。广告说明实情，语言朴拙可信，受众容易信任亲近。

9. 出奇法

出奇制胜、与众不同是广告创意与表现的基本要求。抛开千人一面的广告模式，突出产品形象，会使人耳目一新。出奇制胜必须以优质产品为前提，广告的标题、文字、画面也应精心设计。

日本SB公司利用广告推销滞销的咖喱粉，其广告说“富士山将旧貌换新颜了”，声称：“本公司将雇数架直升机把公司生产的黄色咖喱粉撒在雪白的富士山顶。届时，国民就会看到一个金顶富士山。”广告一推出，公众舆论哗然，各大传媒同声斥责：“富士山是日本国的象征，岂容SB公司改头换面?”SB公司成为众矢之的。这正中SB公司下怀，其目的本来就是虚张声势引人注目。几天后，SB公司又在大众传媒上声明：“本公司考虑到社会的强烈反对，决定撤销向富士山飞撒咖喱粉的计划，并向公众致歉……”峰回路转，柳暗花明，SB公司因此名声大噪，公司知名度大大提高，咖喱粉亦由滞销变成畅销。

ELBEO袜子的广告也出奇制胜，其广告标题说“足下之领带”，标题下面是四位飘逸潇洒的男士半身像，穿着考究，西装笔挺，款式各异，每个人的脖子上有条别致的领带——一只漂亮的袜子。用袜子当领带，违背常规，引起人们的兴趣和思考，“袜子实际是脚上的领带”这一独特创意也得到关注——绅士风度不仅在上身，脚上也同样重要。奇特构思和风趣表现使ELBEO袜子畅销欧美市场。

10. 反常法

反常法用悖于常理的语言进行构思表现，广告语言与日常知识和习惯看法发生冲突时，消费者会产生疑问或悬念，引起探究和思考。消费者思考后发现悖理后的意蕴，就会被广告的绝妙意味和高超手法征服，从而牢牢记住广告提供的印象。

美国美特丝袜的广告就使用突破常规的创意构思，广告中先出现一双穿长统丝袜的腿，柔美的女性画外音：“下面这个广告将向美国妇女证明美特牌丝袜将使任何形状的腿变得美丽非常。”随着画外音，镜头慢慢顺着腿往上移动，依次出现绿灰色短裤、棒球汗衫，然后是模特的脸部特写。穿丝袜的竟是著名男棒球运动员乔·纳米斯！纳米斯笑眯眯地对吃惊的观众说：“我当然不穿长统女丝袜了，但如果美特女丝袜能使我的腿变得如此美妙，我想它一定能使你的腿也变得更加漂亮。”反常创意的广告使美特丝袜一夜间家喻户晓。丝袜广告一般使用女模特，这则广告使用男模特，令人吃惊，回味无穷。

下面几则广告都有一个共同特点，即语言似与常识、常理、常规相矛盾：

越往北走越使你温暖——旅游广告

它的苦更甜美——咖啡广告

今年二十，明年十八——化妆品广告

沐浴后，干净不是好现象！妮维雅乳液使你的肌肤净而不干，滋润又健康——乳液广告

在北半球，越往北走本来是越寒冷，但广告却说："越往北走越使你温暖"；苦与甜是对立的，广告却说"它的苦更甜美"；时光不可能倒流，广告却说："今年二十，明年十八"；沐浴是为了干净，广告却说"沐浴后，干净不是好现象"但当人们将广告语言与产品、与特定情境联系起来思考时，就会感到悖理的后面是合情合理的。在某一范畴中不合理的，在另一范畴中却可能合理。从生理角度讲，人不可能"今年二十，明年十八"，但从人们的观感讲，越活越年轻则是可能的。语言所指的转换也可以制造需要的矛盾，一种所指中不合理的，在另一种所指中却是合理的。从感觉来说，越往北越冷；但从对服务的感受来讲，则可能越往北走越感觉温暖。语言概念的置换也能使意义变得合情理，"干净"在前半句指的是清洁，而后半句指的却是干燥。从后半句的字义来理解，"干净"的确"不是好现象"了。

11. 惊吓法

展示不使用广告产品的不良后果，警诫人们防止不良或不幸结果，这样的广告往往能造成心理上的震撼。这样的广告可以采取直白形式，也可以使用隐喻和象征。

英国邓禄普席梦思曾刊登过一则广告，广告画面中有一只长满黑毛的大昆虫，画面旁写道"此乃一只温带臭虫。它吸血，最喜欢席梦思里暖融融的温馨。也许您今天夜里就跟它相伴而眠。"广告接着介绍邓禄普生产的新型席梦思是用抑制臭虫的材料制成。消费者在惊恐之余纷纷抢购。

美国有则艾滋病防治广告。在黑白的画面上，刚熄灭不久的蜡烛余烟袅袅，缕缕轻烟勾画出幽灵似的人头侧面轮廓，影射着亡人，画面笼罩着死亡的气氛。广告上方写着："仅仅追念逝者是不够的。"暗示着"逝者已去，当务之急是加强研究防治艾滋病，扑灭今日黑死病"的主题。以死亡为主题制造心理震撼的广告，成为少有的警世佳作。

12. 系列法

系列式广告围绕同一个主题，以同一风格，同一广告元素，同一色彩、造型或版式，连续刊播一组广告信息，引导消费者依次观看广告内容，直到看完全部广告信息，在刊出过程中及时收集反馈信息，不断调整、丰富原创意设计。系列广告的最大特点是增强了广告的完整性，既达到重复、强化记忆的目的，又能适应市场变化，扩大广告触及面。系列广告创意的目的是化整为零。

系列式广告能有效推广新产品，拓展市场，建立产品形象。佳嘉乐微型吊扇的系列广告十分成功，该吊扇投放市场后，消费者反映产品质量好，购买踊跃，在广告宣传配合方面，佳嘉乐遂制作了“门前可罗雀”、“相见恨晚”两幅反差极为明显的漫画广告，又加一则“供货暂时断档，厂家紧急调运”的文字广告。“门前可罗雀”的画面是以“佳嘉乐”特约保修部门庭冷落无人问津为题，从侧面反映产品质量好；“相见恨晚”反映由于产品质量好引起消费者踊跃排队争购的场面；接下来出现产品“断档脱销”就显得很自然。为了满足消费者的需求，厂家采取措施“紧急调运”，又把厂家与消费者紧密联系起来。前后三个广告，动静结合，情景交融，形象生动，使消费者既可以认识产品的单一品牌特征，又可以在重复中加深对企业和商标的印象。

13. 信誉法

以产品质量、企业信誉和售后维修服务作保证，对消费者承诺或承担购买的风险，一般会解除购买中的后顾之忧。石家庄市手表厂为了在激烈的市场竞争中站稳脚跟，他们选择农村市场为突破口，以良好的售后服务为广告主题，取得了明显的销售效果：

石家庄市手表广告

为了维护我厂手表的崇高信誉，我厂生产的“太行牌”“红莲牌”手表对用户认真执行“商品售出负责到底”的原则：

1. 新表如果达不到一级表标准的，十日内可向原卖出单位调换。

2. 我厂手表一律免费保修四年。

3. 保修期内，属非正常原因，如：砸、压、烧等造成全表损坏，只付工本费19元，可换新表一只。

4. 各用户使用的旧“太行、红莲”手表，不论哪年出品，付25元钱，可换新表一只。

5. 超过保修期的表，按半价保修。

6. 凡在本地不能保修（或调换）的表，可将手表寄来我厂，免费修理并邮回。

上述优惠的售后服务条件使产品具有极大的吸引力。用这种优良服务争取到的用户和消费者，会对其使用的产品产生信任感和安全感，并产生连续的购买欲望和行动。而这些可靠的保证正是广告创意的成功之处。

14. 公关法

广告宣传与公关相结合，可在较大范围内产生影响，扩大广告的效果。广告创意采用公关形式，利用社会热点（重大社会事件、社会关注焦点或新闻焦点），结合企业形象或产品个性，有针对性地强化受众需求，使受众在强烈的感染中激起购买欲望。

1991 年，华东发生特大水灾，台湾成欣股份有限公司以赈灾为主题制作了两幅广告。两幅广告上都使用了华东地图和台湾地图。一幅广告的文案写着“人溺已弱，生命关头，此时此刻，救人第一，什么话都不必说”，广告以鲜红的宝石象征人心和血液，从台湾岛直输华东灾区。另一幅广告的文案写着“让我们一起，为他们吹干泪和水，此时此刻非常需要你的每一份力量……一元不嫌少，一万不嫌多，现在每一分钟对他们来说，都是人命关天，快！赶快！抽出你的 10 分钟，救取 10 个生命！”广告利用了重大社会事件和人们关注的热点问题，使受众在心理上引起强烈共鸣，取得了巨大的成功，公司的声誉很快随之大振。

15. 偶像法

每个人都有偶像，请偶像代言，可以把消费者对偶像的信任、热爱转移到商品上，产生“爱屋及乌”式的效应，大大提高产品的知名度。明星形象不可滥用，明星的气质、个性要同广告情调协调，才能带来好的宣传效果。

30 年代初，上海“冠生园”聘请著名影星胡蝶代言其月饼，在著名的“大世界”游乐场举办盛况空前的月饼展览会，让胡蝶为开幕式剪彩，把胡蝶在宝塔形巨型月饼旁拍的照片放在广告上，广告标题写着“唯中国有此明星，唯冠生园有此月饼。”第二天，上海各报纷纷报道展览会盛况，“冠生园”名字深入消费者心里。80 年代有一年春节晚会上，笑星马季说了一段相声“吹牛”，讽刺吹牛者，相声中虚构了“宇宙牌”香烟。某地一家雪茄烟厂假戏真做，研制出“宇宙牌”雪茄烟，由于质量上乘，很快就成为名烟。

片仔癀片广告创意：郑和篇

时间：30 秒

创意说明：本片通过对片仔癀片的几大特点进行诉求：1. 历史悠久；2. 成分独到；3. 消炎解毒镇痛；4. 珍贵。由于片仔癀片源于明朝，故我们选取了“郑和下西洋”为记忆点，以强调时代之久远及珍贵性；而古色古香的药房环境营造，更突出了片仔癀片的神秘性与专业性。最后片仔癀片由古代锦盒旋转为现代包装，完成了时空上的转移。在拍摄上，将会极力营造尊贵历史气氛；手法上，使用现代感处理方式，达到融会古今的效果。

VIDEOAUDIO

1.（中景，环视）古色古香的中药店里，一缕阳光徐徐照射到排列整齐的

各类药屉上。(古香古色音乐)男音:漳州片仔癀,

2.(切换,近景)一位明朝时代打扮的慈祥大夫在柜台前,拿起中药仔细品味药性。画面空白处叠出牛黄特写。字幕:牛黄源于明代嘉庆年间,

3.(切换,中景)大夫在庭院中仔细晾晒草药,他拿起一块田七似的根状草药仔细端详、筛选。画面叠化出田七特写。字幕:田七由珍贵牛黄、

4.(切换,中景)飘摇不定的烛光下,大夫仍在对照古医书参看中药特性。精选田七、麝香、蛇胆

5.(近景)在书桌上,片仔癀的主要成分中药并排摆放。精心制成。6.(切换,近景)大夫拈着胡须,欣喜地看着手中的片仔癀。

7.(切换,中景)古代的大船正扬帆起航。

8.(切换,近景)古船上,一位身着明朝官服的男子正踌躇满志地凝望远方,他身后,一面大大的"郑"字锦旗迎风招展。

9.(切换,特写)特写船舷外侧靠近水面处,大船迎风劈浪全速前进。

10.(切换,近景)船舱内,郑和正在凝神思索,一位官员毕恭毕敬端出一小包锦盒。消炎解毒镇痛,有奇效。

11.(近景)郑和小心地拿起锦盒,小心打开,正是前面的片仔癀。

12.(特写)郑和将片仔癀小心翼翼拿起,脸上露出微笑。漳州片仔癀,

13.(切换,特写)精美明朝锦盒打开,其中的片仔癀悬浮;中国中医药之瑰宝。

14.锦盒迅速做旋转,切换为现代包装的片仔癀。中国中药一级保护产品,

15.上一画面立即停住。成为产品标牌。漳州片仔癀。

16.片仔癀集团企业标牌。片仔癀集团。

片仔癀牙膏广告创意:爷孙篇

时间:30 秒

创意说明:片仔癀片的知名度及过人疗效已为大多数人所知,因此,强调片仔癀牙膏源自片仔癀片,能令消费者迅速感受到片仔癀牙膏的独特效力,更可以增加新产品的可信度与记忆度。

VIDEOAUDIO

1.(中景)古香古色、窗明几净的书房中,透出一股宁静与高雅,一位老者坐在摇椅上,悠闲地翻看着手中的书。(轻松舒缓的音乐)

2.(中景)一位小男孩蹑手蹑脚地走进书房,背着双手,狡黠地眨着眼睛,偷偷看着坐在摇椅上的老者。

3.(近景)老者坐在摇椅上,气定神闲地说道。爷爷:“小宝,神神秘秘地干什么啊?”

4.(近景)小男孩闻言,立即停住脚步,顽皮地吐了一下舌头,但双手依然背在后面。

5.(近景)老者转头对着小男孩,慈祥地微笑问道。爷爷:“你背后藏了什么好东西啊?”

6.(近景)小男孩昂起头,得意地、故意拉长了声调说道。孙子:“片——仔——癀——”

7.(近景)老者微微一笑,从身边拿出一盒“片仔癀”。爷爷:“片仔癀?爷爷也有。”

8.(近景)小男孩迅速从身后拿出“片仔癀牙膏”,伸到爷爷面前,高兴地嚷道。孙子:“我的是片仔癀牙膏,您没有吧?”

9.(特写)爷爷拿着“片仔癀牙膏”,低头仔细端详,口中自言自语道。爷爷:“片仔癀牙膏?”

10.(切换,三维动画)片仔癀牙膏成分叠化出现。

11.(切换,三维动画)口腔内,牙齿与牙龈的特写,牙龈发炎红肿。

12.(切换,三维动画)若干片仔癀因子飞旋进入牙龈内部,红肿现象消失,牙龈恢复正常。自古以来,漳州片仔癀就是消炎、解毒、镇痛有奇效的国宝神药。富含片仔癀精华的漳州片仔癀牙膏,秉承了片仔癀的独特成分与强大效力,对消炎、解毒、镇痛有奇效,特别适合于各种口腔疾病。

13.(中景)小男孩做成熟状,拿着“片仔癀牙膏”对着爷爷调侃道。孙子:“爸爸说,这可是新产品哦,在爷爷的爷爷的爷爷的时候可没有吧!”

14.(中景)爷爷慈爱地拍了一下小男孩的脑袋,笑着说。爷爷:“你这小家伙——”

15.产品标牌。优秀品质,一脉相承。漳州片仔癀牙膏。

16.片仔癀集团企业标牌。漳州片仔癀集团。

片仔癀牙膏广告创意:牙刷篇

时间:30 秒

创意说明:各种患有牙病的人士,刷牙,对他们来说是一件又怕又恨的事:由于牙齿不好,刷牙时常常会感到疼痛,或牙龈出血等种种不适,这时,牙刷变得像是一把利器,在牙齿上肆虐。这个创意正是源自于此,将患者的感受强烈化,令人有直观的体会。片仔癀牙膏的独特功效,令刷牙不再痛苦,前后鲜明的对比，使消费者更能感受到“刷牙舒服，口腔清爽”的轻松境界。

VIDEOAUDIO

1.（中景）在清新明亮的盥洗台前，盥洗池旁的台面上，摆放着一个透明的玻璃杯，杯中斜插着一支牙刷。（轻松舒缓的音乐）

2.（近景）一只手进入画面，伸向杯中的牙刷。

3.（近景）在手即将触及牙刷的一刹那，牙刷上的刷毛忽然变成了一根根尖锐、锋利的钢钉，甚是可怕。（音乐变调）

4.（近景）因为这种突如其来的变化，那只手吓得突然收了回去。

5.（近景）画面上的牙刷又变化为正常。

6.（近景）那只手又进入画面，试探地再次伸向杯中的牙刷，在手即将触及牙刷的一刹那，牙刷上的刷毛又变成了一根根尖锐、锋利的钢钉。

7.（近景）牙刷的刷毛与钢钉交替快速变化，那只手迟疑了一下，终于伸前抓住了钢钉牙刷。

8.（特写）一只手抓着钢钉牙刷，钢钉发出闪亮的寒光，画面定格，右上角空白出叠现字幕——“得了牙病，刷牙当然好痛苦”。

9.片仔癀牙膏入画面，外盒自动打开，一支牙膏从中缓缓而出。漳州片仔癀牙膏，含有国宝神药

10.片仔癀成分叠化于画面。片仔癀，成分独特，效力强大，

11.（切换，三维动画）口腔内，牙齿与牙龈的特写，牙龈发炎红肿。对消炎、解毒、镇痛有奇效，特

12.（切换，三维动画）若干片仔癀因子飞旋进入牙龈内部，红肿现象消失，牙龈恢复正常。别适合于各种口腔疾病。

13.（切换，近景）回到第8镜，画面由定格开始活动，一只手抓着钢钉牙刷，另一只手拿着“片仔癀牙膏”将牙膏挤在牙刷上。用漳州片仔癀牙膏，刷牙不但轻

14.（特写）随着牙膏的挤出，钢钉逐渐变回正常的刷毛。松舒适，更有清新好口气。

（背景音效：轻松欢快的口哨声）

15.（切换，特写）片仔癀牙膏静静地躺在盥洗台上刷牙舒服，口腔清爽。

16.产品标牌。漳州片仔癀牙膏。

16.片仔癀集团企业标牌。漳州片仔癀集团。

第六章 广告语言运用技巧

苏东坡被贬海南儋州时写过一首诗："纤手搓来玉色匀，碧油煎出嫩黄深。夜来春睡知轻重？压匾佳人缠臂金"，描写的是海南的一种特色食物——环饼。寥寥28个字，描绘出环饼的匀细、色鲜、酥脆。据说该诗是应一环饼商贩之邀请而做的广告诗，诗成之后惹得人们馋涎欲滴，争相购买。

广告语言生动，能给消费者留下深刻印象，帮助广告主树立产品形象，传播产品信息，促进销售。IBM的广告说"无论是一小步，还是一大步，总是带动世界的脚步"，巧妙地展示IBM日日进步，带领世界电脑行业前进的形象。长虹彩电的广告说"太阳最红，长虹更新"，"长虹红太阳一族"，隐然是国产彩电的先锋，代表民族产业。康佳彩电的广告说"超大屏幕，牛"，用自豪感吸引消费者。

广告的语言必须精当，独具特色，富有魅力，才会引发消费者的关注，激发其购买欲望。阿香婆香辣牛肉酱风行一时，"阿香婆"成为麻辣酱的代名词。"阿香婆"这个品牌名称看似简单，但颇具匠心。"阿"是南方区域昵称的发语词，"香"暗示了产品品质，也暗示了女性的秀美，"婆"是对年长女性的尊称。"阿香婆"三个字让人感觉亲切，值得信赖。

广告的语言必须有创意，要通俗顺口、优美动听、富有个性。驱虫剂的广告语是"您不能反咬它，您却能反击它"，对仗工整，幽默生动。蚊子咬人，给人造成烦恼和不安，虽然不能反咬，但可以用驱虫剂反击。广告语简短有趣，给人启迪与回味，比直露的语言更能吸引消费者。

单纯依靠语法规则或修辞手段，无法创造出美妙的广告语言，美妙的广告语言来自撰稿人的语言修养和灵感，必须诉诸消费者的社会意识、审美情趣、生活要求和个人性格。同样的产品，广告语言不同，效果不同。成功的广告，或妙语联珠、怡人耳目；或一语惊人，振聋发聩；或精炼含蓄，发人省思；或诙谐幽默、生动感人。铁达时手表的广告说"不在乎天长地久，只在乎曾经拥有"，诉诸人的情感，揭示了爱情的真挚、坚定、永恒赋予的幸福、快乐和忧伤。美国的征兵广告说"美国需要你"，字字千斤，铿锵有力，直指人心，唤起公民对国家的责任感，受众又能从中生发被重视的自豪感。

语言的灵性没有规律可循，但学识广博、痴迷于语言创意并有独到领悟能力的人，距离创意语言的最高境界，总是更近一些。

第一节　广告语言的心理效应

广告的使命是全面、迅速、准确地传递信息，以促销产品。技术革命为广告提供了丰富的手段，广告成为融合语言、文学、绘画、音乐、影视等的综合艺术。广告语言逐渐告别单一、呆板、冗长的强迫模式，日趋多元、生动、有趣。广告语言风格不同，给受众的感受不同，美感不同，心理效应也不同。

一、广告语言的即刻打动效应

标语广告最能获得“即刻打动”效应，用一两句精彩的言辞传递产品信息，使消费者在接触广告的瞬间留下深刻的记忆，激起浓厚的兴趣。公众接受并崇尚一个品牌，往往从其广告标语开始。

(1)简洁精炼。广告的时间和空间有限，标语广告应在瞬间抓住受众的心理，吸引受众的视线，获得受众的认同。同时传递的信息太多，受众会无法分辨而拒绝，失去即刻打动的功效。标志语广告的语言应简明扼要，一语中的，切中要害。雀巢咖啡的广告标语“味道好极了”，浅显、直白、简洁，深入人心，激发受众的兴趣和好奇心。雀巢咖啡不单是美味饮品的象征，还成为衡量品味的标准。康师傅方便面的成功也归功于琅琅上口、易于记忆的广告标语——“香喷喷，好吃看得见”，8 个字浓缩了康师傅方便面色、香、味俱全的特性。“七喜，非可乐”，一句话让消费者跳出了一提饮料就是可乐的“旧框架”，激起消费者品尝的欲望。“乐百氏，今天你喝了没有”，稚嫩而甜美的声音加上孩子蹦跳的画面，每天都提醒着孩子们享用甜酸可口的“乐百氏”。

(2)幽默风趣。幽默的效果是引人发笑，使人在笑中有所思、有所得。一则广告的标语说“我的工作就是杀！杀！杀!”，细看是杀虫剂广告，不禁让人舒了口气，轻松了起来。“丰韵丹”的广告标语说“没有什么大不了的!”乍看不稀奇，但发现这是丰乳产品的广告时，就会会心一笑。

(3)标新立异。再好的广告，没有人看、没有人听、没有人记也难以发挥作用。信息过剩，广告容易被淹没。广告要让人高兴看、乐于听，广告语言必须标新立异、出奇制胜。“千仟玉”手足柔嫩剂为了开拓北京市场,推出广告——北京人,谁的手足在哭泣?广告以哭泣暗喻手足布满冻疮、裂口、脱皮,广告以富有创新性和恐吓性的广告震动消费者,促使其购买产品。颜料商店的门帘广告是“青黄赤白黑,紫绿朱蓝橙”,10 个字 10 种颜色,自然引人好奇,进入店门。

(4)温馨真挚。广告要刺激受众情感的共鸣,以情动人,激发受众的购买欲望。上海三明食品厂 2007 年推出“阿明蜂蜜桃仁”食品广告“母亲篇”:“阿明桃仁总让我想起小时候这桃仁的快乐。成功时,我更想将这份快乐和妈妈一起分享。”电视广告影片以主人公的身心故事展现温馨亲情:主人公由平凡成长为星光闪烁的明星,却不忘少儿时妈妈喂给他的核桃。成功后仍不忘小时候记忆中的味道,把最爱的东西送给最爱的人,故事情节感人至深。

三菱汽车广告

从小到大,女儿习惯于坐在父亲的自行车后座上,心安理得地依偎着父亲宽阔温暖的脊背。长大后的女儿终日忙于职场,终于要回家,电话里叮嘱父亲自己买了新车,不用接送。车子到了村口,却看到父亲推着自行车等候多时。开车尾随着父亲,父亲吃力地蹬着自行车,背脊瘦弱微驼,父亲回过头来,苍老的面庞看着在汽车里的女儿,女儿的眼睛湿润了,仿佛又看到了父亲带着还是孩子的她骑在回家的路上,“我想,他是怕我忘了回家的路吧……”

这则广告针对台湾市场,广告洋溢着深深的父爱、浓浓的亲情,仿佛在慢慢引燃一颗催泪弹,被网友们评为“能把人看哭的汽车广告”。结尾“三菱汽车,全省 164 个家,欢迎您随时回家”,更是实现了广告主题的完美呼应。

二、广告语言的最终说服效应

受众被标语打动后,往往想进一步得到产品相关信息。正文是广告文案的中心,针对广告主题,集中、细致地展示产品性能、品质、服务,刺激需求、激发消费欲望。广告信息的传播是有偿的,广告主会尽量减少费用,用最少的时间或空间来展示信息。广告正文应:说服诱惑、诚实可信。

1. 说服诱惑

广告成为购买活动的诱导,有两个原因。

(1)广告语言必须与受众的潜在需要相关,能从正面证明产品能满足消费者的需要,或从反面证明(或提示)这些需要得不到满足的后果。“吗丁啉”的广告说:“你有没有以下症状:上腹饱胀,恶心,呕吐,食欲不振,餐后胃部不适……产

生以上病症的根本原因是:您缺乏胃动力。由于你的胃蠕动不正常,致使食物滞留胃中,不能消化,您当然会不舒服了。”胃病患者对照自己的症状与“吗丁啉”介绍的症状时,会产生疑问——产生这些症状的根本原因是什么?“吗丁啉”广告从正面告诉受众“吗丁啉”能帮助消除广告中提到的症状,对患者的吸引力和诱惑力自是不在话下。

(2)给消费者以积极的情感体验,激发受众的情感。台湾《自然文库》出版社的广告说“很久以来,在我们的生活环境里,已不容易看到大片绿油油的草地,以及飞舞的蝴蝶、点水的蜻蜓,连鸟语花香都成为生活里一种稀奇的体验,美丽的夕阳也总是滑落在无数栋大厦之后那遥远的视野之外。孩子渐渐长大,现在正是他的重要启蒙时期,大自然能引发他无穷的好奇与喜悦,时代生活丛书的‘自然文库’把大自然的灵魂再现于一页页美丽的图片和吸引人的叙述之中……”,广告细致入微地传达了现代人厌倦都市生活、向往大自然的情感,受众看后不觉得是广告,而是自己的心声,广告为图书的推销创造了良好氛围。

2.诚实可信

诱惑消费者是广告的最终目的,但广告不应以浮夸、杜撰或不着边际的描述来达到这一目的。广告应该用真实的信息赢得消费者的信赖、诱发购买动机、导致购买行为。不真实的广告言辞再华美,都是无用和徒劳的,甚至适得其反。

“巨人集团”风靡一时，其落败与不真实广告密切相关。1995 年初，巨人在“巨人吃饭香”的产品销售书中称：据说娃哈哈含有激素，造成了小孩早熟，云云。受到娃哈哈集团的起诉，最后以巨人赔款道歉而告终。1996 年 3 月，巨人浙江公司在海报上允诺：如购买 10～40 盒脑黄金的，小学升不上初中，100％退款。其“巨不肥”广告称“一天减肥一斤”且“效果持久”。这样不负责任的承诺及不真实的广告措词，引起消费者的强烈不满，在工商部门的干涉下，巨人不得不向市民公开道歉。巨人的声誉一落千丈，市场占有率也与日俱下。

美浓津是世界知名的运动器具企业，产品销往世界几十个国家和地区，生意十分兴旺。其广告的诚实有口皆碑，为美浓津带来许多顾客。美浓津出售的运动衫，每件都附有这样一张条子：“这种运动衫使用的是本国最好的染料，染色技术更是本国最优秀的。不过，感到遗憾的是：酱紫色之类颜色至今仍没法做到不褪色。”广告中暴露产品弱点，消费者反而觉得美浓津“有实实在在的商业良心，不欺骗顾客”，留下良好的形象。

第二节　广告语言的塑造功能

语言是一种“集体的生活”，要遵守一定的规范。大众传播的飞速发展，使广告语言超越了其他语言形式而独占鳌头，广告语言用自身的规则、逻辑和技术改变人们熟悉和怀念的传统文化景观，成为影响社会生活和人们意识形态最重要的话语。广告语言以非个人化的体制性因素身份实现语言塑造功能，重塑意识形态和语言习惯，改变人与物的关系。广告语言还能改造借助语言进行的思维，制定了新的语言规则，把排斥那些与之对立的表达方式。另一方面，广告语言通过篡改和拼接传统语言，取消传统语言及其表达方式的特定历史文化意义，造成“语法的混乱”。

借助大众传媒传播信息，广告的语言效应发挥作用的速度加快，影响范围也日益扩大。电视和广播这样的电子传媒拥有其他媒介无法比拟的传播范围和重复频率，借助电子媒介的大范围传播，广告语言深刻地影响着人们日常生活，塑造了人们的行为规范，广告口号和标题对人们的语言习惯和思维的影响更是不可低估。

与其他艺术传播方式相比，电视广告这类传播是单向的，信息从发送者经由媒介到达接收者，单向而不可逆，这一过程中即使产生反馈，也是延迟性的。和阅读诗歌小说或街头闲聊全然不同，这样的传播以强迫方式直接诉诸受众，不顾及个人的需求、欲望和个性，传播中受众要被迫接受不需要的产品信息。无论语言形式如何翻新变化，广告都要服务于一个无法改变的目标——诉求可能的消费者，刺激其消费欲望，使之购买产品。奥格威说得最实际不过："我认为广告佳作是不引起公众注意就把产品推销掉的作品。它应该把广告诉求对象的注意力引向产品。诉求对象不是多美妙的广告啊"，而是"我从来没有听过这种产品，我一定要买它来试试"。语言形式和表达技巧上的变化是为了增强诉求力量，同时也把同质的信息甚至同质的形式强加给受众，因而，广告语式的语言范式塑造功能异常强大，非同一般。

第三节　广告语言的文化批判

语言的发展长期而缓慢，要经受复杂的约定和妥协，一旦形成具体的"游戏规则"（特别是语法），就成为群体成员交流沟通的法则，成为语言有效的前提。就这个意义说，语法是不可随意改变的语言逻辑。

广告语言是一个相对的自律系统，不受制于日常语言的规则和使用该语言的共同体，广告语言设定自己的规则，反过来混乱日常语言。

广告语言有忽略日常语言规则的倾向，刻意扭曲和改变语言用法和意义。广告语对成语的篡改最为常见，"步步为赢（营）（李宁牌运动鞋），"咳（刻）不容缓"（杜龙牌咳喘宁），这样的改动很多。表面上看，只改动了一个字，但蕴含其中的语义和内涵被挤榨殆尽，只剩下与产品相关的片面、狭窄且武断的语义。广告语排斥了成语的原初意义和历史蕴涵，导致成语传统意义的丧失。

广告语还能武断地改变比喻的原初意义，强制组合词语，忽略语言自身已有的表达方式和规则，逻辑上的混乱、意义的强制撮合都会导致语序混乱。作为文化中的特殊角色，广告人拥有不经共同体商量即可发布新的语式和表达式的特权，自由改变还日常语言和诗的语言，寻求其所需要的陌生化效果，广告制造的各种新奇古怪的表达式反过来又强化和刺激了追求新奇古怪语言表达的倾向。

广告语言的表达方式比较特殊，需要消解和同化语言本身的地域文化和历史差异，形成特殊的同一性语言。这种对语言固有的差异的消解主要通过抽去表达式和语句的原有语境，进而构成脱离原有语境的意义生成来达成，最终导致语言的差异的深解。最典型的语言表达有三种。

（1）将英语或其他西文直接夹杂在汉语表达式中，如"海信电视，Hisense"、"酒的王朝 Dynasty"。这里，汉语的语音和英语的语音混合在一起，构成语言杂烩的特有景观。

(2)抽去不同语言词汇的语境,造成迷惑效应。这一方面,最典型的例子是有些产品为了提高其“高技术含量”,生造术语,“维他命原B5”、“保湿因子”、“贝质素”一类的广告语随处可见。这类术语失去固有的语境,在日常语言范围内任意使用,是对日常语言的强暴。

(3)借用典故重塑语言。“三国”、“水浒”、“红楼梦”、“西游记”,古典的语言变成现代的煽动术,桃园三结义成为酒的主题……语言被抽去原有语境,塞进具体产品的狭窄意义域,语言被扭曲,意义被扭曲,历史被削平,语言由此丧失深度。

第一节　感性诉求广告的兴起

广告表现策略大体分为两种：理性诉求策略——突出商品的功能特点，展示商品利益，；感性诉求策略——塑造商品文化意蕴，给商品注入情感因素，引发消费者好感。两种表现策略是相对而言的，都能有效达到广告目的。不同的产品，在产品的不同阶段，理性诉求广告和感性诉求广告各自发挥作用。

过去，由于竞争不激烈，概念化、直接性的产品信息传播为主的理性诉求广告占绝对主导地位，感性诉求广告十分罕见。随着商品的丰富，竞争激烈，人们开始挖掘商品的文化内涵，感性诉求广告逐渐受重视。

感性诉求策略的运用有其深刻的背景：

(1)现代营销理论认为，消费者的需求大致可依次分为三个层次——量的满足、质的满足和感性满足。生产力低下，商品供不应求，消费能力相对较低，消费的主要目的是解决温饱，追求数量的满足。数量上得到满足后，人们才会关注商品质量。生产发展，生产力和消费能力提高，商品繁多，品质优良，供过于求。人们会寻求更高层次的消费——感性满足。选购商品不仅讲究质量，更注重品牌内涵和商品个性，追求商品带来的精神享受，寻找感情依托。人们使用飞利浦电器，与其说是享受飞利浦的高科技，还不如说是在感受"让我们做得更好"的真诚勉励。消费者不只是为需要而消费，更是为消费而消费，为感觉而消费。

(2)现代工业文明带来丰富的物质享受，但也导致精神的匮乏。现代技术把人类日益结合成一个整体，但也造成人与人之间的高度离散。经济发展，生活节奏加快，与亲友间的情感交流减少，人们渴望精神依托，渴望感情关照。人不仅生活在物质世界中，更生活在精神世界中，人并非根据直接需要和意愿而生活，而是生活在想像的激情中，生活在希望和恐惧、幻觉和醒悟、空想和梦境之中。

感性诉求广告在商品中附加情感，让人在消费中满足精神需要。人们可以通过赠送有象征意义的商品来表达对亲人、爱人或朋友的感情。

(3)"过剩经济"加剧了商品的同质化，广告主无法提供分辨得出的或有实际意义的产品特征。同类产品生产相对过剩，产品之间的竞争异常激烈，通过理性诉求来突出品牌非常困难，产品相似，找不出任何有实际意义的差异，广告主和广告创作人员只能诉求感性，给消费者留下深刻印象，促成消费者对品牌的记忆和购买。

商品，小到牙膏、饮料，大到航空公司、电脑，都凭广告区分自己与竞品。诉求于情感，成为与众不同的产品。可口可乐和百事可乐的配方差异微小，消费者味觉上的差异与其说是品尝出来的，倒不如说是广告造出来的。

第二节　感性诉求广告的特点

感性诉求广告直接作用于目标受众的情绪、情感(喜悦、恐惧、爱、悲哀等)，改变消费者的品牌态度。感性诉求广告突出软信息，理性诉求广告突出商品的功能、特性、价格或消费益处等的硬信息。感性诉求广告假定消费者是低卷入的——消费者不愿花太多精力去考虑信息内容，因而注重广告情节的吸引力、广告音乐的动听、广告画面的美丽。广告创作人员可以充分发挥想像力，提高广告的感染力、诱惑力，动之以情，引起受众的共鸣。

1. 亲和性

感性诉求广告避开硬信息，主要依靠情感和消费者沟通，淡化广告的商业味，增强广告的亲和性和人情味，有效避免消费者的心理抵触。感性诉求广告比理性诉求广告更能引起消费者的注意，促使消费者改变态度。以台湾"中华豆腐"的电视广告为例：广告以人物的一些生活片段为画面，四周配以淡淡的羽化效果，同时以一首诗作为广告文案，随着画面淡出淡入："乡愁是一张小小的车票\我在这头\母亲在那头\长大后\乡愁是一枚窄窄的船票\我在这头\母亲在那头\而现在\乡愁是一湾浅浅的海峡\我在这头\母亲在那头\思母心 豆腐心\中华豆腐和你心连心……"广告温馨和谐，消费者不知不觉地进入广告情景。

2. 共通性

情感是人类共通的语言。富有人情味的广告可以打动各阶层、各年龄段的消费者，也可以打动其他国家和地区的消费者。语言、风俗可以相异，审美观、价值观可以不同，但每个人都有爱、恨、悲、欢等情感，成功的感性诉求广告可以不受语言障碍的限制而在世界各地广泛流传。

3. 美感性

广告要激发消费者的情感，必须合乎其审美观。语言的抒情、画面的柔美、色彩与光的鲜明都能给人美的享受。电视广告制作水平的提高，使人们可以综合运用语言、文字、音乐、音响和画面等各种因素来更好地烘托气氛，渲染环境，充分地表现人物细腻的感情。因而，电视广告成为感性诉求广告充分发挥优势的工具。

柯达一则电视广告描写越战士兵返乡时的情景：故乡熟悉的草原，丰饶的田园，双亲的白发，玛丽的深情及亲朋好友浓郁的温情；斑驳的老屋，背景音乐是汤姆·琼斯脍炙人口的名曲 *The Green Green Grass Of Home*。广告用美丽的画面和动听的音乐感染受众，给受众留下深刻印象。

4. 娱乐性

爱迪生说，如果你要想征服这个世界，就必须使这个世界更有趣。感性诉求广告深受消费者喜欢，很大程度上是因为其强烈的娱乐性。感性诉求广告通常以小故事或小幽默的形式出现，配以优美的音乐和音响，消费者常常被情节打动，身心获得放松。日清杯面"原始人篇"电视广告，虚构原始人为生存而寻找食物的小故事，揭示"饥饿"主题，广告采用卡通形式，幽默风趣，令人百看不厌。

消费者欢迎两类广告：能提供有用信息的广告，能从中得到娱乐的广告。对感性诉求广告来说，娱乐性是一大优势。

第三节　感性诉求广告的运用

感性诉求广告的产生和盛行是经济发展和广告总体水平提高的结果。广告实践证明，感性诉求广告能有力促进商品销售。正确运用感性诉求广告，广告将获得成功。

一、广告感性诉求的时机

感性诉求广告有局限性，应根据具体情况使用感性诉求广告。产品不同，其最佳诉求方式也不同。罗斯特和佩斯依据消费者的高低卷入程度将产品分为四种类型：

(1)低卷入转换型。如糖果、饮料、新奇品[①]。

(2)低卷入宣告型。如阿斯匹林、日常用品、淡啤酒。

(3)高卷入转换型。如汽车、旅游、服饰。

(4)高卷入宣传型。如微波炉、洗碗机、保险。

商品类型不同,广告策略也相应不同。

(1)低卷入转换型商品。广告应以感性为主要表现方式,品牌印象以暗示或联结的方式来传送。

(2)低卷入宣告型商品。广告强调一两点利益即可,以单一问题解决方式,重点放在提醒购买,直接且清晰表达产品利益。

(3)高卷入转换型商品。广告应以感性为主要表现方式,尽可能与目标受众的生活形态相联结,使其认为自己与广告、产品有关。

(4)高卷入宣传型商品。广告要取信于人,不可夸大产品利益。品牌有独特利益时可用比较广告。

低卷入转换型商品和高卷入转换型商品的广告表现方式都以感性诉求为好,这两类商品缺少特性或者因特性太多而无从选择。这两类商品的消费需要热情,消费者使用商品关注商品的精神内涵,注重感性消费。广告简单强调产品能满足的具体需要,突出产品功能,就没有吸引力。广告应该激发产品能满足的社会动机或情感,增加商品的附加值,以吸引消费者。低卷入宣告型商品和高卷入宣告型商品的消费不太注重商品的象征意义,消费者只在乎这两种商品的实用性、耐用性、经济性。相对而言,低卷入转换型商品和高卷入转换型商品更适合使用感性诉求方式。

二、以积极的情感作为感性诉求广告的诉求点

情感是人们对客观事物是否符合需要而产生的态度和体验,情感丰富多彩而错综复杂,总体可分两种:积极情感(幸福、爱情、友情、感激、自尊、成就等)和消极情感(悲哀、厌恶、痛苦、仇恨等)。

消费者的情感容易受广告的影响,心境影响消费者的品牌态度。

(1)处于某种心境状态下的消费者倾向于以同样的心境对刺激作出反应。处于肯定状态或良好心境状态下的人对周围刺激的反应也比较积极、肯定。研究表明,积极的情感诉求能使消费者处于积极的、愉快的心境中,这种心境能改善消费者的品牌态度。

---

① "转换型"指消费者使用特定品牌的经验与其独特的心理特性相联结。

(2)心境影响消费者信息加工的程度与方向。心境良好的人思维活动较少，由于不愿花时间或精力思考广告信息，消费者的品牌态度更依赖于广告态度——喜欢该广告就会喜欢广告产品。许多成功的广告都用积极情感作为诉求点，诉求的情感通常都能引起美好联想，触发积极向上的心态。

爱，追求异性及泛爱：

悠悠寸草心，报得三春晖——三九胃泰

给孩子一双对强有力的翅膀——统一鲜奶

使你的梦想成真……献给最舍不得享受的双亲——SONY 录影机

社会性的感觉、荣誉、地位、成功等：

王者享受，享受之王——特醇金牌狮雄威士忌

饮得高兴，心想事成——金牌马爹利

一旦拥有，别无所求——飞亚达表

(3)好奇心，对新经验的渴望：

无限延伸您的视野——捷安特自行车

(4)自我实现及其他个性代表：

真正的强者，饱经岁月磨炼，无惧风云聚变，

时刻计算精确，刚毅不拔，傲然屹立——SAFARI

充满魅力的男人世界——金利来领带

福特汽车，一路领先——福特汽车

Clion 广告奖中，以欢乐为主要诉求的得奖广告占三分之一；强调友谊和爱的排名第二。如可口可乐表现的人类之爱，seagran 汤精饮料表达夫妻恩爱等等。

三、感性诉求广告应与传统文化相结合

中国文化受到外来文化的影响较小，一直独立发展。中国表形的汉字，形象生动，寓意丰富；中国诗词结构工整，形式优美，大多以写“情”为主；中国戏曲流派众多，各具特色；中国相声幽默风趣，具有广大的群众基础……异彩纷呈的中国文化为感性诉求广告提供取之不竭的创作源泉。

五千年的文明形成国人特有的价值观和审美观，中国人注重家庭人伦，注重人与人之间的情感交流，提倡团体合作精神。中国人讲究“礼尚往来”，人们借送礼来表达情意。这些都为感性广告提供土壤。

感性广告要与传统文化融合，才能进入文化心理，与消费者沟通。国外品牌也十分注重适应国人的文化心理，其广告创意通常取材于传统的古老的文化元

素。万宝路的贺岁广告贯穿陕北锣鼓队和舞狮队的表演,渲染新年的喜庆气氛,广告场面壮观,迎合了中国消费者喜欢热闹祥和气氛的心理。

深入了解和研究传统文化不仅有利于正确把握受众的心理特点和行为习惯,提高感性诉求广告的水平,也有利于继承文化遗产,弘扬优秀文化。

中国广告走向世界,也要借助传统文化。鲁迅说:"只有最民族的才是最世界的。"中国元素的运用将使广告带上鲜明的民族特征,吸引世界的注意。

感性诉求和理性诉求截然不同,但不存在优劣。实际上,不存在绝对的感性诉求和绝对的理性诉求,感性诉求广告通常渗入理性信息,理性诉求广告也包含情感因素。两种诉求方式还经常结合使用,使广告更合理、有效。

第一节 广告标题的作用

一则广告中，标题首先映入人们眼帘并引起注意。标题无法引人注目，标题无法诱导读者看正文，就是失败的。好的广告标题能画龙点睛，为正文增添光彩，给人留下深刻印象。

消费者阅读标题的概率是正文的5倍，应该重视广告标题，有些国家有专职的广告标题撰写人，香港广告甚至区分中文广告标题撰写人与英文广告标题撰写人。

广告标题主要有三个作用：

(1)吸引受众。阅读广告文案时，人们都要先看标题，标题有吸引力，会接下去看正文；标题缺乏吸引力，就不看正文。广告标题应该一下子就抓住消费者，诱发消费者阅读正文的兴趣。一则广告标题说："我们希望每小时有70分钟，每天有25小时，每周有8天。"乍看令人摸不着头脑，仔细看感觉出这是刊物的广告，说明刊物可以调剂生活，使人们精力充沛，加快生活节奏，提高工作效率。节能冰箱的广告标题是："0.8"，读正文知道意思是"日耗电量不超过0.8度"，既有吸引力，又明确透露主题。密封胶的广告标题也耐人寻味："1＋1＝1。"意思是密封胶粘合得牢固，能使两者融为一体，构思巧妙，奇特贴切。

(2)突出主题。标题和主题关系密切。借助标题的引导，主题能帮助消费者选择信息。因此，广告标题是广告内容和广告艺术的集中体现。广告标题可以从产品的特点或好处入手突出主题，如去头屑洗发精的广告："我不再为头屑烦恼了。"这个标题突出了使用该产品的好处——有头皮屑的人用手搔痒，头屑就会像雪片一样飘落，既使人难受，又影响仪容，常常引起烦恼。该产品能消除这种烦恼。广告标题还可以借树立企业形象突出主题，三菱重工的广告展示陆地、海洋、天空，揭示其拥有各领域的先进技术，标题醒目："运用综合技术，开拓未来世界。"荷兰韦齐莱工业集团的企业形象广告："不求急进，只求踏实。"画面上是一只千百年来总是慢腾腾爬行的大乌龟，令人忍俊不禁。

广告标题与主题的结合有两种情况：标题与主题合二为一，标题即主题；多个标题复合，标题信息含量大于主题，主题隐含其中。

(3)促使联想。广告标题要能给人以启迪，又富于哲理，令人回味，加深受众对广告信息的记忆。一则化妆品广告的标题是："再次受到冷落"，副题是"可能是因为粉刺"。画面是一个舞会，一对对舞伴在翩翩起舞，而一个男青年却孤独地站在一边，广告商品是去粉刺霜。《礼仪手册》的促销广告也别具一格：标题是"她又是要鸡肉沙拉"，画面上是一位女郎，手持菜单，表情尴尬，文字说明揭示，女方要先点菜，这位姑娘不了解餐仪，每次点菜总点菜单上的第一道冷菜——鸡肉沙拉，已是第三次，十分难堪。《礼仪手册》介绍社交知识和礼仪，十分实用，十分有针对性。

标题的文辞应简洁易懂，具有独特性，要能刺激目标对象，使之产生丰富联想。标题不能太长，以六七字为宜，一般在10个字左右。文字太多，可分为主标题和副标题。标题要创新，要明确承诺给消费者的利益，不使用陈词滥调。标题的措辞应真实、准确、贴切，不生搬硬套，故弄玄虚。

第二节　广告标题的种类

就形式和内容划分，广告标题可分为直接标题、间接标题和复合标题。

一、直接标题

标题直截了当展示广告内容和主题，受众一看就清楚广告诉求。这类标题开门见山，无须转弯抹角，往往以商标、商品名称或企业名称为标题。这种标题简单省事，能快捷传达广告信息，如"大白鲨啤酒"、"厦华彩电"、"柯达彩色胶卷"等，但容易陷入平俗，常会呆板、乏味、缺少特色。知名度不高的产品或企业使用这样的标题很难引起受众注意。直接标题应注重形象化和生活情趣，注意增强感染力和吸引力。如"饮'美的青春茶'，青春又健美"。"止咳有妙药，快服川贝精。”贝贝儿童足球广告标题:“贝贝！贝贝！绚丽多彩！”

二、间接标题

标题本身并不直接介绍产品或劳务，而用迂回曲折的办法来吸引消费者的关注，引导受众阅读广告正文。罗兰化妆品广告用“留住娇美青春，抗拒岁月留痕”做标题，红双喜广告用“喜上加喜，人人欢喜”做标题，双喜临门，不知喜在何处?，读者产生这样的疑问，自然会继续阅读广告正文。一则方便食品的广告标题是:“丈夫为什么离开家?”画面上，一个男子气呼呼地瞪着眼，很不高兴。广告正文说明:他结束一天紧张的工作回到家里，妻子已经外出，留下一张条子，叫他从冰箱中拿食品自己煮。丈夫不善于烹饪，就很不高兴地离开家里，上街到餐馆吃饭。广告推荐这家公司已生产一批美味的方便食品，只要一加热就可以吃，再也不会发生丈夫离开家的现象了。接着详细介绍各种方便食品，文字十分风趣。

间接性标题生动、活泼、趣味，引导读者阅读正文，激发联想，促使读者领会广告主旨。间接性标题不可过分生僻或费解，针对农村地区的广告，文字更应通俗易懂。

间接性标题表现手法多彩多姿，比直接标题更具哲理性和感染力。下面选取一些间接性广告标题的实例供参考。

连接世界的桥梁——机场广告
静止如水凉如泉——冷气机广告
今日光辉，永留回忆——柯尼卡胶卷
谁能惩治腐败——新飞冰箱
随时为您献歌——索尼音响
把太阳摘下来——蓝色沸点系列眼镜
拥有童心拥有爱——玩具广告
愿作绿叶陪牡丹——机械配件广告
花好月圆——银行广告
把根留住——房地产广告

三、复合标题

标题由引题、正题、副题三部分组成，也可是引题与正题或正题与副题的组合。引题在前烘托气氛，吸引消费者并引出广告信息的主体——正题。副题在正题后面，补充正题，具体说明产品性能、功效、作用。复合性标题适用于内容较多、较复杂的广告。三个标题由简至详、由浅到深，揭示出广告信息。如：

引题：美丽离不开水和肥皂

正题：蜂花液体香皂

副题：使你头发根根柔软 令你肌肤寸寸滑嫩

引题说明“水和肥皂”对人体美丽的重要作用，正题突出信息主体——蜂花液体香皂，副题进一步说明产品的特点与功效，以使用感受来吸引消费者，刺激人们生发美好联想，丰满了主题。

第三节 广告标题的制作方式

广告标题的表达形式多种多样，写作技巧也千变万化。目标市场和消费者心理复杂多变，难以捉摸，广告标题也必然因事、因时、因地、因人而变化，不应用固定程式来限制。

题好一半文，标题往往能画龙点睛。“春色满园关不住，一枝红杏出墙来”，好的标题应该像“出墙”的“红杏”，以经济的笔墨，或点化或含蓄地让人看到深藏其中的“满园春色”，这是对标题的严格要求。下面列举一些常见的广告标题方式，作为参考。

1. 新闻型

这类标题类似新闻标题。利用人们对新闻的注意及阅读新闻的习惯，以新闻口气对产品作刺激性的介绍。标题提供的事实应该新鲜，是读者感兴趣、想了解的。

新闻型标题构思的方向有两个——商品的新闻性和表达形式的新闻性。商品的新闻性，指成熟品牌的产品广告应着重展示改进后的新功用、新优点，新上市产品广告应该着重展示后来居上的优点。竞争激烈，商品需不断创新、改进，有了新的优点，就有了新闻性。一衬衫广告以“衬衫大革新”为标题，这种新型衬衫有四种尺寸的袖长，任凭选择，解除了消费者的后顾之忧。类似的标题还有“新的百科全书即将出版”、“控制体重新概念”、“革命性新式清管剂已告发明，解除水管障碍只需一秒”。表达形式的新闻性，指标题用新闻的表达形式引起注意。这类标题常用于新开张的企业，如“厦门友谊商店隆重开业”，或用于企业采取的新措施，如“西安肉联厂隆重推出——啤酒火腿，德国红肠”。

广告标题表达形式的新闻性与标题内容的新闻性没有明显界限，两者相辅相成，前者重形式、讲究文字表达。新闻型标题的内容必须有新闻价值，内容无新闻价值，会破坏读者对媒介和产品的信任。

2. 利益型

这类标题首先提出消费者关心的事实，承诺给消费者带来利益。如“权威人士戴权威型手表”，这个标题不以“走时准确”为号召，而附和消费者借名表显示气派的心愿。“治病不开刀，光到见疗效”，这标题宣传激光治病——按广告提供的服务项目就诊，可以免除开刀的痛苦。

高档、昂贵的产品购买风险较大，人们首先考虑的是经久耐用，关心产品的保养、维修等售后服务。桑塔纳轿车针对消费者的购买风险心理，制作了题为“为你负责到底”的广告，广告标题简洁、明了地进行利益承诺，消除后顾之忧。标题允诺的利益越大，越能引起消费者的兴趣。

3. 建议型

诚恳地为消费者出点子、提建议，会收到事半功倍的效果，使受众在信任中自觉消除对广告的排斥心理。这类标题主动地劝说或强烈地暗示读者去做或去思考，如“要想不慌不忙用早餐，请用上海芙蓉方便面”，或“进补为健康，长寿更幸福”。此类标题还可建议新的消费方式，引发消费者仿效，促成流行。“果珍”广告建议“果珍要喝热的”，形成喝热果味饮料的时尚，把单季产品扩展成全年性旺销产品。建议型标题也具有利益性标题的优点，直接或间接地展示品牌利益，如冰箱广告：“买冰箱，一笔大开支，轻率不得！看看邻居，跑跑市场，唯有××牌使你如梦方醒。”

建议型标题宜用平缓、礼貌、恭敬的言词来敦促消费者采取行动，多用“请……”、“欢迎……”等字眼，不宜用惊叹号。

4. 对比型

通过与竞品比较来显示广告商品的优越性，帮助消费者深刻认识广告商品的独到之处。如“价格便宜一半，性能超越一倍”，“正宗钻石吊扇 省内批价最低”。对比中还可展示反差悬殊的不同意念，如“到欧洲旅游，去时花费不多，回来收获不少”。

对比型标题一般不指名道姓，多使用泛比，避免伤害竞品。应防止用不正当竞争手法打击别人抬高自己，误导消费者。

5. 颂扬型

这类标题用夸耀的词句来赞誉企业取得的成就或商品的优点，试图给人留下良好印象。很多名牌产品使用这样的标题，有坚实可靠的事实基础，就能增强购买信心与荣誉感。如“600 岁五粮液，万世流芳”，“金华火腿，绝艺融古今”。语言要掌握分寸，不可言过其实，知名度不高的产品不宜使用此种标题。

6. 比喻型

运用具体、贴切、鲜明且人们熟悉的形象来表达题意，使标题生动活泼、俏皮，读后回味无穷，持久难忘。“此音只应天上有，人间那得几回闻”，以天上人间的遐想来比喻宝石花牌收录机的美妙音色。“孔雀开屏，绚丽多彩，优美动人”，以孔雀开屏的华丽英姿来比喻孔雀牌电视机带来的欢乐。恰当贴切的比喻，使人联想翩翩，难以忘怀。

比喻型标题还可用人们熟知的事物来比喻未被人们理解的商品。西班牙航空公司的广告的比喻型标题独树一帜——“1492 年，西班牙发现了美洲，1978 年，你可以发现西班牙”。1492 年，西班牙政府派遣哥伦布出海考察，发现了美洲大陆，这是世界探险史上的重大事件。西班牙航空公司精心选用的这一比喻极富哲理，说明乘坐西航到西班牙旅行，也会同哥伦布发现新大陆时一样欣喜若狂。西航公司的设备与优质服务，当然不在话下。

有些比喻还富于思想性和哲理意味。如“流利似飞箭”（派克笔），“法国第一夫人与您同行”（雪铁龙），“小莫小于水滴，细莫细于沙粒”（银行）。这些比喻让人回味。

7. 设问型

以疑问的形式提出问题，引起消费者的注意，产生共鸣与思考，用答案形式传递广告的主信息，引导消费者到正文中寻找答案，造成深刻印象。如“您的面容不想再白、嫩些吗？”（化妆品），“您想得冠军吗？”（跑鞋广告），“您的孩子瘦小，怎么办？”（药品广告），“春天到了，您想到哪里去呢？”（海水浴场广告）。这类标题设问时能抓住要害，提出的问题都是消费者关心的。此类标题多于理性诉求，帮助消费者进行购买分析。

8. 悬念型

悬念型标题能适当地激发消费者好奇，设置悬念，使人感到有趣而又迷惑不解，以引导阅读正文。后续的广告正文要能满足标题激发的好奇心，与标题呼应。眼镜广告的标题：“救救你的灵魂”，初读令人莫明其妙，正文释疑：“眼睛是心灵的窗户”，救眼睛便是救心灵。理发店的广告标题是“先生，把你的脑袋留下来”，让人大惊失色，细读全文才知该理发店服务态度好，理发技术高超，让顾客留恋。含有多种维生素成分的营养米广告：“不是药，但比药更有效！”标题激发消费者好奇，告诉消费者不要把米看成药，言外之意是该米富含维生素，有营养功能。

悬念式标题使用生活中少见的、一反常态的刺激手法，往往给人留下深刻印象。解放前，上海第一大戏院为梅兰芳赴沪首演刊登广告，报纸用整版篇幅连登三天，造成轰动效应，第四天才说明梅兰芳将有精彩演出。受广告的渲染，观众争相购票，场场满座。

9. 联想型

联想可诱发消费者的心理需求。雅丽塑料拖鞋广告的标题是“足下见雅丽，步伐显青春”，由拖鞋联想到青春的步伐、潇洒的风度，给人带来美的情愫。茶叶广告的标题“您想身材更苗条一些吗”，急于减肥或害怕肥胖的消费者一见这标题都会联想到喝茶减肥后的体态轻盈。保险公司广告的标题是“当晚霞消逝的时候”，意味深长，提示生命都有终点，都将如消逝的晚霞，因此要有长远打算，购买保险。

香港大公报发行美洲版的增订广告，广告标题为“可解乡思，可增见面”，“身居美洲，宛在香港”，深深打动“独在异乡为异客，每阅报纸倍思亲”的海外侨胞之心。

10. 情感型

广告应借助情感来达到目标，狄德罗说，没有感情这个品质，任何笔调都不可能打动人心，广告语必须富于情感，有感染力，才能打动消费者。感情必须亲切自然，不虚伪造作。月饼广告通过一尝一献表达主题，读来有情有义，有理有节：

金秋月下尝一口××月饼，团圆桌上献一盒××月饼，甜了人心，亲了人意。

生活水平提高，传统月饼不再有吸引力。月饼广告标题强化感情来与受众沟通。希尔顿的广告标题“这里的世界如在家中”，极富人情味，给旅游者家的温暖，突出展示希尔顿的舒适、方便与温情。

诉诸感情的广告标题还有“输入千言万语，奏出一片深情”，“输入”与“奏出”两个动词揭示出“四通打字机”与人的一片情意。上海长城电梯公司的广告标题：“华达电梯，助君高升”，用“高升”这种直观的产品功能来隐喻事业的成功，给工业品注入人情味。

11. 催促型

标题可以使用规劝、叮嘱、希望、忠告、命令等口气，催促消费者采取购买行动。使用这样的标题应考虑消费者的接受心理，语气应尽量婉转、客气，避免引起反感。“勿忘购买D香皂”，“聪明人速服用A牌口服液”这样的语气，都属催促过头，容易引起消费者的抗拒。消费者的自尊心大多强烈，广告必须尊重。木工刨床广告说：“为了您的人身安全和家庭幸福，请使用木工安全平刨床。”不说“为了避免人身伤亡”，而说“为了您的人身安全和家庭幸福”；不说“购买”，而说“使用”，还加上个“请”字，讲究措辞，让人感觉温暖。

12. 象征型

为了加强宣传效果，广告还可以使用象征手法，用具体事物表现深远的思想和感情，阐述广告主题。青春宝广告以大树来象征人的健康与长寿，说明产品益寿延年的功效。广告标题“人寿能与树寿比吗？调理好就能！”表达了寿比松柏的良好祝愿，强调健康长寿要妥善调养的道理。美国的保险公司利用万里长城做广告：“在美国也有一座看不见的长城。”长城是举世闻名的古迹，是“防卫”和“安全”的象征。该标题通过委婉含蓄的象征性词句和长城的雄伟画面，有力地说明该公司的可信赖。

13. 诗文型

优美的诗句，总能引起受众的美好联想，有效消除消费者对广告套话的厌读心理。诗歌语言优美、感情浓郁、意境深远、富有节奏，标题中适当借用(改用)诗句，可以醒目传神、引导消费。

举杯邀明月，对饮成三人——白酒广告
欲穷千里目，更上一层楼——售楼广告
悬崖百丈冰，独有花枝俏——香雪海电冰箱广告
赤橙黄绿青蓝，点缀人间春色——化工染料广告
思绪随着云儿飘，飘进月界广寒宫——少女寝具广告

14. 借名型

借用古今中外著名的人、事、地、物的名气和影响，赋予新意，常使消费者获得心理上的满足。徐州食品厂生产的“云龙山牌”蜜三刀，是传统名点，驰名南北。相传北宋时，徐州太守苏东坡得宝刀一把，在青石上连砍三刀，留下三条刀印，蜜三刀故而得名。该厂的广告标题是“苏东坡连砍三刀，云龙山‘蜜三刀’名扬天下”。江苏金坛县的“丰登牌”封缸酒选用糯米中之佳品“标米”制造，醇稠似蜜、馥郁芳香、风格独特，相传明太祖朱元璋在金坛卧龙山畅饮过此酒，所以用“丰登牌，明代贡酒——朱元璋痛饮卧龙山”作标题。江苏宜兴均陶闻名遐迩。远在宋代，宜兴均陶就以造型端庄、釉色浑厚著称于世。到了现代，宜兴均陶更加精美，在日本有“海参釉”之称，身价百倍。其产品有数千种，大之数尺，小之盈寸；古朴典雅之陶台陶凳素享盛名，各种陶瓷建筑，园林雕塑使古老均陶焕发青春。其广告标题是“宋朝技艺世代相传，宜兴均陶一家独秀”。

15. 寓意型

这是含蓄表达广告主旨和主题的标题方式。寓意与比喻不同，比喻多借助具体、鲜明的形象来表达题意，寓意多借助人本身的知识、修养、情操等，以合理的想像和发挥，具有新意，颇能引人深思和体味。台湾的一些寓意式广告标题能给我们启发：

给太太一份“安全感”——电饭锅广告
“闲”妻良母——洗衣机广告

把“新鲜”直接拉出来——电冰箱广告

“口服”、“心服”——矿泉水广告

与书为友，天长地久——丛书广告

16.记事型

不用装饰的语言描绘商品，也无需强调刺激和感情色彩，直截了当、简明扼要展示广告的主要信息。这类标题庄重、严肃，可让人在阅读广告正文之前就大体了解广告内容。这类标题适合于招聘启事和介绍商品的广告。如“2007 年高考复习丛书有售”、“第 15 期电脑培训班招生”、“厦华彩电”、“银鹭八宝粥”等。

标题不加修饰，显得真诚可信。“穿在华联”，这样的标题平淡通俗，但言简意赅，把华联商厦的属性、功能、气质和企业名称、地位表达得一清二楚。上海合成洗涤剂厂广告的标题是“用来用去，还是达尔美”，朴素的陈述、大众的语言，迎合了消费者的心理感受，强化了品牌印象。

第四节　广告标题的写作技巧

广告标题的表达形式多种多样，写作技巧也千变万化。撰制标题要综合使用各项知识，要满足广告内容、形式、目的、作用等各方面的要求，撰写时还要兼顾广告产品本身的特征，消费者的组成结构及购买层次，消费者的购买偏好，竞品状况等多种因素。

标题要真实，唯有真实才令人信服，同时应注意以下 4 个方面的问题。

(1)主题突出。标题是正文的高度概括，必须鲜明概括广告主题和信息，应该让人看到标题就能了解广告的大致内容。神州热水器用“安全又省气”作标题，受众轻易就能记住热水器的与众不同，满足消费者对热水器品质的特殊要求。标题犹如广告的橱窗，要迅速明晰地展示内容的精髓，消费者确定广告商品符合自己的切身利益，就能激起购买欲望。

(2)通俗易懂。标题不宜使用“之乎者也”的文言词，应少用虚词，可以恰当使用口语。雀巢咖啡的“味道好极了”，麦氏咖啡的“别忘了朋友”等标题都是成功运用口语的典范。不同地区、不同风俗、不同的语言环境应使用不同的广告用语，使用粤语的读者能理解威力洗衣机的广告标题“够威够力”，北方地区的人普遍不理解这样的标题，改用“献给母亲的爱”，就容易理解和接受。

(3)新颖独特。标题包含的信息应是消费者需要的最新信息，新产品，或者老产品的新用途、新概念、新材料、新设计、新款式等，这些新信息容易引起消费者的注意。标题的表现形式要独特，要尽量展示商品特点，甚至制造特点。标题可适当设置悬念，增强刺激性和吸引力。洗发精广告的标题是"现在可以从头发上洗刷掉岁月的痕迹了"，药品广告的标题是"我是怎样在短期内增强我的记忆力的"，这样的标题容易吸引患健忘症或患有其他影响记忆力疾病的读者阅读广告正文。广告标题还可以使用双关语、警语、歇后语，以吸引读者。电话机广告的标题是"勿失良机"、梁新记牙刷广告的标题是"一毛不拔"、中国大酒店广告的标题是"中国美食在广州，广州美食在中国"，这些标题耐咀嚼，有余味。标题的字体、字形、用字与位置，都应考虑视觉化，以营造独特优美的意境，满足消费者的好奇心、感染消费者。

(4)简练有力。标题的语言一定要精炼，不宜过长。不超过10个字，文字太多，可区分主标题和副标题。标题应"利、奇、知"，"利"——让消费者知晓使用广告商品带来的利益，"奇"——满足消费者的好奇心，"知"——告诉消费者新的知识。

广告标题没有固定的模式，创作人员可在实践中不断摸索和创新。

第一节　广告正文的结构

广告正文是广告作品中主要的介绍说明文字，是广告文案的中心部分，也是广告内容的具体体现。广告标题的主要功能是吸引消费者，广告正文的作用则在于说服消费者。在广告标题的诱导下，消费者进一步从广告正文中得到可靠的信息，并受情感的感召而激发购买欲望。

广告标题十分重要，但广告不能仅有标题，消费者被标题吸引后得不到足够的信息和必要的承诺，就会失望。广告正文要把标题揭示的东西具体化，主要提供三方面的内容。

(1)信息。提供产品基本功能、特征、质量等信息，引起消费者的购买欲望。

(2)说服。说服有两种策略，理智性诉求——通过比较、证明、提醒、忠告等方法说服消费者理智选择，情感性诉求——运用富有感情的词句打动消费者。

(3)承诺。做出明显的承诺，让消费者买得放心、用得舒心，维护企业形象。

广告正文包括形式结构与内容结构两大部分。

一、形式结构

从文字的结构角度看，广告正文的层次结构是：发端语—中心语—结束语。

1. 发端语

发端语在标题和正文之间，承上启下，衔接标题，为后文的展开做铺垫。国泰航空公司广告的发端语是："一家航空公司特别优越出众，原因何在？很简单：服务人员表现出色，能对乘客照顾得无微不至，使乘客有宾至如归之感。"发端语概括介绍国泰航空公司服务周到，吸引受众详看下文。

2. 中心语

中心语是广告文案的主要部分，其任务是根据广告主题突出产品特征，用有说服力的证据来证实或丰富发端语。按照说明问题的复杂与否及文字结构的特点，中心语可以只是一个段落，也可以分成几个段落。国泰航空公司的广告在发端语之后，便具体介绍该公司服务的特点："国泰的服务人员，处处替乘客着想，事无大小，均乐于效劳。因此，国泰航空公司为亚洲首屈一指的航空公司，亦是理所当然。"这样的关怀具有强烈的说服力。

3. 结束语

结束语的作用是以精炼的语句再次强调商品特点，促使受众采取购买行动。有的广告在末尾附注厂名、厂址、电话、电挂、联系人等信息。国泰航空公司的广告的结束语写道："您下次在亚洲公干或旅游，请搭乘服务出众、胜人一筹的国泰航空公司。"浓浓的情谊使人过目难忘。

广告正文一般都有结束语，少数广告没有结尾，中心语部分写完也就结束了。有些短广告的正文不分段，一气呵成，不区分明显段落。

以文字为主的广告，其正文结构总不外上述三部分，围绕着标题来展开叙述。广告正文的结构无一定之规，各部分次序可灵活安排，但总体上要有利于阐发广告主题，符合人们的接受习惯。

二、内容结构

除了形式结构的写作模式外，广告正文还可按照表意层次划分段落，按逻辑规律有组织地将广告内容的要点传达给读者。其逻辑推理可按下列 5 点来组织。

(1)吸引注意。这是从标题到广告正文的最首要的任务。

(2)表明利益。如果标题成功吸引注意、唤起兴趣和激发欲望，消费者就会准备进一步了解该商品。广告正文必须直接从标题的手中"接棒"，强调商品利益；说明商品能满足消费者的需求，增进舒适或愉快。广告正文必须诉诸消费者的基本需要和欲望；反映消费者心声。

(3)提供证明。表明利益后，广告应该接着提供商品将能裨益读者的证明，这一阶段的主要任务是呈现事实——精确描述商品，但勿枯燥乏味，应以富有魅力的语言表现商品的独特。要使事实证明与情感诉求相交织，使商品与消费者及其兴趣点相关连。

(4)掌握枢纽。适当重复要点，使广告呈现韵律感，加深消费者印象。商品特点、商品利益，都是重复的重点。重复的频率视文案的长短而定，文案较长可重复三遍，文案短些以两遍为宜。重复不是原文照抄，但也不是跑马，必须把握要领，不可离题。

(5)鼓舞行动。有些广告不使用导致行动的文字，怕引起消费者的憎恶。但无论如何，促使消费者采取行动很重要；措辞应有鼓动力。

广告文案不一定要按这个逻辑顺序展开，也不一定要具备所有要素。证明可由画面来执行；重复也可由画面来执行。这5个要素不用截然分开，可融会贯通，灵活运用。

第二节　广告正文的类型

正文的形式由内容决定，产品不同，广告目的不同，对象不同，正文的形式也应不同。广告正文表现形式丰富多彩，有时像叙事文，有时近乎小品文，或是一段演说、一节短评。按内容的不同，广告正文的形式有三种主要的形态。

一、事实型

这种正文以事实为依据，主要介绍产品信息——功能、特点、用途、价格、品种规格等。其结构有如报纸简讯，概略述及人、事(物)、地、时以及原因，直截了当，甚少花招。"事实胜于雄辩"，事实具有强烈的说服力。事实型正文引经据典、提供数据、实行对比，利用严密的逻辑关系构成不容否认的内在联系，或利用权威使受众景仰；或基于消费者的接近和认同心理而让产品使用者谈经验，等等。事实型广告文撰写比较容易，但要准确高效地传达信息，仍需借助完善的技巧。视手法不同，事实型正文分为4种主要形式。

1. 功能式

功能式广告使用逻辑的、平铺直叙的撰写方式，不过多修饰，突出产品的主要功能与特点，让消费者获得明晰的商品信息。

随时备用日本喇叭牌正露丸

——肠胃不适疴呕肚痛对症下药

饮食过量，食无定时，消化不良，肠胃不适，疴呕肚胀，特别是如因饮食不洁或污染的物品而引致疴呕肚痛，即服日本喇叭牌正露丸更有药效，确是出门旅行及家居日常不可缺备的良药，外用治理牙痛及蛀牙亦具功效。

日本喇叭牌正露丸效果优良可靠，用者无不赞赏。因在日本具有悠久历史，几乎家家户户均有备购。

功能式广告注重广告内容本身，直接展示产品的优点，本身就能引人入胜。

2. 消息式

消息式广告类似新闻报道，用来传达重要消息。撰写消息式广告，应先确定提供的事实具有新、实、短、快的特点。“新”指内容新；“实”指内容实——广告提供最新发生的事实，而不是陈旧虚假的事实；“短”指文字简短，篇幅短小；“快”指发表速度快，迅速及时。这类事实型广告多用于新产品、新服务的宣传。

双鹿电冰箱

新春时节，京华传喜讯。新华社公布了轻工业部质量等级公报，中国家用电器工业质量检测中心对电冰箱九个指标测试，按国家标准划分等级。双鹿冰箱跃入国际先进水平 A 级(优良)行列。

北京阳光广场奠基典礼

矗立于亚运村东北角的阳光广场，以其独特的建筑风格，超凡的气魄，即将成为“京北城中城”。

法国名师设计，古罗马建筑风格与现代建筑完美结合，东、西、南、北门各具特色，四座塔楼犹如现代城堡。庭院、喷泉、雕塑、花坛、景观处处。

阳光广场地处北京上风口，交通便利，环境优雅，水质优良，空气新鲜，是一个集高级公寓、写字楼、商业、娱乐、金融为一体的综合性多功能大型豪华商住城，是您生活、置业、社交、休闲之最佳选择。

3. 描述式

描述式广告的主要特征是“以事显理”，用事实本身说话，通过展示产品研制和生产过程，让消费者身临其境。

哥伦比亚咖啡

世界最浓的咖啡？

哥伦比亚安第斯山的高原是世界最香醇咖啡生长和收获的地方。

为什么哥伦比亚咖啡如此妙不可言？

是那肥沃的火山土壤，终年温和的气候，充足的雨水和温暖的阳光，使这里的自然条件得天独厚。

富有经验的农民只选择那些最新鲜，气味最香的咖啡豆，他们用传统的手工法采摘咖啡豆。

然后，他们将采下的最上乘的咖啡豆在清凉的山泉中清洗，在温暖的阳光下晾晒，他们要检查咖啡豆是否颗粒匀称，温度适当，气味芬芳。

这些超级咖啡豆经烘制后更加完美。然后，他们把咖啡豆运往世界各地的市场。咖啡树五年才能结果，但您无需等待五年的时光，因为哥伦比亚咖啡现在在中国的各大商店和餐馆中均有销售。

请选用真正的哥伦比亚咖啡豆制成的咖啡。当您第一口品尝到它那浓郁的芳香时，别忘了哥伦比亚的农民。他们在和暖的阳光下，在安第斯高原的土地上辛勤劳作。

正是他们的劳作，使您能享受到世界上最香醇的咖啡——哥伦比亚咖啡。

这是一篇优秀的描述式广告。广告正文是对广告标题"哥伦比亚咖啡。世界最浓郁的咖啡?"的回答。全文描述介绍"哥伦比亚咖啡"的属地、优良的生长环境、精细的加工工艺和培育种植的困难。帮助消费者了解咖啡，由此掌握广告咖啡的独特个性。文尾对哥伦比亚农民的赞美兼有抒情作用，给人留下强烈印象。

4. 证言式

证言式广告也用事实说话，运用有关数据，专家鉴定，获奖的名称、等级或证书、消费者的反映等证明来进行广告宣传。这些证明材料应有代表性、典型性和真实性，有说服力。

春兰空调　品质超众　再获殊荣

1994 年 5 月，春兰空调率先通过由国际标准化组织颁布的 ISO 9001 国际标准认证。

ISO 9000 系列标准由国际标准化组织颁布，目前已被 50 多个国家和地区所采用，被誉为企业进入国际市场的"通行证"。ISO 9000 系列标准分有五个标准：ISO 9000 标准——ISO 9004 标准。其中，ISO 9001 系列标准规定了从产品设计到售后服务的质量保证体系要求，是最为全面的标准。

1995 年新春伊始，又传佳音：全国 48 家商场联袂推举公认，《消费时报》第十次产品质量市场评价揭晓：春兰系列空调再次荣获空调产品榜首。

春兰人感谢广大消费者的信任与厚爱，在新的一年中，将再接再厉，为用户提供更加精良的服务。

广告以无可辩驳的事实说明春兰空调的高质量，使人深信不疑。

二、论证型

论证型广告在事实基础上进行理性分析，不仅告诉消费者产品“是什么”，还告诉他们“为什么”，讲清道理，让消费者心悦诚服地去购买商品。

吸取生物精华　焕发生命潜能　太阳神生物健

太阳神生物健是广东体育、医学、医药等方面专家吸取民间验方精华，将祖国医学理论与现代生物工程技术相结合，采用特殊工艺从鸡、蛇等生物中提取而成，不含任何防腐剂，无化学合成药物，是国内首创的一种全新的机体调节型保健品。

太阳神生物健系列口服液属调节机体功能的保健品，临床使用表明它具有双向综合调节机体功能的作用。

动物实验证明：生物健通过增强心肌收缩力、增加每搏输出量，使机体循环系统功能加强。同时，生物健通过增加食欲、改善消化吸收功能，使人体血红蛋白含量升高，给养能力提高，机体各组织器官能及时得到充足养分和排除代谢物，从而令人精神振奋，体质增强，对促进病后康复有理想的效果。另一方面，生物健又能够使人易于入睡，加深睡眠，从而提高休息质量，保证机体有足够的精力去维持饱满的精神状态。所以说生物健有“焕发生命潜能”的效果。

周林频谱仪　中国人的家庭医生

WS周林频谱保健治疗仪是一种全新的高科技保健治疗仪，它不同于红外线、微波、激光、电磁治疗仪等理疗仪器，能直接影响人体的细胞，能从总体上调节人体的状态，从而达到治病和保健的效果。

该治疗仪模拟人体频谱发生器释放的频谱，激发体内的基本粒子谐振，在病变处产生“内生热效应”和生化反应，同时调节人体生物电场，来改善病变状况，消除微循环障碍，调节与平衡植物神经系统，促进新陈代谢，增进组织恢复和再生功能，达到消炎，消肿，止痛，通便，止泻，减少渗液，促进愈合，安神入眠，活血通气的效果。

家用型的周林频谱仪最适合一般家庭使用；它操作简单，只需要照射患处和穴位二三十分钟就行；它价格适中，一般家庭都能接受，每台仪器可以使用大约10年。

上述两则广告在产品刚上市时都“以理服人”，严密论证其使用原理，论点鲜明、论据确凿、论证有力。但这两种产品能否在市场上永久地立足，有待时间的考验。

三、情感型

情感型广告的特点是“以情感人”，以抒情为主要表达方式，通过抒发与商品相关联的感情打动消费者。情感型广告突出消费者对商品感情上的需求，以事实材料为基础，但较事实型广告进一步，结合事实与消费者的感情需求，迎合了消费者对商品深层次的文化韵味的追求。

皮衣旁放着一封信，再放一只寒暑表，广告正文是：

今日降温
小时候
每逢下雪天
母亲总唤儿添衣
长大后
远离家乡
单衫不耐寒风疾
呵！一份母爱，百缕牵挂
一件皮衣，万般情义

广告商品是皮衣，但正文写得情真意切，柔情无限。“今日降温”这一主题成为天气降温与皮衣之间的联结点，引出母亲对儿子的关怀这一线索，联系皮衣、母爱与亲情——儿见皮衣如见母亲，突出了“一件皮衣，万般情义”的情感诉求。

事实型广告与论证型广告都用事实说话，情感型广告则以抒情为主要表达方式。

第三节　广告正文的基本要求

说服力决定了广告的成败，说服力主要通过广告正文来表现。从根本上说，广告的说服力取决于广告产品的功能和质量，这些特性都要通过广告的语言和形象转化成说服力。

广告正文是文案中重要的组成部分，使用的文字相对多些，但也要求简短精练。日常消费品或老产品广告，广告正文不妨简短一些；耐用消费品、生产资料或新产品广告，广告正文可以详细一些。美国最长的广告文案正文有 6 450 字。Schlitz 啤酒广告正文长达 5 页，但读者并不厌烦。壳牌石油的广告长达 800 字，但 20%的男性读者阅读了该广告的大部分内容。好的广告正文应能吸引人，而不拘泥篇幅长短。

广告正文并无固定格式，可以使用多种体裁，也可根据媒介特点创作。街头招贴的正文宜明了醒目；报刊广告的正文应条理清楚、通达明白；电视广告的正文应配合画面活动；广播广告的正文应有必要的描写、重复。撰写正文前应熟悉产品的性能用途，掌握目标对象的消费特点，使正文简单明了、适人适物，使消费者感到自然和可信。

一、言不虚发

广告文案要推销商品，语意要准确，不能舞文弄墨、孤芳自赏。广告写作不能全凭灵感行事，应出自“事实”和缜密的筹划，用辛勤的工作来培养、激发灵感。

写作前要周密准备，写作前必须了解商品的品质与特点、潜在消费者的需要与欲望、竞品的现状和市场发展等，才不会华而不实。仅凭商品名称和简略的情况介绍臆测撰写，这样的文案无法兼顾商品的特点和潜在消费者的需求，当然无法发挥广告作用。

二、真实可信

消费者要求广告提供真实可信的信息，广告必须以事实为依据，严格而准确地展示商品的品质和功能；以艺术表现为手段，劝说和感染受众认同商品。无论是显示说明还是渲染描绘，都要注意保证广告的真实性。

1. 真实的标准

真实有标准，但这一标准不是绝对的，而是相对的。广告真实性的标准指：

(1)在一般情况下，社会团体或个人能够通过自己具备的科学知识或科学检测手段来判定广告商品的真实。

(2)在一般情况下，广告内容的真实能以广告商品的实际性质来判定。

(3)在一般情况下，广告内容的真实能够以多数消费者使用广告商品的实际感受来判定。

广告的真实性标准又是相对的：

(1)广告真实与否，是广告信息在消费者心目中的主观感受，同一广告的真实及真实程度的判定受受众个人社会文化背景和经历的影响。

(2)广告是一门艺术，不可避免地要使用比喻、比拟、衬托、夸张等艺术表现手法，广告的真实不是事物原态的真实，而是艺术加工后的真实。比如，白丽香皂的广告语“今年二十，明年十八”，从事物原态的角度说不真实，但从艺术真实的角度说却可以理解。

2.真实与夸张

广告也是艺术，艺术允许夸张。合理的艺术夸张要有依据，“家有凯歌，幸福欢乐”，这是夸张，但夸张的效果是生动活泼、充满情趣。与夸张不同，夸大是无根据地言过其实，这尤其出现在药品广告中，“发烧感冒，六支见效”(北京复方银黄)、“五分钟去痰，十分钟止咳”(莱阳梨止咳冲剂)、“全功能抗感冒新药”(帕尔克)等广告语均夸大药品的功效。广告文案应限于描述商品本来具有的特点，不可承诺根本没有的利益。滥开空头支票，必将导致消费者的失望，使商品损誉，广告失信。

3.真实与误导

广告在总体上必须给人真实的、负责的印象，误导了消费者，就必须纠正。以儿童为广告对象的食品广告，广告图案是一男一女两个儿童，广告正文是“你一口，我一口，酸酸甜甜小两口”，误导儿童性早熟，对儿童身心健康不利。有的广告使用含糊之词，如“这种洗涤剂可以使你把衣服洗得从未见过的那样白”，这是一句空洞的比较语。广告中使用名人证言也容易误导，一无其事，二无直接联系，这样的广告把名人与产品生拉硬扯弄到一块，不会产生效果。

4.真实与“最佳”

按《广告法》规定，在广告中不能使用“最佳”、“最新”、“最先进”、“国家级”等用语，因为“最”本身没有限度，每种产品都说自己是最新的，无从找人鉴定，造成不公平竞争。“最”是无法超越，这也不符合事物发展的客观规律。从公平的竞争环境和科技发展的角度看，上述提法都违背了广告的真实性。

三、重点突出

广告正文强调的重点是产品的销售点，为避免盲目，创作可先制作表格，左栏罗列商品栏，右栏是潜在消费者栏。商品栏的项目包括质料、色彩、设计、式样、时尚、坚固程度、大小、价格、售卖条件、用途、独特优点及与同类产品比较等；潜在消费者栏详载该商品可使消费者获得满足的基本需要与欲望，如提高身份、更为舒适、增进仪表、个人声望等。寻求两栏的相符之处，作为销售点的依据。以衣料为例，左栏有一项“柔滑、无刺激感”，正好配上右栏的“更为舒适”，便可据此建立诉求。销售点不止一项，其重要性也不一，应根据市场调查情况，选择强调最接近消费者的销售点。

为了突出重点，应适当重复，强化正文主要信息的印象痕迹，广播电视广告尤其如此，如“果味 VC”电视广告，一口气说 10 句话，“VC”两字重复达 8 次，商标给人强烈印象。

四、措词得当

广告正文不仅要辞藻优美、通畅流利，更应语意准确，选取与广告对象相适应的广告形式，使消费者产生认同。针对儿童的广告应形象活泼，易传易唱；受众文化程度较低的广告应通俗易懂、清晰明白；受众文化程度较高的广告则应含蓄婉转、文雅华丽。广告应多用主动性句子，少用抽象词汇。主动性句子在提示行动和描绘意象方面效果较好，如，“××牌电风扇驱走了酷热”就比“酷热被××牌电风扇驱走了”来得更直截了当、简洁明了。抽象词汇不能明确观念的实质，无法迅速吸引消费者。措词尽可能以单数代替多数，一匹马、一块香皂、一个人，要比一群马、一打香皂、一队人容易看得清楚。文字亦然，单数的人或物可提供更具体的摹想，留下更深刻的印象。

五、富有魅力

广告新颖独特，不仅能引起注意，而且能产生深层次的影响。如某一眼用化妆品广告，画面是一个少女，用双手交叉掩住面部，仅露出一双清流明亮、秀丽聪慧的眼睛，解说词是“眼睛是心灵的窗户”，揭示产品用途，拨动消费者思绪。牛奶广告称“只要你连续 1 200 个月每天都喝上一杯牛奶，你准能活上一百岁”，1 200个月正巧是 100 年。

广告注入真情，情真意切才能打动人心。“太阳神奶”广告语“给父母以孝心，给子女以爱心，给亲友以关心”，广告宣扬的情感满足不同层次消费者的心理需求。女性承担家庭中主要的洗涤任务，洗衣机自然地被赋予“母爱与贤妻”的感情色彩，洗衣机广告抓住这一点来激发消费者情感和购买欲望：“‘闲’妻良母，让您有更充裕的时间照顾家庭，当个真正的贤妻良母！”

平易亲切的语言有助于增强魅力，广告不应强加于人，盛气凌人，应以商量的口吻，像老朋友一样交谈，多用第二人称直接呼唤消费者，多用礼貌用语，从形式上缩短供求双方的距离，增加亲切感。

第四节　广告口号

广告口号又叫广告标语或广告警句，由富有感染力的语句组成，简练明确、鼓动性强。第十一届亚运会期间，我国提出“亚运为国增荣誉，我为亚运添光彩”的口号；厦门每年“9·8”商贸洽谈会都固定宣传口号“万商云集，创造良机”。和商标一样，广告口号也是企业的重要标志。长期使用的口号有助于消费者辨认企业及其产品，留下深刻印象。因此，有人把广告口号称为广告主题或企业经营宗旨的“语言的标志”和“文字的商标”，把它视为与商标、厂标一样重要的企业标志。

广告口号和标题都引人注目，两者有联系也有区别。两者都概括产品或企业的特点而成，广告标题有时也可用作广告口号，有些口号就从标题演变而来。两者的区别在于：

(1)目的不同。标题配合产品周期，引导消费者阅读正文；口号帮助消费者建立观念，加深企业印象或产品印象。

(2)适用范围不同。标题多用于宣传具体产品；口号则宣传企业所有产品的整体。

(3)使用时间不同。标题短期使用，根据需要经常更换，商品具有好几种优点，就不妨从各个角度，分别写成几则广告，陆续发布；口号相对固定，具有较长时间的连续性，成功的广告口号更不宜轻易改变。

(4)位置不同。标题一般放在广告开头，标语多数放在末尾。

从不同角度划分，广告口号有多种类型，常用的有以下三类：

(1)鼓动式。用鼓动性语言，激励消费者购买产品。

穿李宁鞋踏成功路——李宁牌运动鞋。

购物是享受享受到燕莎——北京燕莎商厦。

神州燃气炉您的好帮手——神州燃气炉。

(2)赞扬式。突出产品的优越性，使消费者对产品产生好感。

一杯在手唇齿留香——滇红枣茶。

喝了娃哈哈吃饭就是香——娃哈哈营养液。

世界最薄舒服极了——博士伦隐形眼镜。

(3)情感式。用富有感情的语言进行渲染，使消费者产生美好的联想。

年年如青春少女——牡丹灵芝膏。

人类有冷暖东宝最相知——东宝空调。

四十年风尘岁月中华在我心中——中华牙膏。

柔柔的风 甜甜的梦——鸿运扇。

口号的地位和作用十分特殊，创作时一定要谨慎，尽量迎合消费者的接受习惯。广告口号要引人入胜，必须注意以下技巧：

(1)简短凝练。广告口号应简短有力，字数不宜太多。语调应合辙押韵，有节奏感，以形成记忆。

(2)易读易记。尽量口语化，使用消费者喜闻乐见的形式，通俗易懂、通顺流畅、好念易记、琅琅上口。

(3)个性独特。尽量概括简练，体现商品或劳务的特点，以己之长攻人之短。如宝洁象牙香皂："纯度 99.44%。"可洁牌牙膏："既洁牙齿又净呼吸"。避免使用"万金油"式的口号，如"××目标——走向世界"等，这不能达到宣传目的。

(4)号召力强。广告口号应随时发挥鼓动激励的作用，促使消费者把兴趣和好奇变成行动，如"请喝可口可乐吧"、"我只用力士"、"IBM 意味着最佳服务"等。

(5)嵌入牌名。如果能把公司、产品或劳务的名称自然嵌入广告口号中，不断重复出现，会大大提高产品知名度。"施美"系列化妆品使用"浓妆淡施，各尽其美"的口号，不但嵌入"施美"两字，而且揭示系列化妆品既可浓妆、又可淡施的特点。正大综艺的节目口号"爱是正大无私的奉献"更是巧夺天工，体现深刻内涵，镶嵌毫无缝隙。

金威啤酒影视广告创意(30 秒)

广告口号：能够吸引女性的啤酒赭男士信赖

创意说明：通过女性对啤酒的着迷，引起男士的注意，引起其品尝欲望。采取购买行动，这一切来自啤酒的魅力。

镜头一：当一段让人陶醉的轻缓的音乐响起，一位中年男士深情款款地看着男面上的金威啤酒，蛮有味道地谈起了往事："事情发生在那天的晚上……"背景音乐在这个时候停了，另一段带有诡秘色彩的音乐响起，让人心跳加快，感觉有点紧张。"那是我和妻子的结婚纪念日……"

镜头二：当日的情景重现——丈夫回房间准备拿出送给妻子的礼物，而客厅里，妻子拿出一瓶金威啤酒，丈夫刚从房间走出来，被眼前一切惊呆了。(原本音乐突然在此停止)进行丈夫几秒钟的心跳特写："砰、砰、砰砰、砰砰……"

镜头三：妻子打开啤酒瓶盖，往嘴里灌了一口。（强劲的音乐突然响起）妻子一脸满意的诱人的性感表情。一副蠢蠢欲舞的样子，似乎即将有一种不可思议的力量要从她身上爆发。（画面变为妻子被陶醉的满足感的特写：妻子想像自己身穿银色皮革劲舞装，随着很有节奏的音乐作出狂野的动作。）

镜头四：丈夫情不自禁地说了句话："能够吸引女性的啤酒！该是男士最好的选择！让人充满力量！！"（音乐突然停止）妻子听到丈夫的话，从联想中回到现实。一脸羞涩地说到："不好意思，本来是送给你的礼物，只是，我尝试了一口……"

镜头五：画面突然回到男士的独白中："哦，当时我更注意的是妻子手中的金威，真的不敢相信它的魔力。从那以后，我就像中了魔咒的人，对它（双眼从回忆到现实，望向金威啤酒，一脸自信的表情）情有独钟"。

蒙牛牛奶（低脂）影视广告脚本创作（肥贼篇 30 秒）

创意说明：这是一个悬念广告，以夸张、搞笑、悬念的方式来吸引观众，这样会令人印象深刻，抓住重点。通过胖妹想方设法去寻找美女身材好的原因的故事来表现蒙牛低脂肪，喝多了也不怕胖的特点。

镜头一：一个身穿黑色斗篷，体形肥大的胖妹在不断地把东西快速搬出阳台，镜头拉近，是爬山绳，马达，还有自做的大翅膀等东西。

镜头二：她以坚定的目光望着正在对面开着的阳台，一声："GO"后，胖妹转眼就装上了翅膀站在栏杆上，纵身前跳。她笨拙地拍着翅膀，可是"砰"的一声巨响，翅膀折断，胖妹以"大"字形着地。

镜头三：胖妹用绳一甩，绳子自然将两个阳台紧紧相连，然后用滑轮在绳上滑过去，很可惜体形庞大，绳子难以承受断了，她来了个"人肉锤地"。

镜头四：画面快速显现她的几次"人肉锤地"。功夫不负有心人，她被用马达制造的火箭以非一般速度射出，撞到目的地（对面的房子）的墙并跌在地上。

镜头五：她在房子里不停地寻找着什么，终于，她在冰箱里拿出一大杯牛奶，突然目光转向桌上的相架一个窈窕的美女。

镜头六：胖妹脑袋冒出一个："？"号，自言自语说："她也喝牛奶？怎么还能保持这么好的身材，肯定有什么减肥药，找到了，就不用忍着不喝心爱的牛奶,也不用怕发胖了。"

镜头七:(镜头六停止)蒙牛牛奶包装盒飞入画面广告语道出:低脂肪,蒙牛牛奶,想喝就喝!

背景音乐:以节奏轻快为主。

创意说明:漂白剂在市场上是比较普遍,简单的日常用品,让产品与消费者直接建立亲切融合的联系比较困难,从宠物的角度去表现产品的漂白功能,无需言语来表达,在广告的行进中,以幽默的方式,逻辑推理诉求,给消费者留下了深刻的印象。

广告口号:漂白功能,瞬间感受!

镜头景别画面音响

1. 全景在一个屋子里,女主人正在把一些溶剂倒进一桶水里,然后转身去拿衣服。女主人的脚步声

2. 近景一只斑点狗突然从窗户外面跳进来,正好跳进那桶水里。掉进桶里的水声

3. 特写当斑点狗从桶里狼狈地爬起来时,身上的斑点完全消失了,成了一只雪白的狗。

4. 弹出字幕:漂白剂

诚信社会诚信人生公益影视广告创意(30 秒)

创意说明:从生活的细节入手,酒后被骗签字、地产商没有如期履行诺言、伪劣商品泛滥成灾,这些日常生活中经常出现的现象,已经给人们的生活带来了严重的破坏。通过诚信的对立角度欺骗去直描,哀伤音乐去衬托,从而激起受众对诚信极大的心里渴求,让人们实际行动起来,反对欺骗,建立诚信社会。

镜头一:在某酒吧里,一个男子喝醉了,倒在沙发上说胡话。陪他一起喝酒的朋友见他醉了,拿出一份合约就要他签上自己的名字。那个男子朦胧中签了字,当他醒来的时候,发现自己因为那份合约,损失了所有财产,于是痛心不已。

旁白:我想要一位可以真诚对待我的朋友。(黑色背景加上反白字幕)

镜头二:一对夫妇带着自己的孩子,一家大小看着一片空空的烂尾地,妻子沮丧地说:"不是说好今年可以把楼重建好,给我们一个美好家园的吗?"丈夫叹气摇头。

旁白：我想要地产商还我一个家。（黑色背景加上反白字幕）

镜头三：一个年轻女士哼着轻快的调子，往脸上抹某牌子的化妆品，但渐渐地脸变得又红又肿，那个女士对着镜子，泪流满面。

旁白：我想要买到的都是正品。（黑色背景加上反白字幕）

镜头四：字幕淡入：我们都不想受到欺骗。（淡出）接着主题字幕淡入："诚信社会诚信人生"。

注：背景音乐以哀伤音乐为主基调，配合特定场景音乐。

第一节　报纸广告文案创作

印刷广告文案的结构最典型最完整，一般使用在报纸或杂志上。印刷广告可以是纯文字的，通过不同字体、不同位置、不同颜色编排在版面上，也可以是图文并茂的。印刷广告总体上清晰、完整、明确，是传统广告中最具代表性的表现形式。

一、报纸媒介的传播特点

报纸是印刷广告文案的主要传播媒介。它通过文字传播，时效性强，信息更替速度快；传播范围广泛，但受区域限制，全国性报纸与地方性报纸的传播范围差别就很大；报纸传播的信息可保留，反复阅读；报纸的传播对象广泛但是受范围和数量的限制；报纸传播的信度较其他媒介高。

根据编辑主调和内容，报纸有新闻性、专业性、娱乐性报纸之分；根据覆盖范围，有全国性、地方性报纸之分；根据出版周期，有日报、晚报、周报、周双报、周四刊等种类。这些不同，都可能影响受众的层次和分布。报纸的受众群样对集中而且地域性很强，接收信息时，由于地理文化差异，很可能对同样的信息抱以迥然的态度，这是在文案创作必须注意的。报纸广告受众接收信息时自由，处于主动、专注的接受状态。报纸受众群虽然分布广，“成分”复杂，但比较稳定。

二、报纸广告文案的具体创作

写作报纸广告文案时，首先是在写作一篇广告文案，它应具备广告文案的最典型结构（通常情况下），然后再根据报纸媒介的特点将它“个性化”。

（1）标题。奥格威非常重视标题：“标题是大多数平面广告最重要的部分，它是决定读者是不是读正文的关键所在。读标题的人平均为读正文的人的5倍。换句话说，标题代表了一则广告所花费的80%……在我们行业中最大的错误莫过于推出一则没有标题的广告。”[①]标题的意义非同一般，找到好标题就成功了80%，醒目吸引人的标题才能抓住受众。好标题有以下特点：向读者阐明正文要传达的利益点；这个利益点要一目了然；这个利益点容易实现。举例来说，在《读者文摘》中，最受欢迎的广告大都这样题目——“怎样减少你的电话费”、“戒烟的较好办法”等等。人们更关心与自己有关的信息，标题应尽量提及目标受众，吸引他们阅读。如Aim牙膏的广告标题“对患蛀齿的孩子的妈妈们，这是一个好消息”。标题应该包括具体的内容，避免让受众不知所云，尽可能在标题中加入新闻。比如一则宣传新上市产品的广告标题“革命性的排水管清洁剂现已面世，一秒钟内就打通了阻塞的管道”。标题还应避免反面，用最简短的文字表现尽可能多的内容，直接有力最好，不要只说没害处，单纯避免缺点。

（2）文案正文的写作与诉求对象和产品的性质联系密切，报纸传播时效性强，信息容量大，适合理性诉求，家电、物业、汽车等“硬件”，其广告借助报刊的权威性，更容易得到认同。长文案适合介绍复杂繁多的产品性质与特点。虽然广告文案力求简洁，但应视具体情况而定，完整准确传达广告信息，是一篇广告正文的责任。而且，看了标题还看正文的读者，很可能就是产品的主顾或是对这种产品很兴趣的人，所以大可放心使用长文案。在介绍产品或服务时，应尽量分清层次，在大标题下可以分设小标题，将产品特点或利益点按照一定的逻辑顺序列出。这样不仅可以紧紧抓住读者的心，避免其因不耐烦而放弃阅读，又可以使写作者有一个清晰的写作框架，避免遗漏信息点，在推荐产品时，要避免使用只有专家和专业人员才懂的专业词汇，即使写作者对于产品已经非常了解。要经常把自己想像成受众中的一员，说他们常说的话，说他们可以理解的东西，千万不能让受众觉得受到专业知识的压迫。奥格威曾经为劳斯莱斯汽车撰写的长文案，信息详尽到了足以让一个不懂汽车的人成为汽车专家的地步，可谓报刊文案

---

① ［美］大卫·奥格威著，林桦译：《一个广告人的自白》，中国友谊出版公司1991年版，第94页。

写作的经典。

报纸广告的面积有大有小，一般有以下几种：整版、横跨双页版、半版、四栏24厘米、八栏10厘米（或8厘米）、报眼、中缝以及更小的规格，不同面积的版面在画面设计上有很大差异，如半版或整版广告的文字编排和图形的使用要尽量显出大气的感觉。但要注意大气并不等于广告内容充诛整个画面，有时恰恰相反，画面中的适当留白，可使广告中的视觉元素拥有强烈对比，使画面有呼吸感，并与相邻的确广告或新闻形成“隔离带”。由于报纸特有的时效性，给了它得以展示系列广告的机会，这时每款广告的标题和正文需要采用相同的形式、不同的内容来加强系列广告的关联性，同时对比也会张显系列中每一款广告的个性。

（3）报纸广告的广告语一般出现在产品名称或企业标志的附近。并且广告语的使用通常具有统一性，即在各种媒介上发布的同一产品的广告，其广告语是相同的，只是表现方式不同而已。

（4）报纸广告的随文写作有几种方法：

常规法：将正文中没有传达的必要的信息做一下篇幅和风格上的处理，附于正文之后，这种方法只能保证随文符合文案写作的基本要求，而不能写出高水平的随文。

附言法：将随文写成正文后的简短的附言可以使用比较个人化的语句。如在一则希望读者主动索取资料的文案中，随文可采用这样的句式：“如果您希望了解关于……的更详尽的情况，可以按照以下地址给我们写信”。

标签法：也有的随文采用标签的形式，即将随文写成一个简短、明确的标签，在文案中通过方格、虚线等形式标明，以获得更高的阅读率。

表格法：将通过语言表达比较困难的信息用表格的形式来传达。如“消费者意见表”、“参加抽奖活动报名表”等。

报纸广告文案，找准目标最重要，“对症下药”才能“事半功倍”。不同性质报纸受众的差异性很大，比如《北京晨报》的受众与《精品购物指南》的受众，在职业和性别上的差异很大；不同地区的受众文化差异也很大，如《福建日报》和《羊城晚报》的受众，这就要求文案的各部分内容根据受众的具体特征做适当的有针对性的调整。

第二节　杂志广告文案创作

一、杂志媒介的传播特点

同报纸相比，杂志也通过文字传播信息，传播范围不如报纸媒介广泛，也有一定的区域限制，刊期较长，版面较小，印刷质量有较高的保障，图像传播攻势要强于报纸。杂志可以长期保留，反复阅读，这使得杂志广告有着较为长久的传播时效。杂志的读者群地区性强而且相对集中，但较为稳定，而且个性鲜明，这使得杂志的个人消费性很强，其内容直接锁定了读者的生活形态和品味。杂志广告强调高度的视觉效果，由于杂志并非是靠瞬间冲击力打动读者的媒体，所以，在编排、形象创作的制作上保持高格调高亲和度和令人回味的欣赏价值，是杂志广告打动读者的关键，也因此，杂志广告总给人以高档次的感觉。所以，杂志广告的主角——产品，大多为名牌消费品、非生活必需品。杂志广告的版面划分，常见的规格有跨页、全页、1/3 页、2/3 页、1/2 页、1/4 页、1/8 页、封二、封三、封底等。

与报纸相比，杂志也分为很多种类，而且有更“专”的趋势。常见的杂志有以下几种：

(1)一般性杂志。是一种针对大多数读者的兴趣需要，提供服务信息的刊物。此类刊物内容丰富，包罗万象。比如美国的《读者文摘》，内容就涉及猎奇、汽车、教育、娱乐、经济、犯罪、传记等十余个方面。可以想像，其广告的种类也就比较多样化。

(2)新闻性杂志。此类杂志以刊登新闻，再配以深入说明为主，如美国的《时代》，内容有世界与国内新闻、名人动态、宗教、艺术等，其广告的内容会多倾向于企业、社会组织的形象广告，及一些专门人员提供一个发表观点的论坛。此类杂志销量不大，但格调高雅、内容严肃。如美国的《大西洋月刊》、我国的《读书》。此类杂志，很少刊登广告，甚至不刊登广告。

(3)妇女杂志。目的在于帮助妇女料理家事、孩子、职业和内心世界，内容包括时装、烹饪、美容等等。此类杂志，读者群明确单一，广告的产品种类集中，多为家庭、妇女及儿童用品。此外还有男性杂志、城市杂志、体育杂志、专门行业杂志(如《摄影》、《钓鱼》等),这些杂志的读者群相对集中,而且专业水平较高,广告的产品种类指向性都很强。

二、杂志广告文案的具体创作

杂志广告文案的写作遵循印刷广告写作的基本原则,与报纸写作一样,一个醒目而且精准的标题是一篇杂志广告能否抓住读者的关键。所不同的是,杂志广告的正文不宜太长,需要根据特定的杂志品味加以精练。尽管杂志广告的重复阅读率高于报纸,但文案要避免像报纸广告文案一样的理性,适当地强调散文式色彩有益于减轻读者的逆反心理。杂志广告的读者具有很大的统一性,特征鲜明,因此,在写作时要切记"是写给谁看的",是亲切自然、还是严谨科学,是新奇活泼、亦或平稳严肃,这些都取决于那些广告世界中的上帝——读者。比如,写给妇女读者的文案,要避免过于理性的诉求,尽量给人平易、亲切之感。专业性杂志的广告往往与杂志的个性有一定的关联,比如摄影杂志上刊登的广告会以摄影器材相关产品居多,撰写此类广告的文时,要注意与杂志的个性色彩相一致,着重介绍产品最特别突出的优点,对于一般的用途甚至可以省去。

糖葫芦篇

标题:网络里也有糖芦吗?

创意说明:糖葫芦是中国特有的一种传统小吃,对它许多人都会想起童年时甜甜的葫芦味……创意是以圆为主体,让大家可以联想到和谐、团圆的感觉。比喻中国和谐社会的理想。手法上加入现代的网络符号更直接的传递了一种时尚的设计理念。

中国结篇

标题:和谐中国.吉祥如意

创意说明:"中国结"是我国民间特有的吉祥物,中国结渗透着中华民族特有的文化精髓,含有丰富的文化底蕴。

作品的设计意念是受线条的启发,用传统的"中国结"加以现代的手法去表达。虽然传统的元素我们无法用语言去描述,但却可以用图形来表达,传送递着我们中华民族悠久的文化。

航海篇

标题:道幸千百载 航结万里缘

创意说明:创意以“中国与世界情缘”为表现主题,以象征沉淀数千年的“道学”文化“太极”和“罗盘”作背景,以“指南针”作媒介,与象征东西古典航海文明的“郑和”和“哥伦布”及其相应时代的帝王像组团,一方面,阐明东西方民族之情源远流长,另一方面,二条相似的探陆航线如同结缘丝绸带,紧紧联结古今东西方之情。这宏观性的巧合,就是一种“道幸”。

体育篇

标题:从“病夫”到巨人

创意说明:独特的蝴蝶造型巧妙地融合“中国”,并以动感十足的乒乓球和运动员相点缀,寓意着中国与奥运比翼齐飞,再续辉煌。而运动员脚踏阴影的历史,更鲜明衬托中国彻底甩掉“东亚病夫”,以巨人的魄力傲视世界!

和平篇

标题:从“病夫”到巨人

创意说明:以“中国”二字为金字塔的底座,并以“中”字为平称支撑着地球与和平鸽使之相平衡,寓意着中国和平外交,呼唤以和平、中立的方式去维护世界和平;更好促进世界各国和皆共处,营造良好的国际环境。

鼎篇

标题:诚信中国,一言九鼎

创意说明:“鼎”是中华民族优良文化传统的重要象征。“一言九鼎”钩出“鼎”与诚信的关系。中国是诚信之国,鼎,即一诺千金。今天“诚信”始终是中国人的守则。该创意以“鼎”为设计元素,简约手法概括出鼎优美的结构造型,轻松的勾勒带有半点玩味。单纯的表现突现较强的视觉冲击力,使受众自然地将中国与诚信联结,形成良好的中国印象。

圆月篇

标题:明月几时有,把酒问青天,两情相思盼,相聚是何年。

创意说明:作品以“圆月”为主题,画面通过月饼基本形象征圆月,但画面的月饼仍是分裂的,这正象征着中华民族对台湾回归的强烈渴望，另外，作品以黄色和黑色块面烘托月饼，进一步强化“对比式和谐”的强烈情感。事实上，祖国只有实现统一才能实现真正意义的和谐！

第十一章 广播广告文案

广播广告利用电波传播声音，听众通过听觉感知声音，接受广告内容。用声音传播信息的长处是真实生动，富于想像空间。相较于文字，语言更容易表达感情，更利于人们展开想像。声音传播也有局限——有声无形，一听而过，无法存查。必须利用广播广告语言的特点，扬长避短，发挥其特有的媒介优势。

现代汉语把语言分为口头语和书面语两个大类。口头语指人们面对面交谈中使用的语言，比较随意，语法结构不那么严谨，运用中较多省略。书面语指按语法规律严密加工的语言，逻辑性较强。广播语言介乎口头语和书面语之间，但其句式运用和风格特色都更接近口头语。

广播广告文案要求按语法规律组织文体，又要适合口头表达，并注意与音响、音乐的配合。文案创作要突出为听而写，必须使用大众熟悉的通用词，做到语句通顺、语音标准、条理清楚、合乎逻辑。

第一节 广播广告的要素与种类

一、广播媒介的传播特点

广播的传播方式与印刷媒介区别甚大，具体表现在：

（1）信息传播速度快、灵活性大。广播通过电波传送信息，信息的发出与接收几乎同时进行；广播的传播内容制作简单，修改方便，比印刷媒介更灵活。

（2）传播范围广泛。电波传送不受空间距离、地理环境、天气、交通、自然灾害等因素的限制，传播范围比印刷媒介更广泛。

（3）通过声音传播，诉诸人的听觉，有广阔的联想空间。

(4)传播对象极其广泛。广播诉诸听觉,受众接收信息不受文化水平限制,上至八旬老人,下到幼儿园的孩子,都能毫无障碍地接收广播发出的信息。

(5)瞬时传播,稍纵即逝。受众无法保留信息,无法进行再次收听。

二、广播广告的构成要素

广播广告的要素是语言、音乐和音响,语言可独立使用,音乐和音响必须配合语言运用。

1. 语言

语言是广播广告的主体,是广播广告最重要的要素。广播广告的语言应能准确鲜明地表达广告主题,帮助听众把握广告信息。广播广告播出时间有限,语言不能吸引目标听众,不能引起他们对广告内容的兴趣,不能刺激起他们的购买欲望,就不能促使其行动。

广播广告的语言应针对不同层次的消费者而体现不同的格调,突出个性特征。企业形象广告应突出信誉可靠、实力强劲;针对青年男子的广告要充满朝气、潇洒有力;针对青年女子的广告应柔美动听、浪漫抒情;针对儿童的广告应生动活泼、富有趣味。乐百氏广告每天都问孩子们"你今天喝了没有",娃哈哈广告每天都让孩子跟着说"妈妈,我要喝"!针对性极强。

广播广告语言应实用,表达不好,受众听不懂,不理解,记不住。广播广告应为听而写而非为看而写。为听而写,就要注意语言的语音和声感,尽量使用口语化和形象化语言,节奏感要强,抑扬顿挫,使听众感受到韵律美。

广播广告主要是语言的艺术,掌握语言技巧是制作广播广告的基本条件。可以从以下 8 个方面努力。

(1)口语化。口语的特点是结构简单、明快上口、通俗易懂、感情色彩强烈。受众用耳朵听广播广告,口语化的句子容易记住,有利于口头传播。雀巢咖啡的"味道好极了",达克宁霜的"用了都说好",娃哈哈的"妈妈我要喝",这些广告语容易记忆、上口顺耳,一听就明白。

(2)多用短语。广告句子太长,一句接一句,听到后面可能忘了前面,很难抓住要领,精练、生动、口语化的短语有利于增强记忆。雪碧的"晶晶亮,透心凉",飞亚达手表的"一旦拥有,别无所求",长虹电视机的"天上彩虹,人间长虹",这些短语易于记忆和流传,受众记住短语的同时记住了产品。

(3)使用通用语。尽量使用目标受众的通用语言。以我国为例,民族众多,语言复杂,同一种事物,各地说法不同。广东人叫红薯蕃薯,山东人叫地瓜,上海人叫山芋,四川人叫红苕。为红薯做广告,在中央台播出应用"红薯",其他地区要用当地方言，更亲近。少用或不用大众不熟悉的专业语和行业语，尽量使用意义相同的一般通用语，或用浅显的语言来说明和解释。

(4)不滥用简称略语。广播广告语言应简洁扼要、意思明白，使用词义明确、大众熟悉的简略语，不用含混不清的简略语。“产品实行三包”，受众并不了解“三包”的范围，这样的简略语形式不固定，人们不熟悉，以不用为妥。

(5)不用同音词，多用双音词。广播广告应避免使用同音异义的词，广播靠声音传递信息，这样做很容易造成误会。“艾青诗选”容易混淆成“爱情诗选”。可将其改成异音的同义词，也可以通过加减音节来避免误会。“食油”易与“石油”混同，应改为“食用油”；“治癌”易与“致癌”混同，可改成“治疗癌病”；“向钱看”与“向前看”混同，可改为“向金钱看”，等等。

单音节词，音波短，音感低；双音节词音波长，音感强，读起来上口顺耳，把单音词改为双音词或多音词，能听得更清楚。例如：

现——现在　较——比较

但——但是　将——将要

或——或者　如——例如

达——达到　后——以后

(6)选用声音响亮的字、词。受众听广播时比较随意，为了听得清楚，广播广告应尽量选用开口大、发音比较响亮的字，使声音清晰明朗、洪亮悦耳。

现代汉语的语音有阴平、阳平、上声、去声四个声调。阴平、阳平合称平声，上声、去声合称仄声。声调与字音的高低、长短、强弱有直接关系。平声字音调长，好比敲钟击鼓，声音传得远，如“发”、“光”等。仄声字音调短促，传不远，如“住”、“供”、“聚”等。广告中反映主题的重要字词应选用发音响亮的字词。音调短促的仄声字用多了会影响收听效果。

(7)节奏感强。语言节奏感强，可增强广告的吸引力和感染力。句子的长短、句式的整散、结构的松紧、声调的抑扬顿挫及音韵的强弱，都会影响语言的节奏。王码电脑的广告说“得心应手，王码电脑”，“手”和“脑”押韵，念起来富有节奏感。

广播广告要成功，还有赖于播音员发挥播音技巧，用适合的声音来增强广告效果。有声语言的表达手段比书面语言丰富，可以通过语调的高、低、强、弱，节奏的快、慢表达丰富细腻的感情。广告播放时应速度适中、节奏分明、有起有落，这样才能吸引听众的注意。

(8)重复重点。重复信息，会加深听众的记忆 。这种重复不会破坏语言的精炼，反而增强广告效果。广告应重点重复品牌信息，可以使用多种方法——利用人物对话来重复；利用同音字、谐音字来重复；利用快板书、顺口溜来重复。表达时应自然巧妙，不留痕迹，生硬的重复容易引起听众的反感。

2. 音乐

音乐用节奏和旋律表达思想感情，广播广告的音乐必须为广告主题服务。广播广告可借助音乐与听众建立感情，加强艺术感染力。音乐的主要作用有3个。

(1)突出广告主题。音乐既能赋予产品个性，也能突出产品特征，音乐主题应与产品特征密切关联，让听众透过音乐了解产品。古典音乐庄重、古朴；轻音乐奔放、悠扬；民族音乐富于地方色彩；进行曲威武雄壮。音乐有其特定主题，表现特定情感。不同的产品应选用不同的音乐来表现。工业产品适合用管乐来表现，听起来朝气蓬勃，使人振奋；化妆品、服装可选用轻柔悠扬的轻音乐；地方特产则选用民间音乐更适合。

(2)增强感染力。音乐的主要内涵是感情，音乐能从感情上影响心理和情绪，征服心灵。平淡的广告语配上好的音乐，感染力会大大增强。白酒广告配以“饮酒歌”，即能渲染热烈欢快的气氛和情趣，突出美酒带来的欢乐和幸福。儿童车广告可以使用跳跃的木琴旋律，带受众联想儿童骑车时的活泼形象，增强广告诉求的感染力。

(3)帮助记忆。配乐不是展示音乐本身，而是为了让人记住与音乐相联系的广告内容。长期固定使用特定的曲子作为前导乐或配用乐，能产生“闻其声而知其物”的效果。好的广告歌，人们多年后都不会忘记，随口便唱，从而记住产品。

选择广告音乐要注意以下三个问题。首先，音乐要与广告的情调基本一致，选用背景音乐前要先弄清乐曲的主题。比如，把《风流寡妇》作为化妆品广告或时装广告的背景音乐会贻笑大方；避免一曲多用，以免抹杀产品个性。其次，音乐要少，只在节骨眼上使用，以画龙点睛。音乐不能喧宾夺主，影响广告。介绍产品质量、特点、功用时，音乐的音量要相对小一些；渲染环境、烘托气氛时，音量可相对大一些。最后，音乐要短而浅显，便于记忆。东芝的广告，只在最后用四小节音乐(三秒左右)：“东芝牌，东芝牌，大家的东芝。”旋律近乎讲话，但节奏鲜明，极易记忆。松下的广告音乐更简单，唱词仅“松下电器”四个字，旋律明快、流畅，人们一听就能学会。

3. 音响

除语言、音乐外，音响也是塑造商品形象的重要手段，可以增加真实感和现实感，吸引听众的注意。音响能提示和补充语言，尤其能帮助营造典型环境，引发想像力。人们认识环境时，往往把视觉信息和听觉信息联系在一起，从音响可以联想到环境；音响能形象地表现人物的内心情感或暗示人物的动作；音响能突出产品的品质特征，帮助听众加深产品印象；音响还能刺激听觉，引起注意，特定的音响反复使用，可成为产品听觉上的识别标志。音响应该逼真可信，根据广告要求突出典型性的音响，以扩展广告的表现力。

广播广告常用的音响有三种类型。一是自然音响，如风雨声、雷鸣声、流水声、鸟兽叫声等，常用做背景声音。帐篷广告可以用风雨声做背景，营造野外作业的艰苦气氛，这时介绍帐篷的特点和功能，就容易引起兴趣。二是环境音响，如机床轰鸣、汽车飞驰、汽笛长鸣等，可让人身临其境。三是人物音响，即人物活动产生的声响，如掌声、笑声、脚步声、喧哗声、碰杯声等，可营造现场的真实感。

4. 发挥“三要素”的综合效能

广播广告是一种综合声音艺术，广告脚本只是其中的一部分，语言、音乐、音响这三要素应该在理解脚本的基础上综合协调，克服各自的不足，各臻其妙，以达到浑然一体。

录音合成是再创作，组合运用音质、音量、变声、停顿、节奏等，使广播广告更加情趣盎然、声情并茂。

三、广播广告的种类

了解电台的广告时间，掌握不同节目类型与广告的关系，有助于了解广播广告的类型。电台的广告时间，一般按照黄金时间、非黄金时间和随时插播三种不同情况，分别列为甲、乙、丙三种等级。甲级时间，指早、中、晚收听人数最多的时段，收费最贵。乙级时间，指收听人数较少的时间，收费较甲级便宜。丙级时间，收听人数最少，收费最便宜。三种时间的确定，主要根据各地的时差及人们生活规律而定，不同电台有差别。广播广告的节目有以下 5 种主要类型。

(1)普通广告。可根据用户要求，在甲、乙、丙三种时间播出。甲级时间听众集中，播出的时间固定。乙级时间，主要为上班后和听众不那么集中的固定时间。丙级时间，主要是节目的空余时间，没有固定时间，插播，收费较低，增加播放次数会取得一定的广告效果。

(2)特约广告。特约广告主要有两种：客户特约广告时间和客户特约节目。客户特约广告时间听众较集中，效果较好，但收费较高。“叶枯净”在广东做广告，广东台根据客户的要求，安排在早晨 5 时 55 分天气预报之后播出，因这个时间农村听众相对集中，收效良好。客户特约节目是听众特别喜欢的文艺、体育节目或节日精彩节目，在其间插播广告，效果甚好，如在体育节目中插播体育用品广告。

(3)专栏广告。在广告节目中开辟专栏广告，在固定时间广播，听众在固定的时间内收听，效果较好。如开辟寻人专栏广告、药品专栏广告、农机产品专栏广告、文体用品专栏广告等。

(4)专题广告。在固定时间播出企业专题节目或产品专题节目,能造成声势,较快提高企业或产品的知名度。江苏扬子电器的“扬子之声”专题广告,集新闻性、知识性、趣味性、实用性、娱乐性为一体,以专栏题目“工厂巡礼”、“产品介绍”、“人物足迹”、“扬子乐园”、“技术讲座”、“用户服务台”等,组合成完整的企业形象和产品形象的宣传,吸引了庞大的听众群,形成良好的销售势头。

(5)赞助广告。客户出钱出物赞助电台举办节目或组织社会活动,插播产品广告或展示企业形象。可以由独家赞助,也可以联合赞助。赞助的权利及义务均比特约小,费用也低廉,但效果不及特约。

赞助广告有三种类型:一是社会公益性的,如赞助希望工程、扶贫工程的宣传,或是植树造林、绿化祖国的宣传等;二是社会教育性的,如举办科学知识测验有奖活动;三是赞助电台举办重要节目的转播费用,如大型体育、文艺节目比赛等。

第二节　广播广告文案的表现形式

广播广告文案的表现形式多样,主要有对话、小品、散文、诗歌、歌唱等形式,

1. 陈述式

由一人或多人直接陈述广告内容,制作简单、直截了当,主题明确、价格低廉,广告信息传播迅速。这类广告多用叙述口吻,语言朴素、浅显易懂。

三圈牌五号电池(厦门台)

男声:自从我使用厦门电池厂生产的三圈牌五号电池以后,就决定长期使用三圈牌五号电池。

广州酒家(广东台)

广州、广州,食在广州。品茶宴客,请到广州酒家。广州酒家,气派豪华,服务周到,环境清雅。

广州酒家是广东一家老字号的酒家。五十年代,广州酒家始创了“广州文昌鸡”,六十年代创新了“广州茅台鸡”,七十年代推出名菜“一掌定山河”、“铁板食谱”和“铁板禾花雀”,八十年代又首创了宫廷御菜——“天香一品”和“满汉精选宴”。

朋友，如果您到广州，敬请光临广州酒家，那里上乘的服务质量，您会感到称心如意；名菜美点，更会使您回味无穷。

2.对话式

由两个以上的角色，以对话形式介绍商品特点。对话式广告自然亲切，让人在不知不觉中接受商品信息。对话式广告能较好地溶入感情因素，以情感人。福建台制作的"孔府家酒"广告，整篇洋溢着对民族文化的自豪之情，对故乡亲人的依恋之情，对祖国统一的渴望之情，商品信息与情感融为一体。

"孔府家酒"广告

女孩：爷爷，您回台湾带这么多东西呀？

爷爷：对，好园园，快别动，快别动，这箱子可是爷爷的宝贝！

女孩（撒娇）：我是您的宝贝，我要看看箱子里是什么宝贝！要看嘛！要看嘛！

爷爷：好！好！乖园园，看吧！（音乐起）

女孩：孔府……

爷爷："孔府家酒"。

女孩：全是"孔府家酒"啊！

爷爷：对，你知道孔府吗？

女孩：知道，在孔夫子的家乡曲阜。

爷爷：园园真聪明。

女孩：我们幼儿园老师说，孔子是大教育家，妈妈说孔子是大圣人。

爷爷：对呀，中国不管是大陆还是台湾，谁不知道孔夫子啊，这酒出在孔子的家乡，名气这么大，酒味这么香，在台湾的爷爷、伯伯、叔叔们谁都想尝一口，爷爷也想时不时地喝上两盅，所以带这么多，还不够呢！

女孩：妈妈说，您年纪大要少喝白酒。

爷爷：对，对，这酒度数低，喝几杯醉不了，就是醉了，也是醉在家乡的清水里，也是醉在民族的自豪中啊！

旁白：飘洒中华芳香，深藏民族自豪。

孔府——家酒。

3.小品式

用相对完整的故事情节或生活片断贯穿广告，赋予广告生活气息，避免简单说教。小品式广告与大众生活密切联系。延边台制作的广告小品《对幸福的理解》，告知人们敦化制药厂厂长看重的是为患者除病解难，而非追求"奖"、"牌"。

对幸福的理解

旁白：对幸福，每个人都有自己的理解，敦化制药厂厂长又是怎样理解的呢？

女：（敲门声）厂长，您的信。

厂长：哪儿来的？

女：广东省廉江国营红湖农场。（乐曲声起……）

（一个苍老的女中音，如叙家常娓娓道出）：厂长同志，我叫浩敏，战争年代得了克山病，后来又得了类风湿症，多方治疗没有效果，疾病折磨得我，甚至想过死。

那一天，我从广播中听到延边人参再造丸。到药店，一眼就看到了来自故乡的药，封盒上参天的青松，金光闪闪的人参，清波荡漾的图们江，啊！多么熟悉的一切呀。

我连续服了50丸，病就好了。厂长同志，我是流着泪给您写信，请您接受一个老战士的敬礼吧。

女：厂长，您怎么……

旁白：男儿有泪不轻弹啊。延边人参再造丸获得国家银牌时，厂长流过泪吗？没有。可现在，他流泪了。这泪，就是敦化制药厂厂长对幸福的理解吧！

4. 歌唱式

把广告文案写成歌词，谱上曲子，以歌曲形式表现。歌唱式广告文案最能发挥广播媒介的特性，能较好地利用音乐的长处，可以借用民谣、进行曲、通俗歌曲的曲调。歌唱式广告自然活泼、简短悦耳，易于模仿和传唱，成为人们喜闻乐见的广告形式。歌唱时要注意吐字清楚，让人们知道唱的内容。

雪碧饮料（歌词）

晶晶亮，透心凉，
我要雪碧，倍感愉快。
冰冻，解渴，向心中透，
晶亮，清凉，我要雪碧，
晶亮，清凉，我要雪碧。

5. 诗歌式

以诗歌朗诵并配以音乐的方式来传播广告信息，广告内容化为诗，音乐烘托气氛。诗歌式广告可以自由借用诗词中的格律诗型、自由诗型、民歌型以及群众喜欢的顺口溜，这类广告合辙押韵、琅琅上口，给人们强烈的美感及吸引力。

施美系列化妆品（上海台）

悠扬韵雅的乐曲衬托着柔和婉约的嗓音——

姑娘哪个不爱美，爱美的姑娘爱施美；
施美系列化妆品，清新高雅雍容华贵。
施美系列化妆品，高度滋养美容必备。
姑娘爱施美，
爱施美的姑娘，你看美不美？
施美，是美——

［最后一句加混响效果。］

6. 散文式

有些陈述式广播广告可采用散文式体裁来表现，富于抒情的色彩的散文能增强语言的美感，把产品的信息融入情深意幽的艺术效果中，加上乐曲的衬托，更是美不胜收。

西湖牌电视机（中央台）

“水光敛滟晴方好，山色空蒙雨亦奇；若把西湖比西子，淡妆浓抹总相宜”，这是北宋大诗人苏东坡赞咏西湖的诗句。古往今来，杭州西湖以它旖旎的湖光山色，充满诗情画意的自然美景，留下了多少文人墨士的誉美之辞，成为祖国山河中一颗璀璨夺目的明珠。

丰富多彩的历史古迹和巧夺天工的艺苑园林，固然构成了西湖的美，然而今天古城杭州的现代化建设则把西湖点缀得更美。在今年全国第四届黑白电视机质量评比当中，杭州电视机厂的西湖牌35GJD1—1型，西湖35HD—2型黑白电视机双双获得一等奖，它将把西湖美景传递到千家万户，把秀丽典雅的西湖春色长留在您的身边。

7. 表演式

利用相声、快板、评书、戏剧表演等形式表现广告内容，使听众在欣赏文艺节目的同时接收广告信息。表演式广告文案都较长，写作中须在关键部分突出广告主题。

飞蝶松下洗衣机(相声)

各位听众,现在请您欣赏相声。
(甲)我爱你呀我爱你。
(乙)你爱我?
(甲)我的生活离不了你。
(乙)爱得还挺深。
(甲)我爱你的美丽肤色如萌芽绿。
(乙)我都绿了?
(甲)呵,这是国际流行色。
(乙)咦? 我还是国际型的!
(甲)我爱你强壮的体魄。
(乙)我身体结实。
(甲)因为你是日本进口材料作的。
(乙)那当然是了,——我呀?
(甲)我爱你技术先进品质卓越,
(乙)咱是新的姿态,新的突破。
(甲)我爱你干活利索,衣服洗得最干净。
(乙)我洗衣服最拿手。
(甲)我爱你肚量大讲信誉,从不和别人胡缠。
(乙)都说我这点好。
(甲)省里夸你,部里赞你,全国人民都爱你。
(乙)我是人见人爱。
(甲)跟你在一起呀,我永无后顾之忧。
(乙)你放心,咱绝不变心!
(甲)啊,我最理想、最可爱的……
(乙)什么呀?
(甲)飞蝶松下……
(乙)是洗衣机呀!

飞蝶松下洗衣机(表演唱)

女声合唱:飞蝶松下洗衣机,
男声独唱:洗衣轻快又自在。
女声合唱:飞蝶松下洗衣机,

男声独唱：家庭主妇的好帮手。

男声独唱：带来洁净，带来欢乐，

女声合唱：飞蝶松下洗衣机。

奇迹

（这是杭州孔凤春珍珠霜广播广告脚本的片断，讲述一个使用该产品治疗严重冻伤的故事。）

音响：惊涛拍岸。

音乐：烘托紧张的气氛。

伯克（澳大利亚科学家）：小船就要翻了，蒋加伦先生，您看怎么办?!

蒋加伦（中国科学家）：快，扣好救生衣，跳海！

音响、音乐止。

女声旁白：这是一个真实的故事。1983年2月3日，国家海洋局第二海洋研究所助理研究员蒋加伦和澳大利亚生物学家伯克，驾驶着一只小船在南极爱丽丝海峡考察，不幸遇难落水。（背景音：飞机救援人员的电话呼叫声）

他们冒着狂风，在零下十五度的冰水中搏斗了半个小时才爬上岸，又在冰天雪地中等候了五个小时，才被直升机搭救到戴维斯站医务室。

波涛声渐息，音乐起。

……（略）

8.综合式

语言搭配音响、音乐（歌曲），综合运用两种以上的表现形式共同表现广告内容。综合式广播广告能综合发挥各种形式的优势，错落有致、新鲜有趣，感染力十分强。

“华姿系列化妆品”广告（中央台）

（男）：送你件礼物。

（女）：什么？

（男）：（深情地）你自己打开看呀！

（打开包装盒）

（女）：（惊喜地）啊！ 华姿！

（歌曲前奏起……）

女唱：华姿，华姿，比花还香馨；

华姿，华姿，使您的秀发更加迷人。
东方温和型给您添风韵，
时代最流行发用化妆品。
华姿，华姿，华姿系列美，
为您增色保青春；
华姿，华姿，华姿系列美，
使您的秀发更加迷人。

（乐曲缓缓而终……）

这则广告文案分为前后两个部分，前部分采用对话形式，通过情节化的小悬念吸引听众的注意。后半部分以歌唱形式进一步打动听众，激发听众的需求心理与消费欲望。

广播广告文案应充分发挥广播传播的长处，避免不利因素：

（1）避免歧义。广播传播借助口头语言进行，容易因同音或多义而产生歧义，应避免使用同音字和有多义字，以免受众理解偏差。广播广告文案应口语化，切忌使用生僻字词和过于复杂的句式。口语贴近生活，能拉近广告与受众的距离，潜移默化作用于受众。非方言区的广告应避免使用方言；合理分割语气和使用断句，文案中合适的语气和断句，口头表达时可能难以理解，要周全考虑。

（2）合理重复。广播信息稍纵即逝，受众可能由于转台而只听到广告的开头或结尾。广告开头应出现品牌名称或企业名称，结尾适当重复。

（3）考虑整体效果。广告需要语言，也需要音响和音乐，文案创作时应充分考虑音响和音乐的使用及其与语言的配合，文案过长或过短，都会直接影响广告信息传达。

相对印刷广告来说，广播广告的文案较灵活，四个组成部分毋需俱全，但讲究瞬间冲击力。广播诉诸听觉，这提供了巨大的联想空间，应充分利用这个空间营造或和谐、或特别的气氛，使广告更具煽动力。传播主体适当，广告看上去就真实可信，牙膏广告可用牙科专家的口吻来传达信息。适当的语境可加强语言的表达效度，反之则让人感觉生硬、突兀，影响广告效果；语言带有感情色彩，文案叙述者的感情和个性色彩会感染受众。

第三节　广播广告文案的创意原则

广播广告受众接收的特点十分鲜明：

(1)传播范围广泛,但受电台发射功率和方言的限制,听众的地域性较强,层次也复杂。

(2)听众广泛分散。收音机能收听多个台的广播,收音机的拥有量非常大,受众广泛、分散、不可控制。

(3)听众处于被动地位。不同于印刷媒介,广播瞬时播出,听众选台后不能自主选择节目,也无法控制节目播出的时间和进程。

(4)听众收听时不专注。受众收听广播时经常做别的事,很不专注,但广播很少影响受众的活动,受众对传播内容的抗拒也相对较弱。

(5)听众群相对固定。广播中对象性节目(如娱乐游戏节目和深夜情感节目)逐渐增多,受众可选择喜爱的节目,特定的节目就有相对固定的受众群。

创作文案前要充分准备,综合分析产品的特点、市场状况、消费者与竞争对手的情况,结合媒介的特点与主题的要求,进行整体构思创意。

由于表现形式和制作技巧的特殊性,广播广告文案创意原则有所不同。

1. 可听原则

广播信息稍纵即逝,广播作用于听觉,声音越鲜明,听觉感受越深,可听性越强。广播广告的作用机制为:听觉刺激—调动想像—发生兴趣—反复感染—增强好感—激起购买欲—采取购买行动。从听觉刺激到采取购买行动,每一个环节都需要听觉刺激。信息可听性越强,广告效果越好。

"玩具汽车"广告文案(上海台)

[模拟汽车飞驶声]

童音合声: Matchbox

男:国际名牌高级锌合金玩具汽车。

[音乐,压混]

男:人各有爱好,我喜欢收藏 Matchbox 玩具车,这些完全按实样缩影的小车,留下了人类汽车的发展足迹。

[孩子们玩玩具车效果声]

男:孩子们更是喜欢 Matchbox 玩具车,简直百玩不厌。谢谢!上海环球玩具有限公司奉献给人们的大众玩具。

童音合声: Matchbox……

这是一则优秀广播广告,是首次在国际广播广告评比中获"佩特奖"的国内广告。广告表现儿童对广告玩具的百玩不厌和成人的收藏兴趣,重点突出收藏价值,由于也面向成人消费者,玩具广告摆脱单纯面向儿童的局面,拓宽了听众的范围。剧情简洁,以收藏者的介绍为主,加入儿童玩玩具汽车时的真实音响,收藏者与听众、儿童之间的交流产生强烈的感染力。学者气质的收藏者亲切、朴实、自然地介绍玩具汽车,给人带来丰富的知识和启发。广告开始用飞行声与儿童呼唤声突出品牌名称,结尾重复品牌名称牌名,使用延时反复特技,给听众丰富的想像。

2. 具体原则

具体事物看得见摸得着,消费者可以从中获得感性印象,然后上升到理性。具体事例比概括的叙述、抽象的议论来得生动形象,好听好记,印象深刻。例如获得全国第三届广告作品评比广播广告二等奖的“哈白兔”广告,通篇用事实说话,颇有说服力。

“哈白兔”广告(连云港台)

二妞:大妈,您怎么来了?

大妈:哎,我家二狗啊,说你刚从新浦弄来几对哈什么兔,吵着叫我来看。

二妞:哈……大妈,那叫哈白兔。

大妈:哎哟哟……多大的个儿。

二妞:这是肉兔,4个月就能长8斤,是国家定的扶贫项目,专家们算过了,一家一年养一对种兔,就能收入一千多块呢,养十对啊,就是万元户。

大妈:是吗?我说二妞,这哈白兔好不好养啊?

二妞:好养啊,连云港哈白兔种场负责提供种兔,传授技术,还保证回收呢。你没听说啊,要想富,快养兔,养了兔,万元户。

大妈:哟,这么说大妈我也养它几对,我也当万元户。

二妞:厂址在新浦盐河桥向南塑料厂门有路牌。

大妈:好,我这就去。

3. 生动原则

听广播时,听众往往一心两用,注意力不集中。由于收听随意,广告平淡无味时,听众就会转台或关上收音机,广告信息损耗极大;广告生动活泼,听众就会放下手中的活儿仔细收听,广告信息充分接受。因此,广播广告的活泼生动直接关系信息的传递效果。

“雪碧”饮料(上海台)

(蝉鸣起伏……)

男孩:渴,渴…

（闪烁的音响……）

女声：晶晶亮，透心凉……

（喝一口，吸干声，如清凉的水淋头）

男孩：哇！

男声：哦，雪碧，当今生活，无论是宴会、旅游、运动……到处有你清凉的奉献！

（孩子笑声，青年欢乐声，摩托艇驶过，一个海浪，又一个海浪）

女声：雪碧（飘过）

这则广告针对儿童与青年，广告中穿插欢快的畅饮声响，有力地烘托了主题，活泼有趣，在大大刺激了人们的听觉。

4. 联想原则

广播广告的效果在一定程度上取决于听众的想像，广告创意应留有想像的余地，调动听众的想像力。广播这一媒介形式形象力弱，应充分调动语言、音乐、音响的造型功能，运用声音蒙太奇，丰富广告的形象，使广播广告听得见、看得见。

"SANTORY"酒广告

解说：各位晚安，"百人音乐会"这个节目由制造洋酒珍品有60年历史的寿司饭店向您提供，欢迎收听。

音乐：肖邦作品，溪流、鸟鸣。

解说：人生短暂，艺术长久，优秀的作品经得起悠久岁月的考验。同样，发挥杰出创造力而生产的优秀威士忌，也经得起岁月的检验。具有60年传统的世界名酒"SANTORY"是日本最适宜酿造洋酒的地方山崎出品的。在桶内无声透明的东西夜以继日地沉睡着，10年、20年、30年，随着时间的流逝越沉越香。

音响：清脆的开木樽声。

解说：朋友们，酒桶已经打开了，满室都飘荡着一股"SANTORY"的芳香。看！一滴滴像琥珀一样发出光。陈年的好酒，正像是古典音乐的馥郁。

音响："咕咕"斟酒声，冰块落入杯中的"叮当"撞击声。带有田园色彩的舒缓乐曲轻轻飘荡。

解说：您现在最好的伴侣是一杯放一块冰的世界名酒"SANTORY"和一首世界名曲，让自己沉浸在美妙的境界里。

这则广告获得日本第八届民间电台大会最佳奖。

5. 亲切原则

广播广告应用亲切感人、热情体贴、甜润柔和的语言缩短与消费者的距离，使人愉快并强化传播效果。如“蜂花液体香皂”广告文案的开头：“听众朋友，您想使自己的皮肤保持光滑柔嫩，爽洁舒适吗？您想使自己的头发保持光泽柔软，富有弹性吗？请您使用上海制皂厂生产的新型洗涤用品蜂花液体香皂……”此广告一开始就用两个设问句，提出听众关心的“护肤养发”问题，听众自然感到舒服亲切。

“长城风雨衣”广告(北京台)

(风雨声中，雄壮的音乐起，压混)
长城，
将母亲——地球装点；
长城风雨衣，
把母亲的儿女打扮。
(音乐转为柔美的小提琴，伴随着青年男女欢笑声)
蒙蒙春雨中，
瑟瑟秋风中，
到处都有长城风雨衣，
与母亲、儿女相伴。
(雄壮，有气势的音乐主题再现，其间夹杂着风雨声)
长城风雨衣，
风雨相伴。
风—雨—相—伴—(加混响)

这则广告以“风雨中与母亲、儿女相伴”为主题，给观众带来春天般的温暖。

6. 重复原则

巧妙重复商品名称，使听众听清记牢品名或商标等重点诉求。重复的形式有多种，可用歌声反复吟唱，或用顺口溜、快板来重复，还可用特定情境中的人物对话来重复。重复时要自然、顺畅、巧妙，不能生硬。

“琴岛海尔电冰箱”广告(海峡之声台)

人物：爷爷和孙女
(汽笛，轮船声……)
孙女：爷爷，您看青岛马上就到了。
爷爷：好啊，孩子，咱们一下船就去办那件大事。

孙女：去买那个有两个大娃娃的电冰箱。

爷爷：叫琴岛……

孙女：琴岛——利勃海尔。

爷爷：对，对，对！琴岛利勃海尔，还是我的小孙女记忆好，哈……

孙女：爷爷，我的小朋友都说，琴岛——利勃海尔电冰箱最棒了，是吗？

爷爷：嗯，琴岛——利勃海尔啊参加国际电冰箱招标，连续四次夺魁，全国啊独一无二，你说棒不棒呀！

孙女：棒，琴岛——利勃海尔真棒！（汽笛声，轮船靠岸声）

这则广告以对话形式五次重复商品名称，给人留下深刻印象。

7. 记忆原则

广播广告应可使用押韵、对仗、四字格、广告歌、前后照应等手法，使信息听来悦耳，印象深刻，便于记忆。语言文字按照最佳记忆规律排列组合，听起来就能琅琅上口、清清楚楚。

心病还得心药医

天津第六中药厂速效救心丸，一片爱心，让病人安心、舒心、省心，全家好开心！

广告歌：速效救心丸，一片爱心，让病人安心、舒心、省心，全家好开心。
天津第六中药厂速效救心丸，一片爱心！

这里用押韵重复加深记忆，语言简练、鲜明，配上广告歌，更容易记忆。

8. 对比原则

恰当地运用对比，可突出产品的优点和使用效果，印象更深刻。

“巴黎士洗发水”广告（福建台）

（树木干裂、折断的音响）

男：树木会干裂，树枝会折断。洗发水中的有害色素，也会使你的头发像树木一样干枯、断落……

（滴水的音响）（音乐起）

男：巴黎士洗发水。

女：巴黎士洗发水不含色素……

男：清清地洗涤，轻轻的爱护，巴黎士……（音乐渐弱）

广告用“树木干裂折断”与“头发干枯断落”相比较，激起消费者对“巴黎士洗发水”的需求欲望。

第十二章 电视广告文案

第一节 电视广告语言的特色

电视广告语言利用电视媒介说服受众，其基本元素是画面、声音和文字。与广播广告语言不同，除声音外，电视广告语言还使用图像和文字，受众可听觉、视觉、听觉视觉并用接收信息。电视广告文案与图像、声音联系在一起，成为有机交融的统一体。

电视广告语言由画面语言、文学语言、音乐语言三种语言综合而成，电视广告文案通过文字传达广告内容，文案是电视广告综合语言的具体化，包括解说词、画面构成的文字叙述说明、拍摄镜号、景别、镜头运动的文字叙述、音乐等，说明文案的画面——故事版，也包括在其中。设计电视广告分镜头脚本（故事版）时，应统筹规划、反复推敲，注意使各种语言和谐妥帖、相互协调。

一、画面语言

电视广告要借助视觉传达传递信息，作为电视广告中使用的特定语言，由于具备诸多特点，视觉形象的被注意价值比其他语言的高。

1.画面语言的直观性

画面语言直接作用于视觉器官，更接近于现实，更易于接受。广告普遍用画面来表现产品的外貌、特征、功能，增加可信度。钢化玻璃杯广告可以用对比的画面来凸现钢化玻璃杯的结实耐用——普通玻璃杯摔得粉碎，钢化玻璃杯摔到地面后完好无损。文学语言的明确性不如画面语言，文学语言虽然也能描摹事物，但只能给人间接的形象，缺乏图像的具体性和确定性。

在使用文字表达概念以前，人们就会使用视觉形象表达概念。文字阅读吃力的人，也能轻松地把握画面传达的基本概念。时装在文字媒介或广播媒介上发布广告，其宣传效力远不如时装表演或电视画面宣传。

2.画面语言的联想性

画面语言有景有情有物，更容易使人"触景生情"。画面信息会贮存在受众的大脑中，引发丰富联想，使人们产生移情体验，扩大艺术感染力。

力士香皂广告邀请陈冲、夏文为、李美凤三人代言，三位女影星偎依在一起的场景和特写镜头柔美动人，让人感觉高贵典雅。消费者自然会从影星联想到自己的肌肤，选择尝试相应的力士香皂。

3.画面语言的生动性

画面语言生动活泼，能如实表现活动情景。较之静止的视觉形象，运动的视觉形象更容易引起注意。"敌杀死"的电视广告依据这一原理进行设计创意，一只可爱的"绿蛙"在世界地图上腾跳，最后跃入中国里，紧紧吸引观众视线。

画面语言能强烈刺激视觉，但有较大的局限性。文字可以不依靠其他手段单独描绘事物、叙述事件和说明问题，图像必须借助于文字或语言才能达到这些目的。如美术有标题，照片有说明，无声片要有字幕，纪录片要有解说。结合适当的文字或语言，画面才能显示其通俗性、知识性和鼓动性，形象要和事物的内涵相结合才能达到预期目的。

二、文字语言

画面有观感的明确性，文字语言有概念与内涵的明确性。人们的认识，总是从具体到抽象，从感性到理性，总是借助概念、判断、推理等思维活动从客观事物获得印象。语言是思想感情的表现形式，伴随感知、思维能力的发展而发展。人类在语言文字传播方面积累了丰富的经验，文字语言是最富活力的艺术语言。

电视广告中，文字语言的功能是传达广告主题，结合图像，文字语言能帮助阐释图像的内在含义。文字语言是电视广告的中心，对具体镜头来说，文字语言能画龙点睛。和文字语言相结合，画面的通俗性、知识性和鼓动性才能充分显示。

文学语言应简洁、畅达、感人，应讲究创新，使之含义深长，耐人寻味，不应千篇一律。解说词不宜过多，避免复杂饰，语速应该适中。

文字语言间接抽象地反映客观事物的形体、动作，不鲜明、不通俗、缺乏鼓动性。

三、音乐语言

音乐语言的作用是画面语言、文学语言无法代替的。音乐可以塑造情感，节奏明快的音乐可以营造欢快活泼的气氛，节奏舒缓的音乐可以营造舒适、宁静的气氛。音乐能吸引受众的注意，优美的旋律能减少受众的厌烦。音乐还能加强广告记忆，让受众联想起特定的广告产品。

配乐时要注意选择与广告气氛相适合的乐曲。广告构思时就应该考虑音乐，后期剪辑时再考虑音乐，音乐要么支离破碎，要么无法配合画面。不要使用竞品使用过的曲子，以免品牌混淆。

第二节　电视广告文案表现形式

与广播相同，电视也属于电波媒介，同样具有传播速度快、范围广的特点，而拥有广泛而层次复杂的受众群。但电视也有不同于广播的特点：

(1)电视信息传播视听结合，既有图像信息，又有声音信息。

(2)信息传播呈现黄金时间效应，受众的收看时间相对集中。电视节目的收看比较集中，18:30—22:30 的收看率最高。电视受众分布广泛，电视信息传播不受文化水平限制，相对广播的受众来说，电视受众接收信息时更专注。电视广告的受众层次较复杂，主要以家庭为单位，还会以个人兴趣、爱好、电视节目、收看时段的不同而区分明显的细分群体。这为广告主选择投放时段提供依据，也为创作人员提供创作方向。

广告的内容不同，表现形式也应不同。表现形式要与广告整体创意一致，符合目标市场与消费者的情况。合理的表现形式能增强说服力量，让目标消费者接受广告诉求。同一广告主题可使用不同的表现形式，同样可能成功。

电视广告综合性很强，表现形式多种多样。电视广告可以表现商品的使用状态；或强调商品适合的生活方式；或将商品人格化；或请名人代言；或营造意境。电视广告擅长营造气氛，结合广告主题与艺术，拥有强烈的渲染力。电视广告常用的表现形式有 10 种。

1. 新闻型

以新闻报道的形式记录产品的主要信息，用广告形式对外播出。这种形式有利于展示产品的科研、生产过程，让受众信任产品质量；尤其适合商厦开业典礼、新产品展销、文艺体育表演等的广告。

新闻型广告的表现手段也丰富多样。时间要求紧迫的广告，可用字幕发布，在屏幕上打上文字并配以播音。这种手法较为单调，不宜多用，也不宜重复。也可以使用节目主持方式，结合文字、图像与解说，观众可跟随主持人到商场、酒楼、展销现场、娱乐场所实地考察，这样的节目既有新闻性，又有趣味性，导购功能很强。

新闻型广告时效性强，生动活泼，价格也较低。新闻型广告有软销广告的特点，其广告信息的新闻价值颇高，受众乐于接受。

2.人物型

用模特和名人来推荐商品，会带来真实感，受众容易受现身说法的影响，对广告商品产生好感。人物型广告可分为名人代言式广告、专家引证式广告或普通人赞许式广告。

名人代言式广告请社会名流推荐产品，引导消费者将对名人的崇拜转移到产品上。李宁代言健力宝饮料广告，有效地将热爱体操的中国消费者将体育的热情转化为健力宝的销售业绩。巩俐代言美的空调“柔情似水、夏日经典”广告，得到影迷热捧。启用名人代言广告，应该选择与广告产品有内在联系的名人。

专家引证式广告利用专家的权威性影响，以其客观公正的介绍和科学论断为依据，传递广告信息。普通人的推荐效果也不错，家庭主妇推荐味精，男士推荐去头屑洗发水，厨师推荐厨房用具。他们的身份与消费者接近，更能引起消费者的共鸣。

广告人物必须得体，模特要有感染力，不能牵强附会，随意找名人来代言。

3.示范型

示范表演是电视广告最有效的表现手段，示范型广告使用示范手法或比较手法，受众有足够的时间了解产品的功能和特点，能满足受众的体验要求。西铁城手表把手表从飞机扔到地面，其完好无损就证明了手表的牢固；用强力胶水将人粘在天花板上，胶水粘度强、粘性快的优当然明白无疑。

示范型广告喜欢给观众带来趣味与惊奇，但花样过分繁复会让人感觉华而不实。示范的目的在于加深对产品特点的理解，重点过程要用特写镜头描写，使观众看得具体明白、印象深刻。

4.答疑型

答疑型广告也是电视广告常用的形式，夸大受众关心的难题，展示产品解决难题的便利。“泻痢停”广告展示病患频繁进出卫生间的苦恼，夸大腹泻的危害，使用“泻痢停”后，这种苦恼消失了，患者看到这样的效果当然就留了份心思。

答疑型广告具有较强的说服力与表现价值，能有效促使消费者由怀疑转变为信赖。答疑型广告应尽可能借由特定情节塑造气氛,以戏剧化的表现来展示产品;产品信息应于解决问题时自然透露。

5. 故事型

故事型广告以故事形式展示产品的特点或功能。故事型广告一般有人物、环境、事件冲突等情节,并有发展和转化过程,最后以完美的结局满足观众的心理。

如中国电信2007年推出"真相篇"电视广告,传递的主题是"宽带改变生活,世界触手可得",使用的是故事型的广告形式:

妈妈:宝宝快点,要迟到了。

宝宝:我有一个小秘密,谁也不告诉。姥姥再见。

旁白:对于那些读不懂的童心,ChinaNet,中国宽带互联网,运用先进的宽带视频技术,帮你一探究竟。心与心的互联,因ChinaNet而无处不在。宽带改变生活,世界触手可及。中国电信。

广告围绕纯真女孩的秘密展开。镜头开始描绘了小女孩偷拿存钱罐这样一个让人疑惑不解的行为,展示了家人的担心、忧虑、焦急,最后让中国电信宽带网络微笑全盘托出:足不出户就能了解孩子的一切活动,为家人解开困惑。广告用柔和、明亮的调性,温馨的亲情烘托中国电信用心为您、关爱用户的理念。中国电信时刻在您身边,贴心服务每一刻。

故事型广告的情节应简单明了,不能喧宾夺主而淹没主题。环境、人物、情节应与产品有机联系,故事要有高潮,剧情要连贯且合乎逻辑,多用画面和音乐。

6. 生活型

生活型广告表现日常生活的片断,把产品宣传融入生活中,使消费者在亲切自然之中接受信息,拉近产品与消费者的距离。东芝卡拉OK电视机广告截取业余生活的片断,展示一家人其乐融融唱卡拉OK的画面,引发受众对家庭生活的向往,诱使其购买。

广告选取的片断要真实,要典型,应切近观众关心的问题。表现应自然贴切,富有生活趣味。

7. 情调型

情调型广告以感情祈求为手段,把受众注意力引导到商品使用者身上,而不是商品本身。雀巢咖啡广告烘托年轻夫妇接待客人的亲切气氛,暗示产品是社交生活中的必需品。威力洗衣机广告抛开产品的特征与功能,把诉求点放在女儿对母亲的爱恋上。南方黑芝麻糊广告以传统美德和人情味为诉求,使大众化食品流淌浓浓情意。

情调型广告多使用象征手法,一般抛开产品本身的功能与特点而赋予其新的意义，从具体事物出发表现抽象的概念或感情。情调型广告中，消费者的参与不可缺少，塑造的情境和确立的主题有赖于消费者联想与想像等心理功能的发挥。

8. 歌唱型

歌唱型广告以演唱形式传达广告，容易引起消费者共鸣，还可利用歌曲来增强记忆效果。许多名牌商品都利用广告歌曲提高产品知名度，歌词往往清晰简单，只强调商标。可口可乐、百事可乐的广告都以广告歌取胜。“来福灵农药”广告歌在小孩子中广为传诵：“我们是害虫，我们是害虫。正义的来福灵，正义的来福灵，一定要把害虫杀死！杀死！杀死！”东芝电器广告突出商标：“TOSHIBA，TOSHIBA，新时代的东芝。”这些广告歌在消费者中广泛传唱。

广告歌词应浅显易懂、易唱易记，要能紧扣广告主题。配置的旋律要优美动听、新颖独特，符合消费者的欣赏习惯。演唱要有风格，主旋律要反复出现，以增强消费者的注意。

9. 新奇型

新奇型广告利用人的好奇心传达广告信息。从好奇开始到迷惑不解，再到认真观察，最后明白，这就是好奇引发的视觉心理，这样传递信息，广告就能引起注意。表现新奇有多种手法——明显夸大产品的部分，在普遍中求新奇变化；用悬念造成猜疑的急迫心理激发观众的视觉兴趣；用幽默手法造成充满情趣而又耐人寻味的意境，充分发挥艺术感染力。

新奇型广告加强了电视广告的表现力度，提高了观众的兴趣，生动表现了主题。这类手法与电脑动画结合，更令人耳目一新。

10. 动画型

用夸张、幻想的虚构题材和情节来表现广告主题，幻想与现实融为一体，这样的广告就是动画型广告，动画型广告不仅能吸引儿童，也能吸引成年人。例如，DDT 灭蚊剂广告，两只造型简洁、动作夸张的黑线条蚊子相互对峙，右边的蚊子拿着手枪威逼左边的蚊子，逼得它步步后退。右边蚊子猖狂得意准备扣动扳机时，左边的蚊子突然拿出装有 DDT 的瓶子，“哧”地喷去，右边的蚊子直挺挺倒下一命呜呼。左边的蚊子以胜利者的姿态宣传 DDT 的供效时，疏忽之中也喷在自己身上，于是也直挺挺地倒地毕命。强烈的戏剧性及幽默感勾起观众会心的微笑。动画创作受到的拘束少，可以上天入地充分发挥想像力，可以简化复杂的观念，擅长处理抽象问题。

第三节 电视广告文案创意要求

一、电视广告的审美标准

电视广告的艺术形式十分自由，取向也多样，但必须遵循统一的审美原则，以协调主客观之间的意项，充分实现广告的美学价值，获得广告效果。电视广告的审美标准可概括为五个。

(1)真。这是所有广告的基本创作原则，有两方面的含义：广告内容必须真实，直观展示商品情况；广告形象及感情必须真挚，避免矫揉造作的设计形象。

(2)新。电视广告立意要新，表现形式要新，创意不能落入俗套。广告创意人员要跳出定式束缚，充分调动多种艺术手段猎取新奇，发挥自己的艺术才智。

(3)简。广告内容应精简、凝练，去掉与主题无关的部分。电视广告播放时间极短，主题应用单纯简洁的手法突出。“恒源祥”的广告，画面鲜红，底色上突出“恒、源、祥”三个大写隶书，重复推出两次，配上广告词“恒、源、祥，恒源祥绒线羊毛衫”。广告简短、高度概括，形象鲜明，消费者容易记忆。

(4)活。这是指对动感的要求，电视广告应具有健康活力。电视广告艺术兼容时间艺术和空间艺术，以动态的音画组合表现动态美，在时空流动中塑造鲜明而诱人的广告艺术形象。

(5)美。电视广告应按美的规律和原则要求每个细节，展现生活，创造美的形象。美感包括语言美、音乐美、构图美、布景美、表演美及整体的和谐美等。有些药品广告，往往出现患者痛苦的镜头，观众看了难受，谈不上广告效果。

二、电视广告文案创意要求

电视广告文案的创意要靠声、画来体现，具有即逝性，稍不注意就一晃而过。电视广告以活动画面为主，文案也主要为眼睛观看而创作，应遵循视觉传达的基本原则。

(1)要使产品内容视觉化。广告内容主要靠画面传达，尽量少用播音解说，充分发挥电视媒介视觉造型、视觉语言的长处，求得“闹中取静”的艺术效果。

(2)要使情节带有戏剧性。指以戏剧情节的设计安排，通过演员的语言、动作、神情等表演技巧与情节的巧妙安排来吸引观众。要善于调动戏剧、电影、音乐等多种艺术手段,形式活泼,表现自由,可视性强。洗衣机、电视机等家电产品,或化妆品、饮料、服饰等产品都适宜用这种情节化方法创作。

(3)突出中心画面。成功的电视广告都有一个“中心画面”,该画面不仅概括了广告的主题,而且起提纲挈领的作用,观众一看就留下深刻的印象。如万宝路广告中的牛仔与奔马形象,很快把观众带入广告的主题中去。

(4)突出商标牌号。电视广告要突出商标牌号的宣传,让观众在同类产品中能记住某一牌号的商品,达到以后指名购买的目的。五洲冰箱广告,通过世界风光画面的流畅组接,最后叠现“五洲风光,秀丽多彩;五洲冰箱,人人喜爱”的广告字幕,巧妙类比商标名称与五洲风光,强化商标的艺术效果。三元电视机广告用特技赋予商标生命,三元商标(三个圆圈)被抽象化、流动化、神幻化,在多维空间中旋转、变化、推移,最后点出广告主题“三元电视,连中三元”,商标名称给人的印象特别深刻。

(5)解说词为画面服务。解说词有独白、旁白、唱词等,解说词只能弥补视觉表现上的缺陷,为画面服务。解说词应尽量简练、少用。

(6)注重开头。电视广告在开头 5 秒钟内最为关键,要调动一切艺术手段紧紧吸引观众的注意力,再逐步展开内容。

三、电视广告文案的具体写作

电视媒介的传播特点和受众特点都和广播的接近,独有的特点是“视听结合”,因此,电视广告文案写作应突出视听综合这一特点。电视可以使用多种视听符号,但它本质上是视觉媒介,以“看”为主,以“听”为辅。电视广告中,文案处于辅助地位,为画面服务,写作应注意以下细节:

(1)注意声画对位,文案要与画面保持一致,内容表现的节奏要与画面相同,提前或置后都会让人感觉不协调。

(2)文案与画面的比例要恰到好处。画面本身已经明确传达广告信息,文案就不应再重复,“喋喋不休”会产生画蛇添足的负面影响,反之,画面传达的内容不确定,文案又不解释,受众会不知所云。

(3)表达手段的运用和比例要合适。电视广告文案可使用画外音、人物语言、字幕等多种表达手段,这些手段同时使用时候应注意协调。产品评述让画面中的人物说出显得生硬、刻板;人物内心独白作为人物语言出现也会令人感到不自然;重要的、受众无法马上理解或者要给受众留下深刻印象的内容可以以字幕、画外音或人物语言的形式同时出现。和广播广告文案一样,电视广告文案也要注意“听”与“读”的区别，避免使用冗长难懂、易生歧义的词汇和鲜为人知的专业术语。电视文案句子很少，句子间的逻辑关系应该清晰，为了文案的简练，内容、概念、语气的转换过于突兀，这样不但收不到好的效果，还增加了受众理解的困难，应该尽量避免。文案要照顾受众的接受方便，信息得到正确完整的接收是文案的责任，以儿童为目标受众的文案，就应避免使用儿童难于理解的倒叙手法，以成人为目标受众的文案，则避免用过于简单的叙述方式和结构。

可以依照画面撰写文案，活动的、连续的画面能诱导呈现文案结构，已传达的信息画面，还需要文案辅助传达的画面一目了然，能有效避免避免文案冗长或解释不够。撰写文案时可同时构思文案的表达方式，明确需要用画外音传达的内容、需要用语言和字幕传达的内容，确定文案的语气，使其更贴切、更自然。还可以根据揣摩出的受众反应来撰写文案，电视瞬时传播，第一句话抓住受众的注意，才能使其关注其后内容，受众兴趣索然的东西应及时去除。电视广告文案不必像印刷广告文案一样连贯，可适度跳跃，应准确高效地传达信息。

第四节　电视广告综合语言的协调

电视广告离不开画面、语言和音乐三个要素，画面是主要因素。电视广告应充分发挥各种艺术语言的长处，取长补短，相互补充，形成合力，各种语言相互协调、相互制约，共同为传达信息服务。

协调是为了说服，这也是衡量电视广告的标准。电视广告的文案一般都要处理成分镜头脚本，稿纸左边写图像提示，右边写声音提示。

一、广告综合语言协调

金装中华

产品名称：中华牌高级香烟——“金装中华”

广告定向：“金装中华”是华夏之精华，“金装中华”体现了中国优质烟草的特醇口味。要让世界上所有“烟民”品尝到“金装中华”醇和口味，人人抽它，人人赞它。

广告定位：将国内香烟消费者中的“绅士”级人士，从“万宝路”、“健牌”等外国香烟牌子中夺过来。就好像日本人宁愿投降“柔和七星”、“国际七星”等国产烟而不抽外国烟，这样既注重民族感情，又能收到经济效益。还要针对国外消费者，力图将“金装中华”打到国际市场上去，弘扬中华烟草之精英。

广告主题：通过“悠久、和睦、气派”三种情调来体现“金装中华”：

——悠久：指“金装中华”的“中华”是悠久的国度，暗示“金装中华”是久盛不衰的牌子。

——和睦：抽“金装中华”，人人心情舒畅，精神倍佳。

——气派：显示一种高级的享受。

广告片时间：30 秒。

配片音乐：悠扬、爽朗、明快的丝竹音乐：

——悠扬：体现“金装中华”及中华国度的雍容大方。

——爽朗：体现“和睦”的气派。

——明快：体现享用“金装中华”的高级人士精神奋发、不断进取的意境。

——用丝竹音乐的原因：(1)丝竹音乐很能表达中华古国的精神面貌，使人重忆悠扬的华夏文化。(2)在人的听觉上，区别于流行的“金属音乐”，给人清新的感受，易记忆。(3)区别于目前外国牌子的香烟广告，这些广告运用的一律是现代的“金属音乐”。丝竹音乐会给外国消费者诸多联想，也易记忆。

旁白：(男)万里长城、黄河、长江、黄帝陵、兵马俑、桂林山水六大名胜体现了五千年的中华文化。

(女)“金装中华”可将您带到神奇的中华大地。

最后画面字幕：金装中华 特醇品味 与众不同。

画面设计：运用长焦、广角等特技手法，将万里长城等六个名胜古迹组成六组视觉图像，将观众带到中华名胜的奇妙中去。然后男音旁白，使观众知晓这是中国(即使在国内播放，不同凡响的画面同样可以吸引观众)。最后打出字幕：金装中华，特醇口味，与众不同。

制作重点：这是情调型的广告片。重点在：(1)拍好六组名胜镜头。要运用各种拍摄技巧手法，从各个角度反映名胜的迷人之处，该雄伟的雄伟，该浪漫的浪漫，该平和的平和，各组名胜要有其感人之处，而统筹六组画面的则必须是“悠久、和睦、气派”，目的在于反映中华文化的雍容典雅。(2)配乐的制作：

根据各组画面的不同而不同，有的鱼跃龙门，有的高山流水，有的江南小调，总之要体现中华名胜的奇妙。

“莎丽雅”护肤用品

产品名称：“莎丽雅”护肤系列用品

广告客户：广州市白云山制药厂

广告长度：30秒

产品说明：“莎丽雅”护肤系列是由日本著名化妆品生产企业日星株式会社与中国著名制药企业广州白云山制药总厂共同合资生产经营的，产品设计高雅独特，质量上乘。在使用上，有与众不同的护肤三部曲，即“洁肤、爽肤、润肤”。因而，该产品系列包括了洁肤水、爽肤露和润肤乳三种。

这则30秒的“莎丽雅”护肤品的电视广告，用来配合在上海市进行的金光灿烂“莎丽雅”皮肤护理知识有奖问答的活动，广告片不仅停留于介绍护肤三部曲，更要进一步强调“莎丽雅”给予观众心理上的满足。所以电视广告围绕金光灿烂“莎丽雅”护肤保芳华这一主题，采用一个充满活力的纯情少女，体现“莎丽雅”赋予人们光彩照人的心理感受。

广告构思：广告片表现一个少女使用“莎丽雅”后，变得更加清丽无比，引人注目。整片没有明显的情节，通过一系列富有美感的镜头的连接、迭化，达到目不暇接，一气呵成的效果。此外，光影的设计始终烘托一种光辉灿烂的气氛，形成强烈的视觉冲击力，令观众难以忘怀。

拍摄要求：光影设计，主要采用逆光拍摄，镜头对准人物时，可以适当充光。色调以暖色调为主。镜头连接力求自然、平稳。室外拍摄追求自然逆光效果。室内逆光模仿阳光从窗外射入的效果。

每个镜头时间在2秒左右，主要用迭化连接，造成一种快中有慢，错落有致的节奏。

演员要求：女、男演员各一名。女演员要求清丽脱俗，表演自然。男演员要求风流洒脱，但要避免轻浮。

音乐：以萨克管或钢琴为主，旋律悠扬，中速偏慢，带有一点单一的节奏。

场地：一间带有梳妆台的房间，窗户与梳妆台形成一个便于拍摄的角度。室外，一片处于树林边缘的开阔平整的草地。

分镜头脚本：

镜头一：一束君子兰的特写，花束微微颤动。同时镜头右移。

镜头二：边移边迭化入镜头二，从右边伸入的玉手马上旋开化妆瓶的盖子。

镜头三：镜头切换一个女子把“莎丽雅”护肤品抹在脸上。侧面拍摄，逆光，并有少量光晕出现。

镜头四：镜头从侧面移到女子的正面，光线从斜后方射来。女子继续按摩脸部。此时窗的位置正好在女子后方。

镜头五：镜头越过女子头部推向窗外。窗外是阳光下的一片草地，有一片树林。

镜头六：（化入）在树林边侧的草坪正进行着一次野餐会。人们身着盛装谈着天，喝着饮料，有个小型的乐队在伴奏。

镜头七：这女子在聚会上出现，她的俏丽容貌引起人们的注目。

镜头八：一位男子正在跟其他人谈论着什么，但他的目光却不由自主地投向那女子。

镜头九：聚会气氛热烈，镜头对着一把吉他的上半部，吉他在吉他手的拨弄下颤动。背景人影晃动，焦距模糊。

镜头十：同一画面焦距对准了人，俏丽女子正在跟一个男子说话。前面的吉他由清楚变得模糊。那女子感到有人看她，便跟男子打个招呼走开了。

镜头十一：图八中的男子仍执著地凝视着这个女子，被她深深地打动着。（男子脸部特写）

镜头十二：红葡萄酒倒入杯中。切换图（十一）的镜头。

镜头十三：这女子端了一杯酒转过身来，正好与男子打个正面，这时女子在逆光下，产生轮廓光，格外清秀飘逸。再切接图（十一）镜头。

镜头十四：女子脸部特写。她含情脉脉。逆光中出现点点光晕。同时女子口中默念：“莎丽雅！”

镜头十五：“莎丽雅”产品特写。

镜头十六：用特技从产品正中不断扩大，出现手拿君子兰的女子（前面出现的）。画外音：“护肤保芳华，全凭莎丽雅。”

东方航空公司广告

广告名称:东方航空公司

广告客户:东方航空公司

广告长度:30 秒

设计说明:东方航空公司在前一年的广告中着重强调该公司实力,广告诉求点是安全感。经过一年的宣传,东方航空公司已得到大众的信赖,人们普遍树立起这种观念:乘坐东方航空公司的班机,安全,可靠。

经过大量的调查,该公司发现同行业的其他各家航空公司也在做诉求点相同的广告,而大众对本公司的安全感已树立,因而确定了今年广告的另一个诉求重点:服务一流!

本广告设计就是通过一般小故事来说明东方航空公司一流的服务态度,让大众体味到一种亲切、温馨的气氛:乘我们公司的飞机,就好像在自己家里一样的舒适,会受到无微不至的关怀。

表达形式:故事版。

演员要求:要求专业演员。一位有风度的男士、妻子及女儿;空姐一位;主角是男士。

画面主色彩:蓝、白。(天空和飞机)

拍摄地点:机场

画面配乐:开始、结尾均用飞机起飞的实况,有力、有气势。中间镜头,可用轻 松、温馨的钢琴小曲。

本片着重画面人物的演技,通过这个故事,反映东方航空公司的服务周到。本片的目的是创造一个舒适、温馨的气氛。

画面说明

镜头一:机场全景。东方航空公司的一架飞机正慢慢着陆,镜头慢慢推近机身。

要求在阳光灿烂的晴天里,上午 9 点左右。

镜头二:特写:东方飞机在镜头横穿过,东方航空公司的字样、标志出现,从右到左。(切)

镜头三:接着追拍飞机着陆,在飞机的右前方拍。

镜头四:中景。机舱内,旅客们陆续站起来,离开机舱。一位中年男士站起来,伸了一下腰,面带微笑地走向镜头。(切)

镜头五：机舱内旅客移动缓慢，男士低头看机舱外的人，在寻找……。

镜头六：镜头透过机窗，推近出口处，一位年轻的女士带一小女孩在等人。

镜头七：男士手提旅行箱，兴奋地走向妻子、女儿（拥抱），把女儿举起来……放下女儿，在口袋里找东西——送女儿的礼物。

镜头八：男士面部特写：找不到礼物后的沮丧、烦躁的表情。他把小礼物丢在机舱里了！

镜头九：这时一位空姐手拿着男士落在机舱里的礼物走过来，送还给男士（空姐的出现有点神不知鬼不觉的）。

镜头十：男士惊喜的表情；女儿高兴的小脸，抬头看父亲；妻子喜悦的心情……空姐微笑地转回身……

镜头十一：飞机起飞，从左到右，出现"东方航空公司"字样（特写）。画外音（男声，中音，充满激情）："东方服务，无微不至！"

双鸽火腿

配音

陈佩斯甲：在厨房切火腿。

陈佩斯乙：走进厨房，坐下就吃。

问甲："哟，今天吃火腿肠呀？"

甲纠正地说："这不是肠，是火腿！"

乙津津有味地吃火腿。

甲边切边说："它的特点是在常温下能保存三个月。"

乙边吃边"唔"了一声。

甲回头惊讶地说："你怎么都吃了？"

乙问："什么牌的？"

甲答："双鸽火腿！"

甲乙赞扬地说："盖了帽了！"

陈佩斯一人扮演两个角色，用小品的形式宣传双鸽火腿。乙把火腿误认为是火腿肠，甲纠正，从而加深印象。

美联微电脑电磁灶

产品名：美联微电脑电磁灶

广告创意：多快好省系列之多篇

时间：15 秒

VIDEOAUDIO

1.(全景)空旷的纯色背景,隐约可见镜头深处,有一个高速移动的黑点朝镜头迎面扑来。呼啸的风声。

2.(中景)高速移动的物体突然在镜头前停住,发觉是悬浮在空中的煎铲、汤勺、锅铲等烹饪用具。倏的停住声。

3.(切换,特写)几个煎铲组合成几何图案。字幕推出:煎

4.(特写)几个煮汤用的汤勺在镜头前组合、旋转。字幕推出:煮

5.(特写)炒菜用的锅铲也在镜头前摆出较漂亮的组合。字幕推出:炒

6.(特写)炸的滤油大勺也出现在镜头前。字幕推出:炸

7.(特写)几只涮火锅用的漏勺特写出现在镜头前。字幕推出:涮

8.(切换,特写、俯拍、快镜)纯色背景里,美联电磁灶洁净的面板上,出现一个大拼盘。五种经过煎、煮、炒、炸、涮的食品,逐个排列。

女音:美联电磁灶,厨艺样样专

9.微电脑电磁灶产品标版。高科技感的全息空间中,全息结构线划过画面,出现悬浮在空中的产品。字幕推出:(特定字)多快好省多快好省

10.企业标牌。

美联微电脑电磁灶

产品名:美联微电脑电磁灶广告创意:多快好省系列之快篇

时间:15秒

VIDEOAUDIO

1.(特写)老式大挂钟特写,它的钟摆"咣——"的一下摆动。时钟"咣——"

2.(切换,特写)纯白背景,美联微电脑电磁灶上,一个不锈钢锅内,米、水分明,不锈钢锅锅盖合上。锅盖合上的声音。

3.(切换,特写)一只手表出现在镜头前,时针指向3分钟的刻度上。时钟的滴答滴答——

4.(切换,特写)几台钟陆续出现在镜头前,时针由3分钟向5分钟刻度逐渐移动。

5.(叠化,特写)时针摆动到5分钟刻度的特写。时钟"咣——"

6.(切换,三维特写)浅蓝色磁力线如气功大师发功似的作用于不锈钢钢锅,钢锅内的蒸汽顶开锅盖。

7.(特写)不锈钢锅锅盖敞开,一只汤勺像时钟的时针似的,正好指向5分钟的刻度上。字幕:煮食好身手,烹饪快一筹女音:美联电磁灶,烹饪快一

筹

8. 微电脑电磁灶产品标牌。高科技感的全息空间中，全息结构线划过画面，出现悬浮在空中的产品。字幕推出：(特定字)多快好省多快好省

9. 企业标牌。

美联微电脑电磁灶

产品名：美联微电脑电磁灶广告创意：多快好省系列之好篇

时间：15秒

VIDEOAUDIO

1.(俯拍，特写)一分为二的简洁背景。左边为崭新的美联电磁灶，右边是旧式煤气灶。左右画面上方，均有液晶显示的“室内温度25℃”字样。

2.(俯拍，近景)两锅粥被放到电磁灶和煤气灶上面，电磁灶功能键启动；煤气灶也同时点燃。“啪——”的煤气灶点火声。

3.(镜头摇下，平视，近景)画面左边为不锈钢锅摆放在电磁灶上，静静地煮食：右边，炎热的火焰包围着不锈钢锅锅底，热气冲天。左面室内温度变化不大，而右面则开始以0.5℃的速度向上升高。

4.(镜头组合，近景)随着时间的推移，右边画面出现明显的热色调变化，而左边则保持原状。

5.(镜头推近，特写)在左右两边不同烹饪环境的影响下，室温字幕都有强烈对比：左边只升高1.5℃，而右面的温度升高了近9℃。

6.(特写)右面煤气炉火焰突然飘高，烧掉了温度字幕。

7.(镜头拉远，近景)左边在电磁灶上的不锈钢锅已经沸腾，右边煤气灶上的则纹丝未动。

8.(切换，特写)左右两边的不锈钢锅同时移开，左边电磁灶画面向右边延展，充满整个画面。字幕：轻巧又清凉，烹饪好时尚女音：美联电磁灶，轻巧又清凉。

9.(切换)微电脑电磁灶产品标牌。高科技感的全息空间中，全息结构线划过画面，出现悬浮在空中的产品。字幕推出：(特定字)多快好省多快好省

10. 企业标牌。

美联微电脑电磁灶

产品名：美联微电脑电磁灶

广告创意：多快好省系列之省篇

时间:15 秒

VIDEOAUDIO

1.(中景)纯色背景,一个放在电磁灶上的锅内的牛奶煮开,溢到面板上。

2.(切换,特写)一双手入画面,将锅端开,并用抹布轻轻擦拭面板,所到之处,光洁如新。粥煮开的声音。

3.(俯拍,特写)美联电磁灶面板特写,在面板中央,有一个储钱罐投币口。

4.(镜头拉远,近景)双手入画面,将电磁灶抬起,摇动。硬币碰击声。

5.(特写)几枚硬币接二连三地从画面上方落下来。

6.(镜头跟随硬币,特写)硬币在空中翻滚。硬币落下的声音。

7.(切储钱罐主观镜,特写)硬币掉落下来。

8.(近景)硬币应声掉进储钱罐里。几个储钱罐错落有致地放在电磁灶旁。女音:美联电磁灶,省事更省钱。

9.微电脑电磁灶产品标牌。高科技感的全息空间中,全息结构线划过画面,出现悬浮在空中的产品。字幕推出:(特定字)多快好省多快好省

10.企业标牌。

美联微电脑电磁灶

产品名:美联微电脑电磁灶广告创意:多快好省篇

时间:30 秒

VIDEOAUDIO

1.高科技感的全息空间中,全息结构线划过画面,出现悬浮在空中的美联电磁灶实体。旁白:高科技电磁技术的结晶——美联微电脑电磁灶

2.(快镜切换,特写)几个煎铲、汤勺、锅铲组合成的几何图案快速掠过镜头。字幕快速变换推出:煎、煮、炒、炸、涮

3.(切换,特写、俯拍、快镜)纯色背景里,美联电磁灶洁净的面板上,出现一个大拼盘。五种经过煎、煮、炒、炸、涮的食品,逐个排列。字幕:煎煮炒炸涮,厨艺样样专更多功用,

4.(切换,特写)纯白背景,美联微电脑电磁灶上,一个不锈钢锅内,米、水分明,不锈钢锅锅盖合上。

5.(切换,特写)各种钟、表出现在镜头前,时针由 3 分钟向 5 分钟刻度逐渐移动。

6.(特写)不锈钢锅锅盖敞开,一只汤勺像时钟的时针似的,正好指向 5

分钟的刻度上。字幕:煮食好身手,烹饪快一筹更快速度,

7.(俯拍,特写)一分为二的简洁背景。左边为崭新的美联电磁灶,右边是旧式煤气灶。左右画面上方,均有液晶显示的“室内温度25℃”字样。

8.(镜头推近,特写)在左右两边不同烹饪环境的影响下,室温字幕、室内环境都有强烈对比。右面煤气炉火焰突然飘高,烧掉了温度字幕。

9.(切换,特写)美联电磁灶面板特写,在面板中央,有一个储钱罐投币口。

10.(镜头拉远,近景)双手入画面,将电磁灶抬起,摇动,几枚硬币接二连三地从画面上方落下来。

11.(镜头拉远,近景)左边在电磁灶上的不锈钢锅已经沸腾,右边煤气灶上的则纹丝未动。字幕:轻巧又清凉,烹饪好时尚更好使用,

11.(近景)硬币应声掉进储钱罐里。几个储钱罐错落有致地放在电磁灶旁。字幕:节能又节电,省事更省钱。更省开支。

12.微电脑电磁灶产品标牌。高科技感的全息空间中,全息结构线划过画面,出现悬浮在空中的产品。字幕推出:(特定字)多快好省多快好省,

13.美联品牌标牌。美联电器。

14.银港科技标牌。银港科技出品。

二、电视广告实例评价

LG金巧克力手机:放下篇

旁白: Choolized times巧克力时代。

字幕:那些闪光的时刻,都会成为过去,只有一种光芒,可以永恒!
Choolized times巧克力化时代,

创意评价:金巧克力手机的金色腰带设计在华丽的基础上,保留了巧克力手机原有的特点与内涵。广告创意也采用了与目标人群进行内心沟通的方法,将目标人群的一个生活细节放大,通过放下拿起的动作,提醒已经疲劳于高尚生活的人群:人生中最美好的东西,也许就是繁忙过后接听爱人打来的问候电话。朴实无华即奢华,这正是金巧克力手机诞生的理由。

光大银行:组字篇

旁白、字幕:更全面的投资规划,更平衡的资产配置,更持久的财富保

护。阳光理财,中国光大银行。

字幕:阳光理财,A 计划、B 计划、C 计划、T 计划,大同中国系列。同赢,同升,同享。更全面的投资规划,更平衡的资产配置,更持久的财富保护,更丰富的产品系列。阳光理财,精品银行;精品理财,中国光大银行。

创意评价:不同的客户、不同的地点、不同的需要、不同的产品、不同的服务,"阳光理财"不断创新,随需而变,为客户提供全方位的服务。本篇借用阳光理财产品的名称符号,展开联想"A——航行的大船;B——飞驰的自行车;T——保护的伞"。各种字母符号"A,B,T"的出现改变了现有的环境,让生活变得更加美好,即一种"创新"概念的体现。

世纪城海悦中央公馆:专属篇

旁白:美很重要,气质更重要。最重要的是,她只属于你。一座刻下姓氏的房子、一条属于自己的私家林荫路,在城市中央,半山而居。世纪城海悦中央公馆,让这座城市记住你的姓氏。

字幕:一座有姓氏的房子。繁华于世,宁静于山。

创意评价:一如那十里洋场旧上海中大户人家的完美子女,她把公馆的风华演绎得淋漓尽致。以人喻房,片中单纯地通过一名女子的气质和姿态,表现只属于公馆的地位和品味。本来只可远观的"美"和"气质"如今成为可以拥有,而且可以一个人拥有并传承下去的事物,以此形成强烈的磁场,勾起受众的占有欲。那女子就如片中的那幅油画,那个刻着姓氏的门牌和那条深深的私家林荫路,巧妙地让这座房子的主人身份一目了然。

苏泊尔炊具:我们知道篇

旁白:我们知道,你想让压力锅的食物变得更有营养。

字幕:压力调节,分档烹饪调出全家好营养。

旁白:我们知道,你想让铁锅不生锈。

字幕:超微晶化技术,铁锅不生锈。

旁白:我们知道,你想让厨房没有油烟。

字幕:远红外陶晶技术,没有油烟。

旁白:我们知道,你想更享受厨房的数码生活。

字幕：数码温控，无烟更彻底。

旁白：苏泊尔，让厨房科技贴近你。

旁白、字幕：苏泊尔。

创意评价：苏泊尔，作为中国炊具行业的领导品牌，一直以“创新、科技”的市场策略影响着每一个中国人的生活。今天，苏泊尔带来了创意厨房好生活的四件新产品，我们的任务就是如何把这四件产品和消费者的切实生活感受结合在一起。因为创新，因为科技，所以在我们看来，苏泊尔是最能够掌握消费者洞察的人。出于这样的动机，“我们知道篇”应运而生，带着关注的口吻，带着解决问题的身份，苏泊尔的新产品就是要所有人知道，我们可以解决你所想解决的所有问题。

南山倍慧奶粉

声音及字幕

杨澜：全世界的妈妈都希望宝宝聪明，有个好未来。记忆力的发育很重要。谁知道中国在哪里啊？

小朋友：不知道。

智慧宝宝：我知道。这里。

杨澜：哇——好棒啊！

智慧宝宝：她是法国的。

杨澜：宝宝智力好，妈妈更骄傲。南山倍慧。

创意评价：杨澜的第一次商业代言，无形中增加了广告的高关注度。以杨澜丰富的经历做烘托，强调了记忆力的发育对宝宝未来发展的重要性，加上智慧宝宝从地球仪上找到中国的实例证明，从两个方面对年轻妈妈进行有力说服，加深了南山倍慧奶粉在她们心目中的印象。来自世界各地的妈妈和宝宝的参与，为南山品牌的国际化、高端化发挥了积极作用。

上海道胜广告公司“卡斯特葡萄酒”

旁白、字幕：舌头带我去法国，ROCHE MAZET，from CASTEL。

创意评价：卡斯特葡萄酒是来自法国的原装庄园酒，品牌定位在高端市场。针对卡斯特“法国原装”的产品买点，这条广告需要与消费者沟通的信息就是卡斯特的“法国 ”出身。我们希望消费者在短短的30秒之内在观念上建立起法国原装的舶来品概念。契合广告语“舌头带我去法国”，我们的这支 TVC 以视觉上浓厚的法国味、欧洲调性来代替味觉上的“法国原装”，力图让消费者在纯正的法国调性的视觉感受下，联想到味觉上的法国，以正卡斯特葡萄酒——法国庄园酒之身。

手心缘纸巾

声音及字幕

儿子：月亮姐姐，帮我照亮爸爸回家的路好吗？

妈妈：宝宝，在干吗呢？

儿子：我在给月亮姐姐擦脸啊，爸爸回来了。

旁白：把幸福带回来，手心缘纸巾。

创意评价：亲情是一杯美酒，让人无法抗拒，让人为之陶醉为之感动。在这个亲情故事里，手心缘纸巾扮演着爱的使者，把父子之间的感情表现得自然感人，淋漓尽致，同时又不乏趣味与天真。用亲情唤起消费者蕴藏于心底的感情和共鸣感，赋予品牌爱、温馨的个性，是广告所要达到的效果。

数字频率计

广告内容：一组卫星地面站的外景，硕大无朋的天线，对准着太平洋上空的国际通信卫星，场面壮观，使人一饱眼福。紧接着，出现了机房内中央控制台的场面，纷繁复杂的线路和指示信号，显示了地面站的技术难度。这时候，在一排排标志着英文字母的仪器上突然出现了用中文书写的“数字频率计”，接着再来一个特写。

创意评价：日常生活用品在电视广告中表现手法比较丰富，效果也比较好。但对于工业产品，由于专业技术性强，使用范围有限，并不是一般人都需要的东西，再加上广告播放的时间短，不能像科教片一样，交待得清清楚楚。这个广告的拍摄效果，既使许多人看到了地面站，也使人们知道产品用途和它的水平，使观众联想起这种产品是在技术要求很高的地方使用的，这比起空口叫喊：“质量第一”、“誉满全球”的口号，要有力得多。

小白兔儿童饼干

广告内容：一位幼儿园小朋友放学回家后，他的母亲亲热地把他抱起。小朋友对母亲说，明天老师要组织郊游，要求母亲为他准备小白兔儿童饼干。此时画面出现小白兔儿童饼干，再由母亲述说这种饼干对儿童健康的好处，加深观众印象。

创意评价：此广告对观众的说服性极高，以感人、自然、参与的形式播现，使观赏者感觉如自身置于画面上，倍增亲切之感，达到传播上的“观众参与性”。影片采用柔和的色彩，配以宜人、轻快的音乐，再加上小朋友脸部陶醉的神情，给人感觉十分愉快。

“红花”牌童车

广告内容：在一条标有快慢行道的林荫路上，几十个天真的孩子骑着各式新颖的“红花牌”童车正在“上下班”。突然有一个调皮的男孩违反交通规则，双脱手超车行驶，突遇红灯刹车不及，撞翻了小女孩的车。警察来了一看，小女孩的车没撞坏，男孩的车却撞坏了。原来，女孩的车是“红花牌”的，男孩的车却是杂牌货，警察批评了男孩……

创意评价：把广告宣传寓于教育之中，不是单纯地就事论事地将各种童车在屏幕中展现一番，而是抓住车辆和交通的密切关系做文章，把宣传安全行车、遵纪守法的教育放在学龄前儿童身上。广告以电视小品儿童剧的形式加以渲染，由于警察等都是孩子们自己扮演的，剧情活跃而风趣，使表达的意境更加深刻，从而加深了人们对商品的印象。播出后得到广告客户和广大观众的喜爱和赞赏，起到了一石几鸟的作用。

第十三章 诗歌体广告文案

诗歌体广告借用诗歌的体式，生动、形象地传达广告信息。古典诗歌言简意赅，表现力强，不少名句传颂千古。作为人类文化的组成部分，广告有责任继承优秀的文化传统。

广告可以借用已有的诗歌，也可以创作新的诗歌，视表现广告主题与创意，消费者理解方便而自由选择。恰当使用诗歌体文案至少有三个好处：言简意赅；更具说服力；赋予广告诗情画意。

第一节　诗歌体广告源远流长

广告诗歌古已有之，既给人以艺术欣赏，又起广告作用。一些作者并不有意针进行广告宣传，但诗歌的流传客观上提高了产品的知名度，成为诗歌体广告。

曹操在《短歌行》中写到“慨当以慷，幽思难忘。何以解忧？唯有杜康”，杜康是传说中最早造酒的人，手艺高超，善酿美酒，民间流传有“杜康醉刘伶”的故事。河南伊川杜康酒厂生产的杜康酒，用优质小麦和高粱为原料，以科学方法酿制，成为全国名酒。曹操的诗句成了该厂广告必不可少的部分。

李白在《客中行》中写道：“兰陵美酒郁金香，玉碗盛来琥珀光。但使主人能醉客，不知何处是他乡。”寥寥数句，使兰陵美酒的色、香、味跃然纸上，令人不饮自醉。北京大兴酒厂用孟浩然的诗“金灶初开火，仙桃正发华。童颜若可驻，何惜醉流霞”来介绍该厂生产的醉流霞酒，旁边配画左手捧仙桃，右手拄拐杖的长寿老人，下面说明“北京为金、元、明、清的都城，当时贡酒云集……醉流霞酒是发掘继承民族遗产的理想产物”。诗句脍炙人口，画面新颖别致，广告说明引人入胜。曾巩为家乡江西南丰县的蜜橘写了一首《橙子》诗，最后四句是“江湖若遭俗眼贱，宫禁尚觉凡木多。谁能出口献天子，一致大树凌沧波”。意思说，不能赏识南丰橘子的人是凡夫俗眼，这样好的橘子应该献给皇帝。曾巩这么一宣传，南丰橘子引起人们的注意，成为贡品。

郑板桥写过一则卖画广告，全文有89个字，缀以一首七绝诗：

> 大幅六两，中幅四两，小幅二两；条幅对联一两，扇子斗方五钱。凡送礼物食物，总不如白银为妙；公之所送，未必弟之所好也。送现银则心中喜乐，书画皆佳。礼物既属纠缠，赊欠尤为赖账。年老体倦，亦不能陪诸君子作无益语言也。
>
> 画竹多于买竹钱，纸高六尺价三千。
> 任渠话旧论交接，只当秋风过耳边。
>
> 乾隆己卯，拙公和尚属书谢客。板桥郑燮。

这段文字载于叶廷琯《鸥波余话》卷六"郑板桥笔榜"条下。郑板桥为人正直厚道，同情劳动人民疾苦。在山东做县官期间，曾因助农民胜讼及办理赈济，得罪豪绅而罢官。做官前后均居扬州以卖书画为生。在写作这篇散文期间，他在镇江江心的焦山别峰庵静读。其时，许多鄙俗的权豪势要为了冒充斯文，装潢门面，纷纷来请板桥的字画。这些人爱财如命，又依恃权势，往往厚着脸皮纠缠，都想白要字画。为了推脱，郑板桥写了这则广告。广告开头略去套话，劈头用排语列出各种规格的字画价码，直截了当，十分醒目。接着，以快刀斩乱麻之势，揭穿、回绝求画者可能施展的送礼、磨牙、明赊实赖等花招。散文部分以"年老体倦，亦不能……"作结，迫使对方无回旋余地。七绝诗是前文的概括和补充，一二句除重申按规格论价外，更训诫那些浑身铜臭的权豪：你们只知拜金、拜物，全然不懂艺术的价值，既想装点门面，那就把你心疼的钱拿出来！否则，任凭你怎么绕圈子、拉关系、套亲热，我只当耳旁风。了解郑板桥的为人，就能够体会出这则广告的深刻含义——郑板桥借广告与豪贵们斗争，用广告维护人格和艺术尊严。

清道光年间，杨静亭作有《都门杂咏》一百首，其中有《水晶糕》、《山楂蜜糕》等广告诗。《水晶糕》写道："绍兴品味制来高，江米桃仁软若膏；甘淡养脾疗胃弱，进场宜买水晶糕。"《山楂蜜糕》说："南楂不与北楂同，妙制金糕数汇丰；色比胭脂甜若蜜，解醒清食有兼功。"两首诗分别描写绍兴水晶糕和北京汇丰斋金糕的精良配料、独特风味和保健功效。晚清诗人李静山也曾为北京王麻子剪刀店写过诗："刀店传名本姓王，两边更有万同汪，诸公拭目分明认，头上三横看莫慌。"提醒顾客买剪刀时注意识别老标记。

古代诗作中还有不少咏物诗，这些诗"穷物之情，尽物之态"，也起着广告作用。如咏砚："端溪温润石，价重百车渠。一滴元潭水，蝇头万卷书。"（金·李俊民）咏手炉诗："不愁冻至棋难捻，且喜元霜笔易持。纵使诗家寒到骨，阳春腕底已生姿。"（宋·张劭）咏折叠扇诗："开合清风纸半张，随机舒卷岂寻常。金环并束龙腰细，玉栅齐编凤翅长。偏称游人携袖里，不劳侍女执花傍。宫罗旧赐休相妒，还汝团圆共夜凉。"（明·翟佑）咏剪刀诗："巧制功夫百炼钢，持来闺阁共行庄。双环对展鱼肠快，两股齐开燕尾长。针线有功凭制造，绮罗无价任裁量。随机镂出新花样，长在佳人玉指傍。"（明·翟佑）咏斧诗："斫削群才到风池，良工良器两相资。他年好携朝天去，夺取蟾宫第一枝。"（明·解缙）以上几例诗歌，描绘商品外形，也反映商品的功能、优点。读者在欣赏之余，产生了对所咏物品的喜爱之感和持有之欲。

著名文人墨客为商品作广告诗，也多见于民间传说故事。苏东坡贬居海南岛儋县，当地有一卖馓子（环饼）的老妪，手艺好、质量高，由于店铺偏僻，不为人知，生意一直不好。东坡知道后，怜悯她生活清苦，挥笔写下："纤手搓来玉色匀，碧油煎出嫩黄深；夜来春睡知轻重，压扁佳人缠臂金。"诗里的环饼匀细、色艳、酥脆，形似美人环钏。此诗悬于老妪店门上，使过往顾客垂涎欲滴，生意日见兴隆。

现代诗广告也不乏其例。1946 年 3 月，陈白尘的名剧《升官图》首演，丁易为之创作了一则诗广告："魑魅魍魉作人声，妖镜显来尽现形。如此官场如此戏，是真是梦问诸君。"这首诗讽刺国民党的统治，启发观众审视社会黑暗，诗歌的作用远不止介绍剧目。公刘也曾为肥皂写过诗广告："给你肥皂，给你肥皂，洗尽世上的污秽，让生活更纯洁，让生活更美好。"

用诗做广告，在国外也是屡见不鲜的。维克多·雨果在《悲惨世界》中曾为陶器店撰写过广告诗："祖传老店哥伯雷，小罐、酒提请来买，还有花盆、瓦管、砖，凭心出卖红方块。"简单四句诗，语言凝练，道出了商店历史、商品品种和经营作风。马雅可夫斯基自觉地、积极地为广告写诗。1923—1925 年间，马雅可夫斯基共写过 300 多首诗广告，有的发表在报刊上，有的被印成广告传单，有的被印在糖果商标上，也有的被贴在商店的招牌旁或百货公司的橱窗里。当时，有一些自认为"高贵"的诗人，带着轻蔑的口吻讥笑马雅可夫斯基，说他这种诗"卑劣"、"低下"。可是，马雅可夫斯基却十分自豪地说："尽管诗人们的嘲笑，我却认为《除了莫斯科农产品公司以外，别家买不到》是一首有最高才能的诗。"马雅可夫斯基主张诗人应积极参与有利生产发展的工作。马雅可夫斯基为奶嘴写过诗广告："这样好的奶嘴，空前绝后，我愿吮它，直到高寿。"他说："我从来没有不肯写任何主题的诗，从关于'富农'的诗句开始，而末了写到'国家贸易局的猫皮'。"这种把诗歌创作与社会主义生产联系起来的写作精神，提高了诗作的思想境界，发挥了诗人对国家社会主义建设事业的使命感，是值得提倡的。

第二节 诗歌体广告的作用

诗歌的本质在于抒情，以感情打动读者。诗歌广告悦目、上口、易读易记，情意融融、余味无穷，广告效果极佳。

一般来说，化妆品、服装、洗涤用品及家用电器等适合使用广告诗。这些产品从不同方面满足人们对美好生活的追求，丰富美好的精神需要是诗歌体广告的基础。

一、诗歌体广告有助于塑造情感氛围

与别的文体相比，诗歌的情感最强烈。广告要激发人们的购买欲望，必须先打动人心，情感包围是一条重要途径。古典诗歌积累了许多蕴含强烈情感色彩的原型意象，使用这些意象，可以反复调动相应的情感，激起情绪体验。“记得绿罗裙，处处怜芳草”，诗人爱上一个穿草绿色裙子的姑娘，分别以后，见到与裙子颜色相同的芳草，自然回想起与姑娘相爱的情景，对芳草油然产生亲近之感。这诗句包含的情感体验具有普遍性，能够引起有类似经历的读者的感情共鸣。

许多广告利用这种意象情感来达到广告目的，例如，利用发丝做广告。头发是女性美不可或缺的部分，女性利用发型美化自己，古人称女子头发为青丝，青丝与情丝谐音，情人相别，女子赠以青丝表达爱情的忠贞，青丝成为古典诗歌的原型意象。耐斯566洗发精广告说“一缕发丝万缕情，耐斯566使您每一丝秀发都蕴含着感情”，利用青丝使人产生情感认同。上海喜喜牌皮鞋底的广告短语也写得优美动人，富有情感，不直接说喜喜牌皮鞋底如何结实，而是说“皮鞋配用喜喜底，红花绿叶两相依”，“红花绿叶两相依”改动苏东坡“淡妆浓抹总相宜”而来，给冷漠寡欢的皮鞋底增添亲切感人的气氛。

二、诗歌体广告有助于意境美的开拓

意境是古典诗歌美学的重要范畴，用画面或语词创造意境是广告艺术化的重要手段。用画面创造意境能增强诗情画意，让读者感受艺术的熏陶，使广告成为艺术。海鸥高级洗衣粉的广告说“啊——/画上一片白云/画上一片碧海/画上一只海鸥/在这蓝色世界里遨游，遨游”，广告营造了清新而富于浪漫气息的气

氛。东芝灯具的广告诗说"他的脚步声逐渐远去/背影淡去/高挂在漆黑天空中的月亮/横过了阳台/突然的寂寞/叫人不得不点燃了灯/继续看爱理佳的小说",广告诗语言优美,意境幽远。

台湾江南春别墅的广告标题是"中国人,忘不掉江南风味"。广告引用李煜的《虞美人》"春花秋月何时了,往事知多少。小楼昨夜又东风,故国不堪回首月明中!雕阑玉砌应犹在,只是朱颜改。问君能有几多愁,恰似一江春水向东流",词下写着"中国人忘不掉江南风味,中国人应该享受最具风味的生活"。广告字数不多,引用古词描绘别墅场景,带领受众重温江南生活,紧紧抓住台湾同胞思念故园的心理,广告效果极佳。

三、诗歌体广告有助于各类产品的广告宣传

近年来,经济的日新月异,文化艺术不断繁荣,诗歌广告愈加喜闻乐见,得到广泛的运用和发展。丰田汽车在《人民日报》刊登大幅广告"车到山前必有路,有路必有丰田车",成功改用"山重水复疑无路,柳暗花明又一村"的古诗,展示了丰田汽车的行销全球、奔驰世界各地,这样的广告诗歌比"结构合理,乘坐舒适"之类的套话高出一筹。

农业广告诗说:"草木无声却有情,庄稼也有亲和朋,相克作物意不投,莫与冤家作近邻",用拟人化的手法宣传科学常识:同寻求知己一样,对"无声却有情"的农作物,必须依其"脾气性格"合理安排,才能相得益彰,同获丰产;"乱点鸳鸯谱"则会"争吵打架",两败俱伤。《人民日报》上曾登过一首广告诗"沙打旺,沙打旺,风沙越打它越长。黄土高原扎下根,戈壁荒漠披绿装",沙打旺是一种植物,善于抗击风沙、干旱。寥寥27个字,把沙打旺的特点介绍得明明白白,沙打旺成为供不应求的紧俏货。

以诗词入广告,并非一定要赞美商品,形式可以灵活多样。广告诗应围绕商品,广告语应比较抒情或比较严肃。诗歌体广告应展示符合商品特性,才能得到情趣,反之,不针对商品特点,大抒与商品特性不相干的情感,就会弄巧成拙、适得其反。

第三节　诗歌体广告的种类与写法

诗歌体广告结合诗歌与广告,常用的有格律诗型、自由诗型、散文诗型、民歌

型等。

一、格律诗型广告

这种广告沿袭古典诗歌形式，讲究对偶、押韵，字数相对固定，容易记忆。格律诗分律诗和绝句，律诗有五七言之分，绝句也有五七言之分。用格律诗展示企业或产品时，应讲究字句的锤炼、格律的完整、对仗的工整。

青岛啤酒

青翠纷披景物芳，
岛环万顷海天长。
啤花泉水成佳酿，
酒自清清味自芳。

首字藏头，指明青岛啤酒品名。这首诗既说明啤酒产地，又宣传了啤酒的特点，语言形象，韵味十足，颇具特色。

格律诗广告易诵易记，创作者乐于采用。丰田车的广告说“车到山前必有路，有路必有丰田车”，丽人表带的广告说“花美需要绿叶配，表好必配‘丽人带’”，董酒的广告说“不喝董酒不懂酒，喝了董酒味长久”。这类广告追求整体构思，内容与形式联系紧密，影响力较大。

二、自由诗型广告

自由诗型广告通俗易懂，句式灵活多变，用语押韵不拘一格，篇幅自如，不受限制。这种广告最有利于情感交流，适当注意韵律和节奏，效果更佳。自由诗型广告可以侧重抒情、叙事或描述，要根据需要来把握。

马雅可夫斯基曾写过一首有趣的广告诗：

这样好的奶头，空前绝后，我愿吮它，直到高寿。

萨波里奥肥皂的广告诗也风趣幽默：

两个女仆住邻居，每天工作没法比。
一个出汗又出力，疲于奔命没法提。
另个日子却好过，每天晚上会情侣；
要问这是为什么？洗涤请用“萨波里奥”。

木兰家俬城的广告里，一位女子斜躺在沙发的扶手上，胸前卧着一只小花猫，广告诗说：

梦游家俬城夜色浓，
恍恍飘入家俬城。
漆镜流辉，
泛橙浸紫，
款款温情，
神功精琢千般幻，
何不嫁夫居此中？
梦意匆匆，
惬意匆匆。

婚期近，
几时饰粉红？
喜得木兰家俬丽，
笑斟美酒宴亲朋。
说的从容，
就是从容，
情揽猫斯醉朦胧。

先描写家俬的风采，表达“何不嫁夫居此中”的愿望，然后描绘梦游后的想像，渴望当了新娘以后，能有一套流光溢彩的木兰家俬，为婚礼增光添色。

三、散文诗型广告

散文表达灵活、手法丰富、错落有致，富有意境，再溶入诗的语言、节奏和韵律，能有效传递广告信息。

鸭鸭牌羽绒服

鸭鸭牌羽绒服披在身上，就像轻轻一阵春风，给我们增添无限的温暖。冰封的北国，隆冬的江南，鸭鸭牌绒制品为我们户外活动、观光旅游和居家生活带来了缕缕柔情，增添了闪烁的、优雅的光彩。高标准的含绒量，保证了鸭鸭牌羽绒制品既蓬松、轻柔，又具有很高的保暖性。个性鲜明的款式满足了我们各种不同的审美需要。穿上鸭鸭羽绒服，我们享受到高质量的服务，也会从中感到共青厂真诚的美好祝愿。

全文勾画出春天般的温暖和柔情，消费者产生深深爱意。主题突出，意味浓郁，有较大吸引力。

四、民歌型广告

民歌以口头诗歌为主，生动活泼、好唱好记，具有浓郁的生活气息。用民歌形式来创作广告词，可以有效宣传商标，突出重点，尤其适合进行针对儿童或农村的产品宣传。

杜康酒

杜康美名雄赳赳，
杜康美味家家有，
河南有个宜川县，
宜川生产杜康酒。

长白山人参

关东山，三件宝，
长白人参宝中宝，
根叶花茎都入药，
滋补强身疗效好！

香雪海冰箱

男：宾朋来/主忙坏/要买鱼/要买菜/来不及/怎招待
女：来得及/好招待/莫忘记/香雪海/电冰箱/快打开
男：有鲜果
女：有鱼肉
男：有啤酒
女：有鲜菜
合：新鲜在/香雪海/香雪海/鲜常在

第四节　诗歌体广告例选

(1)兰陵美酒郁金香，玉碗盛来琥珀光。但使主人能醉客，不知何处是他乡。

——唐·李白·赞兰陵美酒

(2)金灶初开火，仙桃正发华。童颜若可驻，何惜醉流霞。

——唐·孟浩然·醉流霞酒

(3)江湖若遭俗眼贱,禁蘗尚觉凡木多。谁能出口献天子,一致大树凌沧波。

——宋·曾巩·题南丰贡橘

(4)纤手搓来玉色匀,碧油煎出嫩黄深。夜来春睡知轻重,压扁佳人缠臂金。

——宋·苏东坡·馓子诗

(5)传得淮南术最佳,皮肤褪尽见精华。一轮磨上流琼液,百沸汤中滚雪花。
瓦罐浸来蟾有影,金刀剖破玉无瑕。个中滋味谁得知,多在僧家与道家。

——明·苏平·豆腐诗

(6)绍兴品味制来高,江米桃仁软若膏;甘淡养脾疗胃弱,进场宜买水晶糕。

——清·杨静亭·水晶糕广告

(7)画竹多于买竹钱,纸高六尺价三千。任渠话旧论交接,只当秋风过耳边。

——清·郑板桥·卖画广告

(8)刀店传名本姓王,两边更有万同汪。诸公拭目分明认,头上三横看莫慌。

——清·李静山·王麻子剪刀店广告

(9)双手剪就万千世界,一心追求质朴纯真。

——中国民间剪纸广告

(10)饼射太空惊月殿,嫦娥争看豆沙红。

——香港某月饼店广告

(11)典出红楼命意新,京华糕点簇嘉辰。慕名应十传中外,巧制精研务本真。

——周汝昌·题"红楼糕点"

(12)葡萄美酒夜光杯,强身养颜紫玉美。宾主尽欢举座赞,芬芳馥郁香醇正。

——西安紫玉牌葡萄酒广告

(13)青翠纷披景物芳,岛环万顷海天长。啤花泉水成佳酿,酒自清清味自芳。

——青岛啤酒广告

(14)皮鞋配用喜喜底,红花绿叶两相依。

——上海喜喜牌皮鞋底广告

(15)向太阳里取来的熔岩,从碧空中摘来的星星;耐得住千度高温,负得起延长白昼的使命;把五彩缤纷的晚霞,焊接上金光灿烂的晓云。

——闻捷·灯泡广告

对联体广告极富民族特色，对联由桃符演化而成，春节时都要贴春联。经济发展，行业对联应运而生，许多商店张贴对联招徕顾客。清朝以后，对联体广告得到广泛运用，沿用至今。

不同行业有各自的专用对联，大至百货公司、五金商店、货栈、旅馆，小至油坊、盐店、杂货铺，都有各具特色的对联。借鉴商业的成功经验，对实现广告形式的多样化，不无裨益。

第一节　对联体广告的特点

对联一般有两个并列的句子，字数相等、形式整齐、语法结构相似、讲求对仗；对联要求平仄合拍、用词贴切，富于音乐感和节奏感；行业对联还要求使用行业的专用术语。

1. 广告对联的文学性

广告对联中可见传统文学的表现技巧、描写手法、惊人的形象塑造能力，既写实又富有浪漫的色彩。“野花攒地出，村酒透瓶香”，“酿成春夏秋冬酒，醉倒东西南北人”，两联文字都是酒楼广告，前联文学性极强，富有意境；后联幽默谐趣，生动别致。胡庆余堂是百年老店，有两个对联——“七闽奇珍古称天宝，三山异草原赖地灵”，“深山是灵药，盛世多寿人”，各有含义。“盛世多寿人”用比喻的手法热情社会的新景象。广州著名酒楼“陶陶居”也有一副对联——“陶潜善饮，易牙善烹，饮烹有度；陶侃惜分，夏禹惜寸，分寸无遗。”此联嵌入四个古人名字，连缀成店名，极富文学色彩。“饮烹有度”告诫大家饮食要有节制，注意身体健康；“分寸无遗”提示饮客珍惜光阴。

2. 广告对联的行业特点

使用术语，有助于标明行业的门类。“菽粟”和“稼穑”是粮食行业的专用术语，“菽粟如水火，稼穑知艰难”告诉人们粮食的重要性。镜子店对联：“但愿得来心共照，自然看去眼同明”，鉴是镜子的古称，传说中的神奇秦镜能照见人之心腑，对联告诫消费者不妨购置一面明镜，时时共照。糖果店广告对联上联是“到来尽是甜言客”，下联是“此去应无苦口人”，上联说顾客吃糖之后，连话都带甜味，可想顾客兴致的高昂，下联暗示顾客不应空手而返，自信糖果质量之高。

众多行业对联中，酒楼的对联最好，实用价值和艺术价值结合最紧密，这与古代“饮酒赋诗”的文学传统有关。

竹叶杯中，万里溪山闲送绿；
杏花村里，一帘风月独飘香。

这副对联用了两个术语——竹叶青酒和酒乡杏花村。这副对联更像一首诗，一幅画，令人产生遐想。这副对联无论是构思立意，还是用词运笔，都堪称是联中佳品，用在酒店行业，更是恰到好处。广州翠园酒家是一家别具园庭风格的酒家，在开业时曾请名人拟出上联，广征下联。几经遴选，最后应征的对联为：“翠阁我迎宾，数不尽，甘脆肥醲，色香清雅；园庭花胜锦，祝一杯，富强康乐，山海腾欢。”

3.广告对联中的民俗风情

广告对联多出现于民间商店，多出现在民族的传统节日、时令花季等特定时候。为了缩短与消费者的感情距离，对联多吸收谚语、吉祥语、俚语（歇后语）等。表现欢度传统春节时说“爆竹旧岁除，桃符万象新”，“火树银花合，星桥铁锁开”，“人寿年丰，鹤鹿同春”；描绘时令花季时说“桂子月中落，天香云外飘”，“一段好春藏不住，粉墙斜露杏花梢”。这丰富了对联的词汇，也增强了针对性。

民歌俚语富有民族特色和生活气息，风格朴素、清新活泼诙谐，有时也可直接作为广告对联。如“夏天的竹笋——节节高”，“小孩儿过年——快乐无边”，“绣球配牡丹——天生一对”，“家有梧桐树——凤凰自然来”等。民国时的牙刷广告语曾用“一毛不拔”，就是吸收了民间俚语“铁公鸡——一毛不拔”中的部分。

第二节　对联体广告的作用

对联体广告从丰富多彩的生活中取材，常常杂入行业术语，生活气息浓郁，雅俗共赏，生命力强大。传播媒介日益现代化，但广告对联仍然发挥自己的作用。

从作用上讲,广告对联大致分为五种类型。

1.表明行业的性质范围

三百六十行,就有三百六十行的对联。广告对联是商店招牌的延伸,对联可大略显示店铺不同的经营范围与特色。“车行千里路,人保平安身”,写的是大车店。“青黄赤白黑,紫绿朱蓝橙”,10 个字标出 10 种颜色,一望便知是颜料商店。“谷乃国之宝,民以食为天”,这是粮店常用的对联。酒店对联尤具特色,“长剑一杯酒,高楼万里心”,凭楼举杯,缅怀古今,别有情怀;“几处青帘沽酒市,一竿红日卖花声”,此联传达诗情画意,大助酒兴。

有些行业性对联充满浓厚的时代气息,中药店对联:“神州到处有亲人,不论生地、熟地;春风来时尽著花,但闻藿香、木香”;理发行业对联:“乌云卷波显东方风度,青丝扎辫合中原乡情”;饮食业对联:“人民庆春节名师巧烹鄂味菜,酒楼宴嘉宾亲友聚尝楚帮肴”;“环保”对联:“消除烟尘物华天宝,控制污染人寿年丰”;文化对联:“新秀吐艳文坛百花放,群星灿烂艺苑万象新”。

2.突出产品的功能特点

对联广告还用于表现产品的特色,招徕顾客。盐店的广告对联:“堆盘皆玉粒,调鼎尽金沙”,以“玉粒”形容盐,取其洁白如玉,形容其珍贵;“调鼎”指烹饪食品,盐为百味之首,“金沙”指珍贵重要。茶庄对联:“龙井泉多奇味,武夷茶发异香”,上下两联引用了两种茶叶的名称—西湖龙井茶和武夷岩茶。龙井有“四绝”—“色翠”、“香郁”、“味醇”、“形美”,深受消费者喜爱。武夷岩茶满室皆香,清香爽口、余味无穷。该联标明行业门类,也介绍商品。

许多对联广告的文字精妙工丽,给人美感。“影动半轮月,香生一握风”,扇子上写上这么两句话,自得三分清凉。“不但铺垫美,且能坐卧安”,夸赞出售的褥垫美观实用。“紫白红黄皆悦目,麻棉毛葛总因时”,上联说布色种类齐全、鲜艳悦目;下联突出布料质地多样,新颖入时。

3.树立商店的信誉形象

商店的信誉充分反映在经营宗旨和服务态度上,许多广告对联常于此立意。诊所广告:“但愿人皆健,何妨我独贫”,传达了救死扶伤的道德境界。杂货铺对联:“货无大小皆添备,物纵零星不厌烦”,反映细致周到的服务态度。布店广告:“衣人德自暖,被世岁无寒”,弹棉店广告:“聚来千亩雪,化作万家春”。

许多行业注重以良好形象吸引顾客,百货店对联:“来来往往三尺柜台连四海,兢兢业业一片丹心为万家”,表现了该店职工宽阔的胸怀与敬业精神。旅店对联:“喜待东西南北客,献出兄弟姐妹情”,写出旅店服务热情,进店如到家的赤诚之心。湖南省湘潭市大桥餐厅门口,人来人往,车水马龙,上书对联:“南调北味任凭君提,东来西去不嫌客坐”,传达对各地来客的热情 ,欢迎客人进店休息。

杂货店门联更妙:“远迎东西南北客,方便上下左右邻,”把店名“远方”嵌在门联里面。

4.抓住读者的消费心理

广告对联仅不能仅切合行业特色,还须掌握消费者的心理,引起他们的共鸣。化妆品店对联:“淡浓随意着,深浅入时新”,无一句提及化妆品,却曲折婉转地夸耀了所售之物。化妆因人而异,或淡或浓,但以合时合体为宜。表明了该店化妆品“随意着”,即能达到“入时新”的理想效果。鞋店对联:“由此登堂入室,任君步月凌云”,穿上鞋自然可以登堂入室,行动自如了。“步月凌云”是夸张,突出其“轻”和“快”,迎合消费者步步高升、青云直上的愿望。

5.增强顾客的鉴赏雅趣

广告对联还可适当引用历史典故、传说、故事等,提高行业的文化韵味。阉猪业本是不起眼的行业,朱元璋偶然间为题联一副,使该行业有了名气。这副对联为:“双手劈开生死路,一刀割断是非根”。上联写得豪壮而有风趣,下联夸赞了阉猪人的纯熟技艺,这一刀干净利落,一挥而就。

有些广告对联在文字结构上做文章,用独特的形式招引行人驻足。豆芽店的趣联用 14 个“长”字组成:“长长长长长长,长长长长长长长”。凡带着重点的“长”字用作动词,读作“生长”的“长”,其余的都用作形容词,读作“长短”的“长”,配上“水里求财”的横批,许多人都愿意看看猜猜。车马店对联全用走字旁字:“迎送远近通达道,进退迟速返逍遥”,这副对联以奇悦人,给人紧迫感,展示车水马龙的景象,切合行业特点。

潮州市韩江酒楼上有一副楹联:

韩愈送穷,刘伶醉酒。

江淹作赋,王粲登楼。

韩愈曾被贬潮州刺史,写了一篇杂文——《送穷文》。刘伶是西晋“竹林七贤”之一,以嗜酒著称,写过《酒德颂》一文。江淹系南朝梁著名文学家,擅长作赋,以《恨赋》、《别赋》知名。王粲是汉末文学家,“建安七子”之一,名作为《登楼赋》。联语所取四位古人都与诗酒有关,他们都曾失意落魄,一腔愁绪同寄诗酒。联首合而为 “韩江”二字,联尾嵌入“酒楼”二字,匠心独运,很有吸引力。北京人爱吃的王致和的臭豆腐店对联也与此类似:

致君美味传千里,和我天机养寸心。

酱配龙蹂调匀药,园开鸡跖锤芙蓉。

联首合而为“致和酱园”四字,美化了门面,又做了广告。

第三节　对联体广告例选

(1)爆竹一声除旧岁,桃符万户迎新春——爆竹店联
(2)秤虽小掌管人间烟火,店不大有关国计民生——秤店联
(3)细竿生赤焰,腐草化青磷——火柴店联
(4)影动半轮月,香生一握风——扇店联
(5)挥毫列锦绣,落纸如云烟——笔砚店联
(6)玩物岂真能丧志,居奇原只为陶情——古玩店联
(7)大块文章,百城富有;名山事业,千古长留——书店联
(8)刻刻催人资警省,声声劝尔惜光阴——钟表店联
(9)片纸能缩天下意,一笔可画古今情——字画店联
(10)步月凌云去,登堂入室来——鞋店联
(11)青山映碧湖,小泉满街巷——剪刀店联
(12)瓦煲煮食,健康有益——陶瓷店联
(13)人寿年丰,利市三倍;月圆花好,和气一团——糕团店联
(14)浑圆得天体,包藏无物形——蛋品店联
(15)洗濯还宜身手好,飞腾全仗羽毛丰——毛巾店联
(16)白雪阳春传雅曲,高山流水觅知音——乐器店联
(17)纵谈中外事,洞澈古今情——报馆联
(18)价为三都贵,名因十里新——纸店联
(19)十美国中资润色,众香园里展经纶——化妆品店联
(20)灯光天欲笑,泡影月争辉——灯泡店联
(21)不是几番锻炼,怎成一段锋芒——铁匠铺联
(22)剪绿裁红装春色,桃花绣朵美仪容。
男添庄重女增俏,夏透风凉冬御寒——服装店联
(23)聚来千亩雪,化作万家春——棉业联
(24)悬将小日月,照彻大乾坤——眼镜店联
(25)笔行神至龙纹画,刀走力到金石开——刻字店联
(26)金剪裁成丹凤舞,银针引出绿鸾飞——刺绣店联
(27)虚心成大器,劲节见奇才——竹器店联
(28)虽然毫末技艺,却是顶上功夫——理发店联

(29)还我庐山真面目,爱他秋水旧丰神——照相店联

(30)生意如春意,财源似水源——商店联

(31)慈母手中忙理布,爱妻灯下细穿针——针线店联

(32)不要由它多破绽,必须为尔早弥缝——缝衣店联

(33)宾至如归,少安毋躁;客来不速,小住为佳——旅馆联

(34)舞台小天地,天地大舞台——舞台联

(35)万里路程同轨辙,九州脉络尽分明——铁路局联

(36)万里远牵乡国梦,一书长系故人情——电报局联

(37)小费君莫惜,后顾自无忧——保险公司联

(38)良医同良相,用药如用兵——医院、医家联

(39)七闽奇珍古称天宝,三山异草原赖地灵——杭州胡庆余堂药店

(40)只愿世间人无病,不怕架上药蒙尘——药店联

(41)池中温泉,请君入浴;足下顽疾,找我来医——"温泉"浴池联

(42)金鸡未唱汤先热,旭日东升客满堂——浴池联

(43)一气呵成凭运腕,五更梦处顿生花——笔店门联

(44)迎送远近通达道,进退迟速返逍遥——马车店联

(45)供饷十洲三岛客,欢迎五洲四海人——饮食业联

(46)有佳肴美酒四时小卖,多诚恳热情百叫不烦——个体饮食店联

(47)君子淡交,禅参玉版;僧家真味,品重香厨——豆腐店联

(48)谷乃国之宝,民以食为天——粮店联

(49)欲把名声充宇内,先将膏泽布人间——油店联

(50)香分花上露,水吸石中泉——茶馆联

(51)来不招,去不辞,礼谊不拘方便地;烟自奉,茶自酌,悠闲自得大罗天——免费茶亭联

(52)到门都是清流客,入座原非大嚼人——素菜馆联

(53)东不管西不管酒管,兴也罢衰也罢喝罢——"东兴"酒馆

(54)世间无此酒,天下有名楼——浔阳江酒楼

(55)酿成春夏秋冬酒,醉倒东西南北人——酒楼对联

(56)陶潜善饮,易牙善烹,饮烹有度;陶侃惜分,夏禹惜寸,分寸无遗——广州"陶陶居"酒楼对联

(57)三五步走遍天下,六七人百万雄兵——剧院联

(58)雨过天晴千古色,花留水彩四时春——瓷器店联

(59)光耀九天能夺目,辉煌一室胜悬珠——灯具店联

(60)酸甜苦辣咸浮香千户,油盐酱醋茶情牵万家——油酱店联

(61)薄煮红桃千朵艳,芳倾绛雪一瓯香——粥店联
(62)华章凭裁剪,云霞任卷舒——丝绸店联
(63)描龙绣凤演古戏,裁云剪月着新装——戏装店联
(64)看巧匠无双手段,博儿童整日心欢——玩具店联
(65)货纵零星百挑不厌,物无大小一应俱全——杂货店联
(66)光明铸出千秋鉴,冷气凝成一片冰——玻璃店联
(67)乾坤有力资旋转,牛马无知悯苦辛——磨坊联
(68)铁骨根根撑苦雨,绢花朵朵蔽骄阳——雨具店联
(69)出山志自远,此货奇可居——山货店联
(70)点缀新居满堂春色,装成家具一室霞光——家具店联
(71)五光霓虹彩,十色灿文章——颜料店联
(72)夏虫不可语,风雅独绝伦——冷饮店联
(73)到来尽是甜言客,此去应无苦口人——糖果店联
(74)满店水果千岭集,一台香气万山来——水果店联
(75)一店佳品,四时鲜活——水产店联
(76)嘉名称火腿,美味出金华——腊味店联
(77)斤两不失一刀准,肥瘦可匀千客夸——肉食店联
(78)一年常有当令菜,四季不乏地头鲜——蔬菜店联
(79)胸怀一团火,温暖千万家——燃料店联
(80)几盘饭菜知客味,十分热情暖人心——小吃店联
(81)缸中染就千机锦,架上香飘五色云——洗染店联
(82)接八方贵客,迎四海亲人——旅游业联
(83)一室珍品,千古奇观——文博馆联
(84)大地山河生笔底,九州人物出毫端——画社联
(85)一花独放不成锦,万紫千红总是春——花木店联
(86)百鸟齐鸣迎旭日,千林披翠舞东风——鸟雀店联
(87)水清石出鱼可数,竹密花深鸟自啼——金鱼店联
(88)金乃五行首,银为百花饰——金银首饰店联
(89)精光射 天地,宝气吐虹霓——珠宝店联
(90)激汽鼓轮,大川利涉乘风破浪,壮志堪酬——航运业联
(91)流水汤汤,取之不竭;源泉混混,来者无穷——自来水厂联
(92)丝丝浸透辛勤汗,锦缎缀满智慧花——纺织厂联
(93)可使寒冬成暖室,能将炎夏变凉秋——家电店联
(94)笑语迎贵客,热心为侨胞——华侨商店联

(95)点心甜万户,佳酿醉千家——点心店联
(96)他乡故国虽千里,芳草奇花总一春——宾馆联
(97)春台文苑三千家,明月扬州第一楼——扬州“迎月楼”联
(98)大碗茶广交九州宾客,老二分奉献一片丹心——北京大茶馆联
(99)前门飞马黄金叶,百雀迎春庆丰收——香烟店嵌字联
(100)点缀烟云邱氏锦,装潢书画米家船——装裱社联第

品牌可以是企业名称,也可以是产品名称,两者合二为一的趋势十分明显,品牌更具泛指性。品牌是对外视觉识别要素,包括品牌名称、字形、图形、颜色等内容,本章只讨论品牌名称命名,这是广告文案创作的重要组成部分。

第一节 品牌命名的重要性

质量是产品打动消费者的根本,但产品也需要有诱惑力的名称,叫得响的名称能起到最佳的促销效果,好的品牌名称被戏称为"推销的喉舌"、"采购的耳目"、"商品交换中的红娘"。品牌名称高深莫测、费解晦涩,华而不实,会弄巧成拙,使消费者产生逆反心理。日本有家酱菜厂生产传统酱菜,味道不错,可销路一直打不开。市场调查发现产品名称不好,所以消费者无法记住品牌,老板灵机一动,以一般日本家庭就餐时的常用语"开饭口罗"为产品名称并申请商标,购买者踊跃,市场大开。有家百货公司叫"巴而可",财力、管理及地理位置都不见佳,销售却好得出奇。深入调查后发现,在日语中,"巴而可"虽无特殊意味,但新奇独特,容易引起消费者的兴趣——"巴而可是什么?还是去瞧一瞧吧"。国内一家监狱工厂生产的针织内衣质地良好、价格合理,但不畅销。究其原因,消费者对内衣上标示的"××监狱工厂生产"字样甚为反感,改为"×江服装厂"并配以"蓝盾牌"商标后,产品方才畅销。上海有两家高级宾馆,一家名为"喜临门大酒店",另一家名为"崇明宾馆"。前者听起来喜气临门,仿佛笑脸相近,十分亲切,使宾客心头增添快意,具有明显的感召力和吸引力,后者则显得单薄、平淡。从命名来看,后者已输一招。

品牌名称的重要功能之一,在于造成某一企业或产品与其他同类之间的区别,即差别化功能。在当前企业行销中的定位时代,好的品牌名称能充分体现销售策略，塑造出不同的质量、不同的文化品位的产品来，使消费者喜欢、愿意购买。每一次购买都会使该产品的品牌商标得到扶植，进而提高了产品与企业的知名度，创出一个具有竞争力促销力的品牌来。品牌首先能使消费者对同类中的产品有细分化的感觉，如消费者购买牙膏，由于其都是膏状的形态，包装容器也相同，绝大部分色彩基调也相同，消费者是"隔着皮看不到瓤"，重要的区别只能靠品牌名称。而在众多的饮料王国里，一提到"可口可乐"和"百事可乐"这两个牌名，就会马上想到这是美国饮料市场上的两大名牌可乐产品。其次，品牌还能从文化品位和精神上给消费者以区别，这从目前众多的洋酒文化中就可知道。洋酒在命名上都大做文章，体现了一种企业的追求和艺术气质。如加拿大"施格兰"威士忌体现了"重质不重量"、"酿制更醇更好的威士忌"的理想，以及它的信条："完美、技巧和传统"。加拿大"皇冠"威士忌有这样的命名故事：为纪念英皇佐治六世及玛利皇后 1929 年访问加拿大而配制了"皇冠威士忌"。当时这种酒只酿制了 100 箱，只有少数身份尊贵的上宾才有机会享用。后来皇冠声誉日隆，公众需求日增。同样是命名，英国芝华士"皇家礼炮"威士忌，其名字则来自向来访的皇家人员鸣礼炮 21 响的风俗。这种珍贵的 21 年陈酿威士忌分别盛装在红、绿、蓝及棕色瓷樽内，为的是更显雍容华贵。而"百笛人"威士忌同样有传奇色彩：一百名风笛乐师曾经为传奇的苏格兰英雄查尔斯・邦尼王子出征奏乐，故"百笛人"以此命名。它以 25 至 30 种高质威士忌小心调配而成，醇化五、六年才推向市场。法国的"金王马爹利"则从远古传说中找到精神，传说中神仙将自己转化为黄金外貌，来诱惑美丽的公主。黄金代表尊贵、永恒与满足，为这种酒罩上了一圈美丽的光环。由上而知，就是同一类别再纯粹不过的产品，商家也要运用各种手段造成区别，而命名是其中重要的手段。

好的品牌名称为广告宣传奠定了基础，是创牌的第一步。好的名称有利于广告阐发、寓意或夸张，"太阳神"给人天长地久的感觉，"万宝路"让人联想起强悍的气概、潇洒的风度。取个好名字并不容易，取名者不但需要丰富的知识，还要对市场进行充分的调查研究，了解消费者的心理。好的品牌名称脱颖而出，产品销路也就随名看好。品牌名称不能反映企业实际经营状况或产品的内在质量时，应该变换品牌名称。

品牌名称直接影响产品形象和企业形象，艾・里斯说，"名称是讯息与心智之间的第一个接触点"，"名称是把品牌吊在潜在顾客心智中产品阶梯的挂钩"。

国内不少企业的企业名称和品牌名称各自独立，各种产品甚至又有不同名称。这样取名，给信息传播带来极大困扰，增加了信息传播的费用，扰乱整体信息传播的一致性，造成混乱。单一名称策略有助于突出品牌形象，以最小的广告费投入获得最佳的传播效果。企业更名时，将商标加进企业名称，这样做统一了产品宣传和企业宣传起来，节省了大量财力。

第二节　企业命名艺术

企业命名是企业的本质、精神、人格的形象化，是企业的象征或化身，要充分体现企业的经营理念和行为准则。企业命名是一种艺术，名称应当是音、形、意的完美结合，易读、易听、易写、易说、易记，易于传播。

一、企业命名溯源

企业名称起源于店铺招牌，用来招徕顾客，是一种户外文字广告。招牌最初是无字的布帘，后来，帘上题写店铺名号，继而又以木牌代替帘幕。旧时开设店铺，先要设计牌匾。牌匾要选料精良、做工精细，还要金漆大字涂写，这样才能显示店家的气度。

招牌广告始于宋代，明代发展，清代广泛使用，渐趋成熟。招牌有四种形式：竖招、横招、坐招和冲天招牌。竖招，将竖写的木牌、铁牌挂于墙、门、柱上；横招，在门前牌坊上横题字号，或将牌匾横向悬置于店堂正上方或店铺屋檐下；坐招，设置在店铺门前或放在柜台两头；冲天招牌，一般设置在店门外较高处，顾客从远处就能看到，声势较大，近代以后这种形式演变为霓虹灯广告。

文字招牌的形式和设置比较固定，但它并不是冷冰冰的辨别符号，古代商人特别注意招牌文字的内容，招牌文字上往往凝聚深刻丰富的意义。象征物质财富和精神财富的招牌文字，多选用“发、昌、盛、荣、恒、广、聚、茂、祥、瑞、泰”之类字眼。为了方便选取商店字号，有人找出了56个吉祥字眼，编成八句顺口溜：

国泰民安福永昌，兴隆正利同吉祥。
协益长裕全美瑞，合和元亨金顺良。
惠丰成聚润发久，谦德达生洪源强。
恒义万宝复大通，新春茂盛庆安康。

清代学者朱彭寿的《安乐康平室随笔》里也有一首类似的口诀律诗：

顺裕兴隆瑞永昌，元亨万利复丰祥。
泰和茂盛同乾德，谦吉公仁协鼎光。
聚益中通全信义，天恒大美庆安康。
新春正合生成广，润发洪源厚福长。

两首诗相差无几，但招牌只是愿望，并不能决定商号的兴衰。"狗不理"、"王麻子"这些名字不入流，但也名扬四海、远近闻名。立招牌不意味着大功告成，只是开端，招牌还要靠信誉来维持。

二、传统命名方法借鉴

古代店铺立招牌字号，是为了方便顾客区别店铺，便于辨认和记忆，同时也为了创出信誉，招揽顾客。传统招牌字号大致有以下几种：

(1)寄托厚望。生意人都希望吉祥如意、兴旺发达、财源广进。如北京"东来顺"、"南来顺"羊肉馆，上海"平安"电影院、"永安"公司、"大达"码头、"聚兴诚"银行、"吉祥"戏院，"协大祥"、"宝大祥"、"信大祥"绸布店等。

(2)伦理道德。传统道德源远流长，根深蒂固，常反映在招牌字号中。清朝咸丰年开业的"内联升"鞋店，命名暗指"联升三级"，专做宫廷生意，投宫廷官宦所好。北京"大三元"酒家，意指解元、状元、会元及第，光宗耀祖。"全聚德"烤鸭取其全仁聚德、情操高尚之意。"同仁堂"药店表示童叟无欺，一视同仁。

(3)引经据典。在经典著作中寻找字号，可以提高文化品位与艺术价值，让人感觉高雅。旅馆、酒家客流频繁，多从此处着眼。"鹿鸣春"饭店出自《诗经·小雅·鹿鸣之什·鹿鸣》："呦呦鹿鸣，食野之苹；我有嘉宾，鼓乐吹笙"。群贤、集贤旅馆，取自晋朝王羲之《兰亭集序》："群贤毕至"。杏花楼酒家源出于杜牧诗《清明》："借问酒家何处有，牧童遥指杏花村"。南京旧时知名钟表店"先施"，取自《中庸》："子以事父，臣以事君，弟以事兄，朋友先施之"，"先施"即先实施、先给予的意思。

(4)名胜传说。渔具店招牌"太公"，取自故事"姜太公钓鱼"。北京"都一处"烧麦馆，名号源自乾隆传说，风传乾隆十七年，乾隆带二仆微服私访，见偌大个北京城内只有一处饭店营业，便进去吃烧麦，觉得滋味不亚宫内，御笔写下了"都一处"三字赠与。

(5)个人姓名。以制造者或经营者的姓名来命名的店铺，在顾客中也有很高的声誉和影响。天津"狗不理"包子铺，原是有个绰号叫狗不理的人，所做的包子色味鲜美，大家叫惯了狗不理，干脆以此作了店名。"冠生园"食品是先有店名，后来店主把自己的姓名冼炳成也改成冼冠生了。

(6)特殊词汇。以"长江长城、黄山黄河、中华、中国、龙"等词汇命名，这些名称家喻户晓，气派非凡，流露出民族自豪感。另一类号称"老、新、大、小"，如"老介福"纺织品店、"新世界"百货店、"大世界"游乐场、"小红花"儿童服装店。而有些经营进口货的商店则以外文汉译命名，如"西伯利亚"皮货店、"华盛顿"钟表店、“汤姆逊”皮鞋店等。

三、现代企业命名原则

企业名称是现代商战中的重要手段，名称应与实体密切联系，体现企业的经营理念。名称应有新鲜感、贴切、简洁、响亮、吉祥，这样有利于提高企业的知名度和美誉度。

1. 贴切

中国人讲求名实相符，名称与内涵相去甚远，有浮夸、虚假之嫌，名称贴切，是对公众的责任感，能利用名牌效应提高知名度，促进企业发展。

2. 吉祥

企业命名追求吉祥如意，让消费者感到亲切、舒适。“恒辉电器厂”意含所产电器质量恒久可行；“金利来”原来叫“金狮”，但与粤语“金输”谐音，港澳消费者忌讳，后结合意译与音译，定为“金利来”，公众很快接受了。

对吉祥的认知要顾及各地不同的文化和风俗。“8”在粤语地区是“发”的象征，但在闽南地区却是“泼”的谐音，形容女性泼辣撒野及无修养。天津“狗不理”包子店名扬海内外，但在深圳却备受冷落，当地人接受不了“狗不理”的谐趣，改名“喜盈门”才宾客盈门。

3. 独特

名称应有个性，给人易记、风趣、新奇的感觉。厦门有家“矮脚胡餐厅”，生意兴隆，除饭菜可口外，店名奇特也是吸引顾客的原因。美国有家“九十九仙商店”，店内货物售价的尾数一律为九角九分，给人印象深刻。成都茶馆林立，命名绝不雷同。如“芙蓉亭”、“槐园”、“竹园”、“吟啸楼”、“攀桂楼”等。

名称缺乏个性，不利于扩大知名度。“第一百货公司”、“第二百货公司”，“红旗印刷厂”、“东风印刷厂”、“向阳印刷厂”这样的命名，消费者容易混淆，不宜提倡。

4. 新潮

企业命名必须与时代同步，柯达经过反复筛选和比较，选用了“柯达”这个贴切新潮的名称，建立起“柯达”商品的新概念。“海尔”、“康恩贝”、“亚细亚”等名称也给人新颖别致的感觉。这类命名要慎重，不能一味追求新潮而到处套用。

5. 简洁

企业名称越短越好，文字笔画越少越好，易读好写有利于传播。4 个字以内的企业名称平均认知度为 11.3%，8 个字以上的平均认知度只有 2.88%。“索尼”原名为“东京通信工业公司”，名称长且不好念，后改名为“索尼(SONY)”。

难写的字，不常用的字，容易混淆的字，趣味不高的字，都不宜选入企业名称。书写方面应力避繁体字、自造简化字及错别字等。

6. 好听

企业名称要上口、响亮，动听悦耳。发音绕口，不好听或刺耳，即使含义极嘉，也不宜采用。有的名称用普通话读上口好听，但读成方言时则含义全变，应该避免这样的情况。“可口可乐”进入中国时，曾打算选用中文名称“蝌蚪嚼蜡”，这个名称容易引起厌恶，研究了大量汉语词目后，最终改用“可口可乐”，读音和含义俱佳，中国消费者也乐于接受。

7. 稳定

与商标一样，企业名称也是重要的资源，是企业的软件。花费大量广告费宣扬名声，树立形象，更名会削弱消费者心目中的企业形象。

第三节　产品命名艺术

产品名称也称商标，商标还包括图形、标志等要素，文字名称是商标最重要的组成部分。好的品名能加深产品在消费者心中的印象，有利于扩大产品销售。消费者不仅消费物品本身，还消费概念，品名直接表明概念。

品名直接影响产品销路，命名的原则与企业命名的一致，品名更贴近消费者，更能表达产品某一方面的内涵，以区别于竞品。品名是树立名牌的开端，它有以下特点。

1. 表明产地

这种命名方法明确揭示产品的生产者或制造者，产地著名，会给人们带来独特的地方风味，如“青岛啤酒”、“茅台酒”等，武汉“荷花”牌洗衣机的“荷花”二字，可作为湖北省的代称，因湖北乃千湖之省、荷花之乡；“荷花”还暗喻洗衣机的功用——涤污去秽，与荷花“出污泥而不染”的美质相通。

2. 揭示功用

直接突出产品的性能用途，启发消费者对产品的认知，加深其记忆。如“速效救心丸”、“999 感冒灵冲剂”，都是从产品功用来定位的。“永久”自行车，既揭示自行车的优质性能，又迎合消费者对产品的需求。“鹦鹉牌”磁带来自武汉，品名里同时标注出厂家产地与产品功能，古诗曰：“晴川历历汉阳树，芳草萋萋鹦鹉州”，“鹦鹉”指代武汉，又使用了“鹦鹉学舌”的典故，暗指磁带能用于保存和复制声音讯号，平添幽默和俏皮。

3. 出奇制胜

采用心理冲击力强的，又能为消费者所理解的文字来命名，可达到出奇制胜的效果。法国迪奥推出浓厚花香型香水“毒药”，这个名字抓住人们的好奇心理，风靡欧洲市场。北京某餐厅推出一道主食，名曰“黑五类”，这个名称令中年以上的人（尤其是吃过亏的人）大为吃惊，都想弄个明白，其实“黑五类”指五种黑色食品——黑米黑豆黑芝麻等。

4. 诱发想像

某些日常生活用品的消费已主要转为观念或心理消费，“美媛春”化妆品给人美丽青春的遐想；“小灵巧”积木让人联想儿童智力开发。“美洲豹”汽车、“蓝鸟”汽车、“野马”汽车都让人联想起车的灵巧快捷。

有些品名以含蓄取胜，令消费者颇费心思。湖北天门有种畅销酒叫“川天液”，此酒引进四川技术酿成，名称取各地名一字，看似平淡无奇，实则奥妙无穷。把“川”字放倒，则成“三”字；“液”字拆开成“三夜”，“川天液”可解释为“三天三夜酒香不散”或者“恨不得喝它三天三夜”。这一含意妙趣横生，助人酒兴。

5. 纪念意义

有些品名是为了纪念某人或某事，这在西方较为普遍。例如，波音飞机、福特汽车、吉列刀片、皮尔·卡丹时装等。“苹果”电脑的命名，是因为公司创始人史蒂夫·乔布当年在大学就读期间，一边研究电脑技术，一边在农场苹果园帮工维持生计。“卡迪拉克”汽车是通用生产的汽车，通用位于底特律市，“卡迪拉克”是底特律市的创建人的名字，通用用这个命名来纪念创建人。

“韵致天成”产品名策划方案

概念描述

方案一：维暖织物

该名称重点突出其是最新型的高科技保暖面料，与市面上目前流行的保暖内衣的面料，如南极棉相区别开来，把这种面料称为“维暖织物”这个新名词。“维暖”突出功能性，保暖；且含有“在寒冷冬日维护你的温暖”的意义。“织物”有别于棉、毛等概念，有精工细作、高档的感觉。合在一起“维暖织物”四字读来顺口，又含义丰富，适于联想。

方法二：维暖弹力绒

该名称在突出其保暖特性上，还重点突出新面料的强力弹性。强力弹性具有塑身的功能，与其保暖性相结合，使人们在寒冷冬日“风度温度”皆具。可以说是该面料有别于市面上一切保暖衣的特性，是一个独特的卖点。“维暖弹力绒”用“维暖”和“绒”来表现其保暖的特点，且“绒”具有高档、时装性的感觉;"弹力"表现其强力弹性。合在一起"维暖弹力绒"给人一种暖洋洋的时尚感觉。

方案三:三维立体织物

该名称强调的是新面料的高科技性。一听起来就感觉不凡,十分新颖;同时这是申请了专利的独特的纤维编织技术。起用这个名称,是受"莱卡"成功的启示。"莱卡"与"三维立体织物"相类似,同样是专利的名称,如今却几乎成了高级弹性面料的代名词,许多面料都以含"莱卡"而自居为高档面料。试想,"三维立体织物"也能获得同样的效果;且引申开来想,"三维立体织物"还具有"全方位,最周到的保暖效果"的含义。

方案四:韵之健

该名称重点表现穿着的感受,而不是在名称中表现其功能性,与前三种诉求点不同。"韵之健"表现的是健康活力和时尚美感:即使在寒冷的冬天,只要穿着这种保暖衣就不畏严寒;且其别致的造型和独具的修身功能,使你在冬日里也别具韵味,身姿矫健。而且"韵之健"中的"韵"字与"韵致天成"形成对应,利于形成系列,便于宣传。

方案五:冰蚕炫情

该名称取自独特、富有感染力、超酷的意象,凡看过或听过一遍该名称都能留下深刻的印象。"冰蚕"在传说中是百毒不侵、百年不遇的宝物,且蚕能吐丝,与衣服相联系有高贵的感觉;"炫情"重点突出其迷人吸引力,炫动情挑。"冰蚕炫情",超现实的新潮流魅力扑面而来。

优秀的广告文案撰稿人必须拥有多种素质。撰写广告文案绝非舞文弄墨，要分析综合市场、产品、竞争者与消费者等信息，使用凝练、信息负荷高的文字，直接切入目标受众的意识。广告文案撰稿人必须具备现代广告意识，思想敏锐，博学多才，勇于开拓，善于创新。广告主和广告代理公司应该营造良好的创作环境，让撰稿人充分发挥创造力。撰稿人还应注意与艺术指导合作，使文案与图案配合，共同表达广告主题。

第一节　激发撰稿人的创作潜能

对于撰稿人来说，创造力犹如能源埋藏于地壳深层，善于开发、深入挖掘，可以不断提高。这需要多方面素质。

1. 知识面广

知识是力量的源泉，也是撰稿人创作的源泉。广告文案是市场竞争的蓝图，撰稿人要为广告主出谋划策，必须拥有广博的知识。现代广告活动要求撰稿人是适应广告业快速变化的“通才”，这种“通才”的基础是“专”与“博”。

“专”指文案撰稿人必须广泛涉猎广告原理、广告策划、广告心理、广告管理、广告媒介、广告文案与设计方面的现代广告理论知识，能够在总体上把握广告运动的规律，拥有广告信息的审定、检索、选择、组织、评价和交流能力。拥有扎实的专业知识有助于深入理解并展示广告的总体意图，创作出有针对性的广告文案。

“博”指博学多才，除应掌握专业知识外，撰稿人还应涉猎传播学、市场学、社会学、心理学、公共关系学、文学、美学、信息论、系统论、企业管理学、世界经济地理等相关学科的知识。了解这些相关学科的信息有利于撰稿人开阔思路，捕捉创作灵感。

在未来的广告业竞争中,人类的新知识新手段不断涌现。撰稿人要努力学习现代科学知识,不断更新知识内容,成为能融会贯通有关学科知识并能驾驭市场的广告界的通才。

2. 敬业精神

广告文案撰稿人应当拥有锲而不舍的敬业精神,这是挖掘创作潜能的重要条件。

撰稿工作没有 8 小时之说,著名广告人哈霸每天工作 12 小时,李奥·贝纳一年工作 365 天,霍普金斯认为自己的成功源自勤奋——他的工作时间比别人多出两倍,他们这种敬业精神是成功的重要条件。

撰稿人有时候要扮演策划人的角色,需要协助广告主拓展市场,提高产品的市场占有率。每承接一项广告业务,都应进行认真细致的市场调查,充分了解情况,进行有针对性的文案创作。

撰稿人还应具有良好的广告道德,传播正确无误的商品与劳务信息,为消费生活带来方便。不应传播虚假信息,夸张不实,隐瞒商品缺陷。

3. 素质培养

长期的培养训练就能具备优良的素质。这些素质中,首先是敏锐的思维,能深谋远虑,随机应变,有较强的观察与综合能力,善于应对复杂多变的环境;其次是强烈的创新意识,永远不被束缚,永远追求与众不同,善于捕捉市场信息,不断提供新点子、新办法;再次是善于集体合作,文稿撰写不是个人劳动,是集体合作,动用集体的力量,借助集体的智慧;最后是语言文字驾驭能力,要广泛运用多学科的知识,炼字炼句,精益求精,使文案“句句千金”,打动消费者的心,促使他们采取购买行动。

要拥有这些素质,就应不断参与培训。新人应该接受训练,由浅入深、由简而繁,不断熟悉环境并增长才干。老员工也应及时进修及出差学习,更新知识,跟踪市场动态,开展学术交流,以相互促进,共同受益。

第二节　营造优良的创作环境

撰稿人的良好素质是写好文案的重要条件,自由创作的空间是锦上添花。欧格威说,最高领导人的最主要的职责在于创造一种让有创作才华的人有用武之地的气氛。对于广告公司来说,要想在竞争中保持优势,必须在工作环境、领导艺术、创作模式方面，为撰稿人提供良好的创作环境。

1. 工作环境

好的工作环境往往能激发创造的活力。工作环境包括以下内容：

(1)现代化的办公环境。宽敞明亮的空间，别具一格的装修，先进的设备……这些因素优化组合、和谐配搭，给员工提供好的工作环境，方便他们的创作。员工在享受舒适环境给带来的乐趣时，容易激发创造力。

(2)轻松、活泼、自由的气氛。自由是创造之母，给员工最大限度的自由，摒弃压迫式的管理作风，创造轻松、活跃的气氛，这比创造具象的工作环境更重要。创作力飘忽不定、行影无踪，通常在心绪最佳、身心舒畅之际不期而至。

(3)愉悦的伙伴关系。广告公司是人才的集散地，良好的伙伴关系有助于他们取长补短，互相碰撞，激发创造力。平等主义、集体精神、友情有利于维持愉快的伙伴关系，是产生最佳文案的温床。

2. 领导艺术

广告公司领导应以员工为目标，全方位调动员工创作积极性。应关心员工的生活，注重管理的哲学、管理的作风。许多跨国广告公司在这方面拥有丰富经验，可供借鉴。

(1)欧格威指出，应把创作人员当成不可或缺的明星人物，给予他们报酬、房子、优惠和尊重。欧格威认为无诸事牵挂，创作人员方能潜心创作。

(2)不轻易否认创作人员看似幼稚的意念，它可能发展成伟大的构想。蛮横否定创作人员的想法，会挫伤其创作积极性，使其怀疑自己的判断力。

(3)面对面的沟通很重要。管理者应放下架子，用真诚，用学识、经验帮助创作人员生发灵感。

(4) 给予充足的创作时间，创作需要充分的酝酿。创作人员面对“明早请拿出这个三十秒广告的文案”，或是“赶快赶一篇文案，立刻就要”的要求时，往往会茫然无措。

(5)减轻创作人员的工作负担，帮助他们酝酿创作情绪。不应该给创作人员安排太多的任务，给予充足的时间，让他们过滤一下“混乱不堪”的头脑，“污浊”的头脑只会诞生“污浊”的创作力。

(6)包容创作人员个性，有创作能力的人往往孩子气、偏执、神经质甚至口不择言。欧格威说，赖史克经营广告赚了 5 000 万元，原因之一就是他容忍得了约翰·肯尼迪、克劳德·霍普金斯和弗兰克·赫默特这些优秀撰稿人的傲慢。

3. 创作模式

优秀的创作力还源自行之有效的创作模式。优秀的广告公司都有自己独特创作模式。以下是其中代表：

1."头脑激荡"模式

"头脑激荡"模式是BBDO广告公司总经理亚力·奥斯本30年代提出的,盛行一时。该模式有四个基本原则:

(1)不妄加批评或反驳别人的意见,也不下结论。

(2)鼓励所有"畅所欲言",广开思路,不要重复别人的意见。

(3)强调"量"的因素,参与者创见愈多,愈可能得到结果。

(4)鼓励参与者改进他人之创见,使创见更有说服力。

这种方法每次以10人为宜,一般1小时左右。自由发挥时闪现出来的新意是优秀广告文案创作的源头。

2.韦伯·扬的创意五步骤

这种模式出现于60年代,名噪一时。

(1)收集资料——如蜂之采蜜,搜罗有关资料,面愈广愈佳。

(2)仔细品味——在脑中反复咀嚼,消化搜集到的资料。

(3)孵化资料——对脑中事物加以组合。

(4)创意诞生——心血来潮,灵光乍现,创意奔涌。

(5)付之实现——创意定形、发展,付诸实用。

除了这些方法外,"水平思考法"、"集中思考法"、"分解思考法"、"颠倒思考法"、"质疑法"、"逻辑法"等方法也流行一时,意图大多在于避免钻牛角尖,另辟蹊径,有时流于异想天开,也经常有所收获。创作模式层出不穷,没有固定模式,广告公司可摸索适合自己的创作模式,可选用其中一种,也可以交叉或综合运用。

第三节　协调撰稿人与艺术指导的关系

广告文案和图案关系密切,在印刷广告中,两者融为一体。文案用文字表现广告主题,主要诉诸理念;图案以形象为表达手段,主要诉诸情感。成功的印刷广告中,文案与图案都会互相配合并形成一致风格,以理服人、以情感人。

广告文案和图案都是广告主题的创意表现,它们分别由撰稿人和艺术指导来完成——撰稿人负责广告标题、正文和口号,艺术指导负责广告主题的视觉表现。广告公司的创意部或设计部主要也由这两部分人组成。

撰稿人和艺术指导是创意伙伴,这种关系由来已久。最初,印刷广告上主要是文字,图案占比很小,要求也不高。后来,图案越来越多,视觉处理的重要性提高，艺术指导就出现了。奥美这样形容这个变化："艺术指导过去只是撰稿员的助手，而现在他们在这个世界上可真是吃得开了。"

广告人曾迷信理性诉求的绝对可靠性，所以主要依靠文字来劝说消费者，随着消费者心理研究及广告实践的展开，人们发现消费者的购买动机并非纯理性的，也受感情冲动支配，图案在沟通情感上占有较大优势，于是重视起图案来，艺术指导的地位也就愈来愈高。

撰稿人和艺术指导各有优势，一般来说，撰稿人的素质要更高一些。撰稿人的教育背景更深广些，掌握更多的关于商业知识和市场学知识。艺术指导受过更多视觉传播方面的训练，两者的生活方式也不同，这些不同可能导致相互的轻蔑。撰稿人可能认为艺术指导过分重视美术，只会形象思考，不擅长提炼销售观念，缺乏商业知识和市场知识，文字理解能力不强等。艺术指导则会认为撰稿人过分强调自我，喜欢占上风，不会欣赏美术作品，缺乏形象思考，玩弄文字技巧。

应创造条件让两者密切合作，蹩脚的文案和缺乏吸引力的美工作品都无法吸引消费者。愉快的创意合作可以从对方得到灵感，互相补充，共同提高。对撰稿人还是艺术指导来说，寻找互相理解又能彼此信任的伙伴都十分重要。

撰稿人与艺术指导的合作关系应该固定下来，不应临时拼凑，不太了解又无法沟通的工作团队无法创造出优秀的广告作品。跨国广告公司的创意部门一般由创意指导来领导整个部门，除撰稿人和艺术指导之外，一般还配有电视和印刷方面的专家。

以印刷广告为例，一般的工作程序是这样的：确定广告主题后，给撰稿人和艺术指导安排创意任务。撰稿人和艺术指导应该是老搭档，一起探讨广告主题的表现形式，由撰稿人拟出多个标题，挑选确定一两个。艺术指导负责把最终的标题视觉化，绘制出草图，撰稿人再写出正文，然后提供给客户审阅。

广告语言文字管理暂行规定

（1998年1月15日国家工商行政管理局令第84号公布，1998年12月3日国家工商行政管理局令第86号修订）

第一条 为促进广告语言文字使用的规范化、标准化，保证广告语言文字表述清晰、准确、完整，避免误导消费者，根据《中华人民共和国广告法》和国家有关法律、法规，制定本规定。

第二条 凡在中华人民共和国境内发布的广告中使用的语言文字，均适用本规定。

本规定中所称的语言文字，是指普通话和规范汉字、国家批准通用的少数民族语言文字，以及在中华人民共和国境内使用的外国语言文字。

第三条 广告使用的语言文字，用语应当清晰、准确，用字应当规范、标准。

第四条 广告使用的语言文字应当符合社会主义精神文明建设的要求，不得含有不良文化内容。

第五条 广告用语用字应当使用普通话和规范汉字。

根据国家规定，广播电台、电视台可以使用方言播音的节目，其广告中可以使用方言；广播电台、电视台使用少数民族语言播音的节目，其广告应当使用少数民族语言文字。

在民族自治地方，广告用语用字参照《民族自治地方语言文字单行条例》执行。

第六条 广告中不得单独使用汉语拼音。广告中如需使用汉语拼音时，应当正确、规范，并与规范汉字同时使用。

第七条 广告中数字、标点符号的用法和计量单位等，应当符合国家标准和有关规定。

第八条 广告中不得单独使用外国语言文字。

广告中如因特殊需要配合使用外国语言文字时，应当采用以普通话和规范汉字为主、外国语言文字为辅的形式，不得在同一广告语句中夹杂使用外国语言文字。广告中的外国语言文字所表达的意思，与中文意思不一致的，以中文意思为准。

第九条 在下列情况下，广告中使用的外国语言文字不适用第八条规定：

（一）商品、服务通用名称，已注册的商标，经国家有关部门认可的国际通用标志、专业技术标准等；

（二）经国家有关部门批准，以外国语言文字为主的媒介中的广告所使用的外国语言文字。

第十条 广告用语用字，不得出现下列情形：

（一）使用错别字；

（二）违反国家法律、法规规定使用繁体字；

（三）使用国家已废止的异体字和简化字；

（四）使用国家已废止的印刷字形；

（五）其他不规范使用的语言文字。

第十一条 广告中成语的使用必须符合国家有关规定，不得引起误导，对社会造成不良影响。

第十二条 广告中出现的注册商标定型字、文物古迹中原有的文字以及经国家有关部门认可的企业字号用字等，不适用本规定第十条规定，但应当与原形一致，不得引起误导。

第十三条 广告中因创意等需要使用的手书体字、美术字、变体字、古文字，应当易于辨认，不得引起误导。

第十四条 违反本规定第四条的，由广告监督管理机关责令停止发布广告，对负有责任的广告主、广告经营者、广告发布者视其情节予以通报批评，处以违法所得额三倍以下的罚款，但最高不超过三万元，没有违法所得的，处以一万元以下的罚款。

第十五条 违反本规定其他条款的，由广告监督管理机关责令限期改正，逾期未能改正的，对负有责任的广告主、广告经营者、广告发布者处以1万元以下罚款。

第十六条 本规定自公布之日起施行。

广告活动道德规范

（工商广字[1997]第310号）

一、总则

第一条 为维护广告市场秩序，促进广告业社会主义精神文明建设，增强广告主、广告经营者、广告发布者及其他参与广告活动的单位和个人的社会公德意识和职业道德观念，依据《中华人民共和国广告法》，制定本规范。

第二条 广告活动道德规范是广告活动的基本准则。凡在中华人民共和国境内从事广告活动的广告主、广告经营者、广告发布者以及其他参与广告活动的单位和个人，均应自觉遵守本规范。

第三条 各级工商行政管理机关在维护广告市场秩序，查处违法广告案件的同时，应当注重广告业职业道德建设，引导广告业树立良好风尚。

第四条 广告行业组织应当在工商行政管理机关指导下，积极开展行业自律，教育其成员单位自觉遵守和维护广告市场公平竞争、公平交易秩序，促进广告业职业道德建设。

二、广告主广告活动道德规范

第五条 广告主应当自觉维护消费者的合法权益，本着诚实信用的原则，真实科学地介绍自己的产品和服务。

第六条 广告主应当自觉遵守国家广告管理法律法规和其他有关规定，与其他广告主进行公平、正当的竞争，不得以不正当的方式和途径干扰、损害他人合法的广告活动。

第七条 广告主发布商业广告，应当自觉遵守和维护社会公共秩序和社会良好风尚，不应以哗众取宠、故弄玄虚、低级趣味等方式，片面追求广告的感官刺激和轰动效应，对社会造成不良影响。

第八条 广告主应当按照国家有关规定，积极参加各类公益事业，响应政府主管部门的号召，参与公益广告活动，树立良好的企业形象。

第九条 广告主应当在国家法律、法规的规范内，按照市场经济规律，根据服务质量，选择广告经营者的服务，自觉抵制各种损害企业利益的人情、关系广告业务。

第十条　广告主实行广告服务招标，应当尊重投标者的劳动成果，自觉履行招标承诺，自觉抵制和纠正以虚假招标形式引诱投标者投标，以及窃用投标者的广告策划和创意的不公平交易行为。

第十一条　广告主应当自觉抵制和纠正下列不正当的广告宣传：

（一）依据科学上没有定论的结论来否定他人的产品和服务，借以突出自己的产品和服务；

（二）片面宣传或夸大同类产品或服务的某种缺陷，以对比、联想等方式影射他人；

（三）未经有关部门认定假冒商标的情况下，在各种声明、启事中涉及他人的商标；

（四）擅自使用他人知名商品和服务标志作为陪衬宣传自己的产品和服务，不正当地利用和享用他人的商品声誉和商业信誉；

（五）使用不规范的行业用语或消费者无法熟知的专业术语表示商品的质量、制作成分、性能、用途、产地以及采用的技术、设备等；

（六）使用含糊不明，易使消费者产生歧义的承诺；

（七）使用不合法、不科学、不公正的评比结果和奖项；

（八）采用隐去主要事实、断章取义、偷换概念的手法使用有关数据、统计资料、调查结果、文摘和引用语，误导消费者。

三、广告经营者广告活动道德规范

第十二条　广告经营者在广告创意、设计、制作中应当依照有关广告管理法律、法规的要求，运用恰当的艺术表现形式表达广告内容，避免怪诞、离奇等不符合社会主义精神文明要求的广告创意。

第十三条　广告经营者在广告创意中使用妇女和儿童形象应当正确恰当，有利于树立健康文明的女性形象，有利于维护未成年人的身心健康和培养儿童良好的思想品德。

第十四条　广告经营者在广告创作中应当坚持创新与借鉴相结合，继居中华民族优秀传统文化，汲取其他国家和地区广告创作经验，自觉抵制和反对抄袭他人作品的行为。

第十五条　广告经营者为同类产品广告主同时或先后提供广告代理服务，应当保守各广告主的商业秘密，不得为自身业务发展的需要泄漏广告主的商业秘密。

第十六条 广告经营者应当注重广告在社会主义精神文明建设中的作用，坚持商业广告创意设计中的社会主义思想文化导向，积极参与公益广告活动，倡导正确的道德观念和社会风尚。

第十七条 广告经营者应当注重提高经营管理水平和服务质量，依靠不断提高服务质量和商业信誉与广告主建立稳定的业务关系，自觉抵制和纠正下列不正当竞争行为：

（一）利用物质引诱或胁迫等不正当手段获取其他广告经营者的商业秘密；

（二）采用给予广告主经办人好处或竞相压价等手段争夺广告客户；

（三）采用暗中给予媒介经办人财物等不正当手段争取有利或紧俏的时间和版面。

四、广告发布者广告活动道德规范

第十八条 广告发布者发布商业广告应当考虑民族传统、群众消费习惯以及广告受众的区别等社会因素，合理安排发布时段、版面，依照各类广告的发布标准和社会主义精神文明建设的要求，认真履行广告审查义务。

第十九条 广告发布者应当严格遵守国家关于禁止有偿新闻的有关规定，坚持正确的经营观念，杜绝新闻形式的广告。

第二十条 广告发布者应当严格执行国家有关广告服务价格的管理规定，根据媒介的发行量、收视率等科学依据制订合理的收费方法和收费标准。广告经营者采用招标等特殊方式确定广告价格的，招标方案和办法应当合法、公正，不得利用不正当手段哄抬广告服务价格。

第二十一条 广告发布者应当自觉执行国家关于公益广告宣传的有关规定，发挥公益广告宣传社会主义精神文明的积极作用，促进社会主义精神文明建设，树立良好的社会道德风尚。

第二十二条 广告发布者在经营活动中应自觉抵制和纠正下列行为：

（一）以不正当理由拒绝广告发布经营者正常客户代理业务，并强制该广告经营者必须通过其有特殊利益关系的代理公司进行代理；

（二）违背广告主、广告经营者的意愿搭售时间，版面或附加其他不合理的交易条件；

（三）对不同客户实行不同的收费标准，强制要求客户预付广告费，不按规定的标准返还代理费。

五、各类市场中介机构参与广告活动的道德规范

第二十三条 从事各类广告出证活动的社会团体和商业调查、技术检测、标志认证等市场中介机构，必须具备合法资格，其广告出证行为必须遵循诚实信用原则，出证内容必须真实、合法，不得助长不正当竞争和不公平交易行为。

第二十四条 各类市场中介机构以广告形式公布其推荐、介绍、调查、检测、认证结果的，应将其从事该项活动的依据，采用的方法、方式等向社会公布，自觉接受社会监督。

第二十五条 各类市场中介机构应当保证广告出证行为的客观、公正性，自觉抵制和纠正以牟利为主要目的的广告出证活动，杜绝以收费多少排名、排序，并用于广告误导消费的现象。

六、附则

第二十六条 违反本道德规范，情节严重、构成违法的，工商行政管理机关依照广告管理法律、法规和国家有关规定予以行政处罚；情节轻微的，工商行政管理机关应对其进行批评、教育，监督改正。

第二十七条 广告行业组织对违反本规范的成员，依照行业自律规则予以批评教育。直至取消其行业组织成员资格。

第二十八条 本规范自发布之日起施行。

一九九七年十二月十六日发布

广告显示屏管理办法

（1996 年 2 月 29 日国家工商行政管理局令第 49 号发布、1998 年 12 月 3 日国家工商行政管理局令第 86 号修订）

第一条 为加强对广告显示屏的管理，发挥其迅速传递广告信息的积极作用，根据《中华人民共和国广告法》、《广告管理条例》、《广告管理条例施行细则》及有关法律、法规，制定本办法。

第二条 凡在户外或者公共场所建筑物内设置的，用以发布广告并可以即时变换内容的各类显示屏，均属本办法管理范围。

第三条 未经工商行政管理机关批准，任何单位不得设置广告显示屏。

第四条 省、自治区、直辖市工商行政管理局（以下简称省级工商行政管理局）或者其授权的市工商行政管理局负责本辖区内广告显示屏设置的批准工作。

广告显示屏联网，需经省级工商行政管理局审核同意后，报国家工商行政管理局批准。

第五条 申请设置广告显示屏，应当具备下列基本条件：

（一）具有合法的广告经营资格；

（二）设置地点在户外的，应当符合《中华人民共和国广告法》的规定及当地人民政府户外广告设置规划的要求；

（三）具有熟悉广告法律、法规及国家有关政策的专职审查人员。

第六条 申请办理广告显示屏审批，应当交验下列证明文件：

（一）营业执照；

（二）广告经营许可证；

（三）可行性研究报告；

（四）上级主管部门批准文件；

（五）场地使用协议；

（六）设置地点依法律、法规需经政府有关部门批准的，应当提交有关部门的批准文件；

（七）广告显示屏主办单位制定的内部管理制度；

（八）经营单位负责人情况证明；

（九）专职审查人员的资格证明。

第七条 广告显示屏的设置申请，应当在设置30日前提出。工商行政管理机关在证明文件齐备后，予以受理，自受理之日起15日内，做出批准或者不予批准的决定。

经审查符合规定条件予以批准设置的，核发《广告显示屏登记证》。凡在户外设置的，应当同时按《户外广告登记管理规定》的要求，办理户外广告登记。

第八条 广告显示屏播放的广告及其他信息必须真实、合法，符合社会主义精神文明建设的要求，不得以任何形式欺骗和误导消费者。

第九条 广告显示屏一般不得播放非广告信息。

有特殊需要播发新闻信息的，需经所在地省级新闻主管部门批准，并只限于播发国家通讯社、中央电视台、中央人民广播电台发布的和省级以上党委机关报登载的新闻，不得播发其他来源的新闻信息。

有特殊需要播发其他非广告信息的，须分别经有关主管部门批准。其中播放文艺类节目，只限于符合国家有关规定的音乐电视和旅游风光片，不得播放电影、电视剧等有情节的文艺节目。

广告显示屏经营单位持上述有关部门批准文件，到负责批准设置的工商行政管理机关办理《广告显示屏特殊信息准播证》后，方可播出上述非广告信息。

第十条 广告显示屏经营单位，应当根据工商行政管理机关的要求，建立必要的管理制度，对播放的内容存档一年以上。

广告显示屏播放的广告，应当按照有关规定向工商行政管理机关备案。播放新闻、文艺类节目的，应当同时将信息目录、信息提要、播出时间、信息来源等内容，经专职审查人员签字后，报负责日常监督管理的工商行政管理机关备案。

第十一条 对广告显示屏的监督管理，由批准设置的工商行政管理机关或者其授权的设置地工商行政管理机关负责。工商行政管理机关对广告显示屏经营单位的资格、显示屏的播出内容及其他遵守法律、法规的情况，进行监督管理。

第十二条 监督管理机关依据本办法对经营单位进行年度专项检查，确认或者取消其继续经营广告显示屏的资格。该项检查应当与广告经营专项检查一并进行，在检查中发现违反本办法和有其他广告经营违法行为的，一并予以处理。

第十三条 违反本办法第三条，未经批准擅自设置广告显示屏的，由违法行为发生地工商行政管理机关没收非法所得，处五千元以下罚款，并限期撤除；逾期不撤除的，强制撤除，其费用由设置者承担。

第十四条 违反本办法第九条，未经批准发布非广告信息或者信息来源不符合本办法规定的，由工商行政管理机关责令停止发布，予以通报批评，撤销《广告显示屏特殊信息准播证》，停止广告显示屏的播放业务，处以五千元以下罚款。

第十五条 违反本办法其他规定的，依据《中华人民共和国广告法》及其他法律、法规予以处罚。

第十六条 本办法由国家工商行政管理局负责解释。

第十七条 本办法自发布之日起施行。

广告宣传精神文明自律规则

（中国广告协会一九九七年制定）

第一条 为加强广告行业的精神文明建设，提高各类广告的精神文明标准，根据《中国广告协会章程》总则第三条制定本规则，作为“中国广告协会自律规则”的单项规则，中国广告协会的会员应自觉遵守。

第二条 利用各种媒体和形式发布的各类广告，都应当遵守《中华人民共和国广告法》和有关政策、法规关于社会主义精神文明建设的规定，符合社会主义精神文明建设的要求。

第三条 广告作品应当体现社会主义思想道德风貌，积极倡导和反映爱祖国、爱人民、爱劳动、爱科学、爱社会主义的好风尚。广告创作应当体现下列原则：

（一）有利于引导消费者健康消费，反对奢靡；

（二）有利于弘扬中华民族精神和民族文化，增强民族自信心和自豪感；

（三）有利于普及推广科学知识，破除和反对封建迷信和伪科学；

（四）有利于促进国家各项建设事业的健康发展；

（五）有利于国家统一和民族的团结和睦。

第四条 广告应维护国家尊严和利益，不得出现下列内容：

（一）危害国家统一、主权和领土完整；

（二）丑化、影射、诽谤、侮辱我国国家领导人和著名人物；

（三）使用禁止演唱的歌曲作为背景音乐；

（四）煽动民族分裂、破坏民族团结、伤害民族感情。

第五条 广告应当体现科学、真诚、善良、不得夸大、欺骗、宣传伪科学，不得出现带有封建迷信、鬼神、算命、相面，看风水及恐怖、暴力、丑恶的内容。

第六条 广告应有利于维护社会公共秩序和树立新的社会风尚，在广告中不得出现破坏公共设施、公共环境秩序的行为，以及吸烟、酗酒、虐待老人和儿童，纵容犯罪，以强凌弱等不文明举止以至违法的行为。

第七条 广告应当体现尊重妇女，男女平等。凡涉及妇女形象的，应当展示社会主义国家女性公民的独立地位和庄重形象，不得出现下列内容：

（一）歧视、侮辱妇女、宣扬男尊女卑、伤害、排斥女性；

（二）性行为，性挑逗的描述和过分地展现性特征；

（三）具体描写、形容与性行为有关的用品、药品、滋补品的特征、功能。

第八条 广告应有利于儿童身心健康。儿童使用的产品或者儿童参加演示的广告，必须注意儿童优秀思想品德的树立和培养；广告中出现的儿童和家长形象，应表现出良好的思想道德修养，不得出现下列内容：

（一）利用儿童给家长施加压力；

（二）儿童对长辈和他人不尊重、不友善或有不文明举止；

（三）以是否拥有某种商品而使儿童产生优越感或自卑感；

（四）利用超出儿童判断力的描述，使儿童误解或变相欺骗儿童或其他消费者；

（五）表现不应由儿童单独从事的某种活动；

（六）画面出现青少年及儿童吸烟、饮酒形象。

第九条 广告要正确引导大众消费，不得出现下列内容：

（一）直接或间接宣扬享乐主义，奢靡颓废的生活方式；

（二）使用封建帝王、贵族的名称、形象以衬托产品高贵特征；

（三）诱导人们在消费中可能采取不良行为。

第十条 广告内容要体现尊重和弘扬祖国优秀传统文化，要正确使用祖国的语言文字、大力推广普通话，不得出现下列内容：

（一）广告道白用地方语言代替普通话（地区性媒介除外）；

（二）贬低、丑化、否定祖国优秀传统文化；

（三）不恰当地编造谐音成语或使用文理不通的语句，引起误导；

（四）使用已被简化了的繁体字和不符合规定的各种简体字、异体字；

（五）单独使用汉语拼音而无汉字并用

第十一条 不符合规范标准的广告用字、有下列情况之一的应被允许使用：(1)建国前书写并沿用至今的老字号牌匾用字；(2)文物古迹中原有的文字；(3)已注册商标定型字。

第十二条 广告要客观公正地宣传国内外商品，不得诱导消费者对外国商品盲目崇拜，对民族工业产品盲目贬低。

第十三条 会员单位在广告创作、设计制作过程中应自觉遵守本《规则》的规定，在发布广告前应当按照广告管理法律、法规的规定，并参照本《规则》严格审查广告内容。

第十四条 中广协各专业委员会应根据本专业实际情况，增补自律条款，并切实加强本专业的自律。

第十五条 对违反本《规则》的会员单位，中广协将视情节轻重给予批评、通报批评、除名等处分。

中华人民共和国著作权法（节选）

第三条 本法所称的作品，包括以下列形式创作的文学、艺术和自然科学、社会科学、工程技术等作品：

（一）文字作品；

（二）口述作品；

(三)音乐、戏剧、曲艺、舞蹈作品；

(四)美术、摄影作品；

(五)电影、电视、录像作品；

(六)工程设计、产品设计图纸及其说明；

(七)地图、示意图等图形作品；

(八)计算机软件；

(九)法律、行政法规规定的其他作品。

第九条 著作权人包括：

(一)作者；

(二)其他依照本法享有著作权的公民、法人或者非法人单位。

第十条 著作权包括下列人身权和财产权：

(一)发表权，即决定作品是否公之于众的权利；

(二)署名权，即表明作者身份，在作品上署名的权利；

(三)修改权，即修改或者授权他人修改作品的权利；

(四)保护作品完整权，即保护作品不受歪曲、篡改的权利；

(五)使用权和获得报酬权，即以复制、表演、播放、展览、发行、摄制电影、电视、录像或者改编、翻译、注释、编辑等方式使用作品的权利；以及许可他人以上述方式使用作品，并由此获得报酬的权利。

第二节 著作权归属

第十一条 著作权属于作者，本法另有规定的除外，创作作品的公民是作者。

由法人或者非法人单位主持，代表法人或者非法人单位意志创作，并由法人或者非法人单位承担责任的作品，法人或者非法人单位视为作者。

如无相反证明，在作品上署名的公民、法人或者非法人单位为作者。

第十二条 改编、翻译、注释、整理已有作品而产生的作品，其著作权由改编、翻译、注释、整理人享有，但行使著作权时，不得侵犯原作品的著作权。

第十三条 两人以上合作创作的作品，著作权由合作作者共同享有。没有参加创作的人，不能成为合作作者。

合作作品可以分割使用的，作者对各自创作的部分可以单独享有著作权，但行使著作权时不得侵犯合作作品整体的著作权。

第十四条 编辑作品由编辑人享有著作权，但行使著作权时，不得侵犯原作品的著作权。

编辑作品中可以单独使用的作品的作者有权单独行使其著作权。

第十五条 电影、电视、录像作品的导演、编剧、作词、作曲、摄影等作者享有署名权，著作权的其他权利由制作电影、电视、录像作品的制片者享有。

电影、电视、录像作品中剧本、音乐等可以单独使用的作品的作者有权单独行使其著作权。

第十六条 公民为完成法人或者非法人单位工作任务所创作的作品是职务作品，除本条第二款的规定以外，著作权由作者享有，但法人或者非法人单位有权在其业务范围内优先使用。作品完成两年内，未经单位同意，作者不得许可第三人以与单位使用的相同方式使用该作品。

有下列情形之一的职务作品，作者享有署名权，著作权的其他权利由法人或者非法人单位享有，法人或者非法人单位可以给予作者奖励：

（一）主要是利用法人或者非法人单位的物质技术条件创作，并由法人或者非法人单位承担责任的工程设计、产品设计图纸及其说明、计算机软件、地图等职务作品；

（二）法律、行政法规规定或者合同约定著作权由法人或者非法人单位享有的职务作品。

第十七条 受委托创作的作品，著作权的归属由委托人和受托人通过合同约定。合同未作明确约定或者没有订立合同的，著作权属于受托人。

第十八条 美术等作品原件所有权的转移，不视为作品著作权的转移，但美术作品原件的展览权由原件所有人享有。

第十九条 著作权属于公民的，公民死亡后，其作品的使用权和获得报酬权在本法规定的保护期内，依照继承法的规定转移。

著作权属于法人或者非法人单位的，法人或者非法人单位变更、终止后，其作品的使用权和获得报酬权在本法规定的保护期内，由承受其权利义务的法人或者非法人单位享有；没有承受其权利义务的法人或者非法人单位的，由国家享有。

第三节 权利的保护期

第二十条 作者的署名权、修改权、保护作品完整权的保护期不受限制。

第二十一条 公民的作品，其发表权、使用权和获得报酬权的保护期为作者终生及其死亡后五十年，截止于作者死亡后第五十年的十二月三十一日；如果是合作作品，截止于最后死亡的作者死亡后的第五十年的十二月三十一日。

法人或者非法人单位的作品、著作权（署名权除外）由法人或者非法人单位享有的职务作品，其发表权、使用权和获得报酬权的保护期为五十年，截止于作品首次发表后第五十年的十二月三十一日，但作品自创作完成后五十年内未发表的，本法不再保护。

电影、电视、录像和摄影作品的发表权、使用权和获得报酬权的保护期为五十年，截止于作品首次发表后第五十年的十二月三十一日，但作品自创作完成后五十年内未发表的，本法不再保护。

第二十三条 使用他人作品应当同著作权人订立合同或者取得许可，本法规定可以不经许可的除外。第四十五条 有下列侵权行为的，应当根据情况，承担停止侵害、消除影响、公开赔礼道歉、赔偿损失等民事责任：

（一）未经著作权人许可，发表其作品的；

（二）未经合作作者许可，将与他人合作创作的作品当作自己单独创作的作品发表的；

（三）没有参加创作，为谋取个人名利，在他人作品上署名的；

（四）歪曲、篡改他人作品的；

（五）未经著作权人许可，以表演、播放、展览、发行、摄制电影、电视、录像或者改编、翻译、注释、编辑等方式使用作品的，本法另有规定的除外；

（六）使用他人作品，未按照规定支付报酬的；

（七）未经表演者许可，从现场直播其表演的；

（八）其他侵犯著作权以及与著作权有关的权益的行为。

第四十六条 有下列侵权行为的，应当根据情况，承担停止侵害、消除影响、公开赔礼道歉、赔偿损失等民事责任，并可以由著作权行政管理部门给予没收非法所得、罚款等行政处罚：

（一）剽窃、抄袭他人作品的；

（二）未经著作权人许可，以营利为目的，复制发行其作品的；

（三）出版他人享有专有出版权的图书的；

（四）未经表演者许可，对其表演制作录音录像出版的；

（五）未经录音录像制作者许可，复制发行其制作的录音录像的；

（六）未经广播电台、电视台许可，复制发行其制作的广播、电视节目的；

（七）制作、出售假冒他人署名的美术作品的。

第四十八条 著作权侵权纠纷可以调解，调解不成或者调解达成协议后一方反悔的，可以向人民法院起诉。当事人不愿调解的，也可以直接向人民法院起诉。

第四十九条 著作权合同纠纷可以调解，也可以依据合同中的仲裁条款或者事后达成的书面仲裁协议，向著作权仲裁机构申请仲裁。

对于仲裁裁决，当事人应当履行。当事人一方不履行仲裁裁决的，另一方可以申请人民法院执行。

受申请的人民法院发现仲裁裁决违法的，有权不予执行。人民法院不予执行的，当事人可以就合同纠纷向人民法院起诉。

当事人没有在合同中订立仲裁条款，事后又没有书面仲裁协议的，可以直接向人民法院起诉。

图书在版编目(CIP)数据

广告文案创作/陈培爱著.—厦门:厦门大学出版社,2008.7(2015.7 重印)
(厦门大学广告学丛书/陈培爱主编)
ISBN 978-7-5615-2908-9

Ⅰ.广…　Ⅱ.陈…　Ⅲ.广告-写作　Ⅳ.F713.8

中国版本图书馆 CIP 数据核字(2008)第 112996 号

厦门大学出版社出版发行
(地址:厦门市软件园二期望海路 39 号　邮编:361008)
总 编 办 电 话:0592-2182177　传真:0592-2181406
营销中心电话:0592-2184458　传真:0592-2181365
网址:http://www.xmupress.com
邮箱:xmup @ xmupress.com
三明日报社印刷厂印刷
2008 年 7 月第 1 版　2015 年 7 月第 5 次印刷
开本:787×960　1/16　印张:15.75　插页:2
字数:272 千字　印数:13 000～16 000 册
定价:23.00 元
本书如有印装质量问题请直接寄承印厂调换